钱穆

钱穆先生著作系列

中国学术通义

九州出版社
JIUZHOUPRESS

钱穆先生与夫人钱胡美琦女士

新校本说明

钱穆先生著作简体新校本，经钱胡美琦女士授权出版，以钱宾四先生全集编辑委员会所编《钱宾四先生全集》繁体版为本，进行重排新校，订正其中体例、格式、标号、文字等方面存在的疏误，内容保持《全集》版本原貌。

《中国学术通义》系钱穆先生将其论述中国传统学术独特性的论文汇集而成。共收文十二篇，或述四部之大要，或论学术与师道，或论学问之系统，总属通论性质，一九七五年九月由台北学生书局初版。一九八二年三版又增入《中国学术特性》、《我对中国文化的展望》两篇，共为十四篇。

目　录

序

欲考较一国家一民族之文化，上层首当注意其“学术”，下层则当注意其“风俗”。学术为文化导先路。苟非有学术领导，则文化将无向往。非停滞不前，则迷惑失途。风俗为文化奠深基。苟非能形成为风俗，则文化理想，仅如空中楼阁，终将烟销而云散。

中国文化传统，绵亘数千年，乃由吾中华民族所独自创建，自有其独特性之存在。即就中国社会风俗言，虽数千年来历时递变，然亦有其前后相承，一贯不断之独特性。即以当前可目睹者言，全球社会，各地风俗，可谓无一相似。风俗然，学术亦然。中国学术，显亦有其独特性。苟不然，此社会风俗之独特性，又由何来。惟风俗易晓，学术难明。其间分别，如是而已。中国与外族文化之接触，最先为印度佛教之东来。佛教虽为一宗教，而其所内涵之学术意义亦特丰。佛教之中国化，则胥由中国学术传统中所赋有之独特性之功。南北朝、隋、唐高僧，多兼通内外学，遂使中国学术逐渐渗入于佛教信仰中，而佛教之在中国，乃亦随之而变。

近代中国，与欧西文化接触，双方文化传统各不同，因此上而学术，下而风俗，双方亦各不同。近代国人，乃有“国学”一名词之兴起。或疑学术当具世界共同性，何可独立于世界共同性学术之外，而别标“国学”一名词。不知同属人类，斯必具人类之共同性，然亦何害于各人有各人之个性。即就西方言，不论文学、史学、哲学，英、美、法、德诸邦，纵在同一文化系统之下，亦复有其在学术上各自内涵之独特性之存在。更何论中国与西欧，其相互间，在学术上之不能无相异，事更宜然，理无足怪。

今国人一切以信奉西方为归，群遵西方学术成规，返治中国传统旧存诸学，精神宗旨既各异趋，道途格局亦不一致。必求以西方作绳律，则中国旧学，乃若不见有是处。抑且欲了解中国旧学，亦当从中国旧学本所具有之精神宗旨道途格局寻求了解，否则将貌似神非，并亦一无所知。既所不知，又何从而有正确之批判。

或又谓时代变，斯学术亦当随而变，此固是矣。不仅西方学术，远自希腊，迄于现代，固已时时有变。即中国学术亦然。自西周以迄先秦，下经两汉，循至于近代，亦何尝不随时有变。如人之自婴孩而成年而壮而老，岂不亦随时有变。然而各有生命，各有个性。我不能变而为彼，彼亦不能变而为我，此则终有其不可变者。故人贵求自立，谓他人父，而血统终不属，此亦无奈之何者。

今人又竞言复兴文化，又必申言其决非复古，斯亦是矣。然复兴究与改造有不同。新中国之新文化则仍当从旧中国旧文化中翻新，此始得谓之是复兴。若必待彻底毁灭了旧中国旧文化，赤地新建，异军特起，此又乌得谓之中国与中国文化之复兴。故欲复兴国家，复兴文化，首当复兴学术。而新学术则仍当从旧学术中翻新复兴。此始为中国学术文化将来光明一坦途。

推此言之，如欲创造中国新文学，仍当先求了解中国旧文学，期能从旧文学中翻新复兴，而后乃有合理的中国新文学之产生。若一意模仿抄袭西方文学，决心舍我而从之，此非中国文学之复兴，乃属中国文学之革命，其事易知，不烦深辨。而且以中国人使用中国文字描写中国社会人生，亦决不能即成为西方文学。邯郸学步，非驴非马，其此之谓矣。

今若谓中国旧文学已死去，则中国社会人生依然存在，中国文字亦依然使用，只把这“的、那、吗”换去了“之、乎、者、也”，何得云中国文学已死。若仅谓近代中国人已不能读中国古书，故说中国旧文学已死去，则正贵有志创造新文学者，能从中国古书《诗经》、《楚辞》、《文选》乃及唐宋以下各家诗、文、词、曲、说部中，熟玩深思，取精用宏，独具机杼，使其推陈而出新，乃庶有当于文学复兴或中国新文学之称。否则只是西方文学之侵入与替代，断非中国文学之复兴与创造。抑且即在今日，能读《诗经》、《楚辞》、《文选》古籍者，亦尚有人。

又乌得谓旧文学已全死去。纵谓其非社会大众所知，则岂《阳春白雪》，亦当不得预于歌唱之林，乃惟《下里巴人》方得为音乐之正宗？试问西方，亦岂如是。

要之，中国学术之必有其独特性，亦如中国传统文化之有其独特性，两者相关，不可分割。非了解中国学术之独特性，即亦将无以了解中国文化之独特性。惟从另一面言之，亦可谓不明中国文化之独特性，即无以明中国学术之独特性。今姑举其最大者言之，中国文化之独特性，偏重在人文精神一面，中国学术亦然。近人率多认文、史、哲诸科谓是属于人文方面，其实中国学术之有关此诸科者，其内涵精神亦复有其独特处。中国传统，重视其人所为之学，而更重视为此学之人。中国传统，每认为学属于人，而非人属于学。故人之为学，必能以人为主而学为从。当以人为学之中心，而不以学为人之中心。故中国学术乃亦尚通不尚专。既贵其学之能专，尤更贵其人之能通。故学问所尚，在能完成人人之德性，而不尚为学术分门类，使人人获有其部分之智识。苟其仅见学，不见人，人隐于学，而不能以学显人，斯即非中国传统之所贵。

中国自古亦即有所谓专家畴人之学，如天文、历法、算数、医药之类，此皆近代所谓属于自然科学方面者，此等诸学，每易使人隐于学，而不能以学显人。故中国古人传统，每若对此等诸学较近忽视。实非忽视，乃求矫人之专一于此等诸学，各不相通，而易起其他之流弊。即如孔门“六艺”，礼、乐、射、御、书、数，亦何莫不然。一若此诸艺皆独立在人之外，人乃从而学之，此则学为主而人为从，乃为孔子所深戒。故孔子告子夏则曰：“汝为君子儒，毋为小人儒。”又曰：“礼云礼云，玉帛云乎哉？乐云乐云，钟鼓云乎哉？”若仅知玉帛钟鼓谓是礼乐之所在，此即谓之“小人儒”。求能超乎玉帛钟鼓，而知礼乐之中主要在有人，复有人之心之存在，斯乃为真知礼乐者，如是而后始得谓之“君子儒”。故孔子教人学六艺，乃必曰：“志于道，据于德，依于仁，游于艺。”“艺”与“道”不同。苟徒知“游于艺”以为学，将使人没于艺，而终必背于道。近代科学发明中有原子弹，然原子弹若果不能召致世界和平，则亦艺而非道。故谓中国学术之独特性所在，乃在其重人尤过于重学，重内尤过于重外，重道尤过于重艺。能由此思之，亦不难窥见中国传统学术之甚深独特性所在矣。

本书取名《中国学术通义》，亦可简称《国学通义》，乃汇集避赤氛来港、台近三十年中所为杂文之有关讨论中国传统学术之独特性所在者。首篇曰《四部概论》。中国学术自魏、晋以下，向分经、史、子、集四部。分而论之，合而观之，四部学之大要，约略可见。次为《中国儒学与文化传统》。儒学尤为中国学术之中心。四部之学，莫不以儒为主。亦可谓儒学即是中国文化精神之中心。明于古今儒学之流变，即知中国学术文化古今之变，与夫其为变之所在矣。第三篇曰《朱子学术述评》。朱子为孔子以后儒学之集大成者。其于四部之学皆有关涉。又自魏晋以下，儒、释、道三家之相争，乃由朱子而融会归一。此下八百年，述朱反朱，亦莫不以朱子为中心。明乎朱子之学，则先秦以下中国学术关键，胥莫外于此矣。本书中惟此稿，成在民国三十四年对日抗战期间，距今适三十年。篇中见解，幸有改进。取材一承旧稿，而阐述微有增易。今不知此所汇集，谬误又几何？恐年老更无长进，歉悚何似。又次曰《中国文化传统中之史学》。昔人谓“六经皆史”，欲治一民族一国家之文化，主要即在其历史，昧忽其历史实迹，则一切皆落于虚谈。尤其中国史学，乃更易见我所谓中国学术之独特性所在。近日国人不治史，不明往昔，而好作讥弹，此皆如无的放矢。又或以西方人眼光治中国史，仍将渺不得国史真相。下有附篇，同明一意。又其次曰《中国文化传统中之文学》。清儒章实斋有言，“后世集部，即古代子部之流变”，此论殊寓深义。若如所言，则中国古代有经、子，后世衍出史部与文集，本末一贯。四部之学，可以归纳而为二。章氏之为《文史通义》，即此意也。近代又谓中国以前旧文学皆已死去，不知中国各代文学中皆寓有各代之人生。谓旧文学已死去，即不啻若谓吾中华民族自今以前之旧人生旧文化皆已死去。则当前吾国人，将尽如行尸走肉。提倡新文学，乃欲为当前国人借魂起尸，其为狂妄，实莫甚焉。

读者试综合上列诸篇，而会通观之，庶可知中国学术，实自有其独特性，而非可以专凭西方成见以为评骘。亦非可以一依西方成规以资研究。治国学则必先寻究穷治国学之方法与途径。下附《泛论学术与师道》，及《有关学问之系统》等诸篇，皆近通论性质，可资读者有志进修之借镜。学术明而后文化明，学术复兴而后文化可复兴。区区之意，窃在于此。其或语有不择，见迕当世，知我罪我，所不敢计。是为序。

一九七五年春上元节钱穆自识于台北外双溪之素书楼，时年八十有一。

三版弁言

本书三版时，又增附两篇。一曰《中国学术特性》。言通义，即言其特殊性。惟此篇多从学术与人物之相关性言之。又一为《我对于中国文化的展望》。乃就现代学风崇洋蔑己者进一言，求能无乖于大道。则所谓西方新学，亦固可有大裨益于我故有传统之演进也。

一九八〇年四月钱穆又识于台北外双溪之素书楼，时年八十有六。

本人已刊各书，讨论国学大义及研修方法，与本书可相参发者，有《国学概论》、《学籥》、《中国历史研究法》、《中国文学论丛》、《中国史学发微》、《朱子学提纲》等诸种，略附其目于此，以便参阅。

一　四部概论

文化不能与学术相分离，欲了解中国文化传统，即不能不了解中国之学术传统。欲研治中国学术，该从中国文化着眼，庶可把捉要点。而研究学术，亦即为了解文化之基础。此篇分经、史、子、集四部，扼要叙述，承学之士，如能由此获得一门径，与夫其精神归宿之所在，则作者所深幸也。

上篇　经学与史学

（一）经学

一

经学向认为是中国学术中最先起而又是最重要的一门学问。但经学只指对于中国古代相传几部经书之特有研究而言。

中国古代经籍，最先分为《诗》、《书》、《礼》、《易》、《春秋》五种，谓之“五经”。其实此五经之结集时代并不早，或当在秦末汉初之际。

汉人又称“六经”为“六艺”，而汉代并不曾有“乐”之一经，则六经、六艺之名只是虚设。

五经之后，又有七经、九经、十三经之汇集。此下中国经书则只限此十三种，并无再有增添。但所谓“经学”，则确然成为中国各项学问中之最重要者，并可称为是中国学问之主要中心。

近代中国人开始和西方学术相接触，遂对中国传统中经学一部门发生了怀疑。或认为经学只是几部经书之结集，若把近代西方学术分类眼光加以分析，《诗经》应属文学，《尚书》、《春秋》应属史学，《易经》应属哲学，《仪礼》是一部记载有关古代社会风俗的书，应属史学与社会学范围。把中国古代五经如是分析了，便不该再有所谓经学之独立存在。

惟就中国已往学术传统言，我们仍不能否认在中国已往学术史上确有一种经学之存在。我们应本中国已往学术传统来说明中国经学之实际内容，及发挥其何以在中国学术传统上有其重要地位之意义所在。至于此后中国学术界是否仍可有此一项经学之存在，此属另一问题，我们应先能解答了上一问题，乃可继续讨论下一问题。

我认为，中国传统学术有几项特殊的侧重点，此乃与中国文化传统之特殊精神所在，有甚深密之关系，应先指出。

一、中国传统文化，以“人文精神”为中心。远在殷商时代，中国人对天或上帝的信仰，本极重要。此乃中国古代的宗教信仰，与其他民族实无大异。但到周初开国，周公把以前的宗教信仰移转重心落实到人生实务上来，主要是在政治运用上。周公认为“天心”只随“人心”而转移。而文学最是焕发人心、沟通人心的一个主要工具，因此《诗经》遂成为周公治国平天下的一部大经典。周公“制礼作乐”的一切大纲目，都表现在《诗经》里。其次乃是《尚书·西周书》中的大部分，都是有关当时实际政治的，尤其在诰令方面，都是有关政治思想与理论方面的。因此经学中《诗》和《书》两种，都保留着周公当时许多在政治和教育上的主张和措施。

孔子最崇拜周公，把周公当时的种种思想和实际措施，加以一番极深密的探讨和发挥，而完成了一种纯学术性的组织圆密的思想体系，此下才有所谓中国的儒家。

我们也可以说，周公开始把中国古代的宗教信仰转移运用到政治场合中来，而周公之政治运用又是极富教育意味的。孔子则把周公的那一套政治和教育思想颠倒过来，想根据“理想的教育”来建立“理想的政治”。但在最后，周公与孔子两人，大体上仍保留着古代相传宗教信仰之最高一层即关于天和上帝的信仰。

中国后代人认为六经始于周公而成于孔子，群奉六经为一种主要典籍，认为六经乃政（政治）教（教育）之本，而六经实应以《诗》、《书》为本，此一源流是如此。故经学精神亦是偏重在人文实务，而古代相传的宗教信仰则愈后愈薄了。

二、其次中国传统文化，是注重“历史精神”的。既是看重了一切人文社会的实际措施，自然必会看重历史经验。因社会人文是在历史演变中完成，又须历史经验来作指导。

周公是一个有实际成效的政治家，同时又是一个成功的历史人物。孔子作《春秋》，成为中国第一部最有系统而又寓有甚深哲理的历史书，此是孔子生平的唯一著作。即此可见中国经学里历史一项所占分量之重大。所以中国此下经史之学是密切相通的。

《尚书》固然保留了当时许多历史文件，但《诗经》中所包有的当时许多的历史情实，更较《书经》为丰富。《诗经》可谓是中国古代一部史诗。因其诗中大部分内容，实即是历史。至于《春秋》，则显然是有意于一种正式的历史编纂了。《仪礼》所载，是当时社会一切礼俗，亦得目为是一部历史书。惟其成书时代则尚在孔子之后。如此说来，五经中四经全可说其是历史。只有《易经》，最早本不为儒家所传习，尤其是经中之“十传”部分，都完成在孔子之后，更应在战国晚年，其中融会入许多道家、阴阳家思想，显然与上四种不同。但中国文化传统中的人文精神既不反宗教，也不反自然，中国人总想把自然律则和人文措施相融会合，这是中国传统理想中所谓的“天人合一”。《易经》一书，尤其是“十翼”便是古人用来探讨自然与人文之相通律则的。因此《易经》也为后人重视而被列为经书之一了。

三、中国传统文化，是注重“融和合一精神”的。中国古人并不曾把文学、史学、宗教、哲学各别分类独立起来，无宁是看重其相互关系，及其可相通合一处。因此中国人看学问，常认为其是一总体，多主张会通各方面而作为一种综合性的研求。在中国学者看来，上述诸经书，常不认其是应该各自独立的。

四、中国传统文化，是注重“教育精神”的。中国古人看重由学来造成人，更看重过由人来造成学。因此，在中国学术传统下，看重每一个学者，更甚于其看重每一项学问。中国古语有云：“经师易得，人师难求。”若我们仅把经学当做一种学问来看，此一学者易近于一经师，即为某一项学问之师。若我们把经学当做一种作育人的学问来看，此一学者易近为人师，即是可以为人人之师了。

因此，中国人研究经学，其最高向往，实在周公与孔子其人。周公成为一大政治家，孔子成为一大教育家。中国人认为只有会通综合以上诸经而加以研究，才能了解周公、孔子之为人及其在历史上之贡献与影响。

中国传统文化，注重对人文社会与历史演进之实际贡献。中国人爱说“通经致用”，或说“明体达用”。中国人看重经学，认为经学的伟大，其理想即在此。即由学问来完成一个人，再由此人来贡献社会。所贡献的主要事业对象则为“政治”与“教育”。此等理想人格之最高境界，便是中国自古相传所谓的“圣人”。

因此，经学在中国，一向看为是一种“做人”之学，一种“成圣”之学。

要做一理想人，要做一圣人，便该在实际人生社会中去做，此便是中国学术传统中之人文精神。要接受此种人文精神，必该通历史，又该兼有一种近似宗教的精神，即所谓“天人合一”的信仰。必该博闻多识，对一切自然界人生界的知识能贯通合一，而从此寻求出一套当前可以活用的学问来真实贡献于社会。此是中国经学所理想追求之大目标。

二

中国经学应自儒家兴起后才开始。直到西汉初年，经学传统始正式成立。

西汉的经学家，最先本多兼通五经。到汉宣帝以后，渐渐走上专治一经之路，当时所谓“今文博士”是如此的。东汉古文经学兴起，又再回到兼通诸经的路上去。

两汉经学，主要在求政治上应用。

一、当时的政治理论，不依托在神权或君权上，而别有一套合于人文社会历史演进的大理论。此套理论，皆从古代经书中推衍出来，即是从周公、孔子的教训中推衍出来。

二、政治措施不倚重在当朝之法律，或帝王宰相大臣等之私人意见，而必根据在古经书中推衍出来的理论上作决夺。

此在汉代历史中皆有实例可举，此乃经学在两汉时代之大贡献。中国历史上文治政府的传统，即在两汉时代奠其基。

学经学的当时称“儒”，《史记》、两《汉书·儒林传》中人物，显然与《货殖》、《游侠》乃至《文苑》、《独行》等传中人物不同。儒林人物亦可谓是此下中国学人之标准模范。因此以下中国历史人物乃及学者，必以儒为正统，亦以从政为主要目标。

但两汉经学主要精神，比较偏重在政治。

当时称孔子为“素王”，又称其“为汉制法”。此因大一统局面初成立，王权骤张，一辈儒生乃高抬孔子与经学把来压在新王权之上，渐渐形成此下历史上一个能接受学术指导的政权，这是汉儒的功绩。

东汉班固《汉书·艺文志》，根据西汉刘向、刘歆父子的《七略》分类，以六艺与诸子分列，而儒家则列在诸子之首，但孔子不列为儒家。孔子的《论语》，则附在《六艺略》，小学阶段则读《孝经》、《论语》，大学阶段则治五经。此乃由政府规定之学制。可见孔子在当时，乃亦有两重地位，一则下开儒家，又一则上承周公传统。六艺乃"王官之学"，儒家则只是"百家之言"。汉儒必把孔子与周公并举，必把五经尊为王官学，此是当时人之经学精神。

魏晋南北朝儒学中衰，但此下《十三经注疏》中之大部分工作，实在此时期完成。

当时上层政治规模，大体还承两汉，下面门第传统，也由儒家经学中之礼法来维持。但道家与佛教思想盛行，几与儒家三分鼎立。经学上义疏之学，也与当时佛教中人解释佛教经典的工作有关系。

唐代统一，把南北朝时代各家义疏集合起来，勒成《五经正义》，用作政府考试标准。但唐代考试门类中更受重视的却是诗赋文学，而当时人对于人生哲理及教训，则更偏向于佛学。

因此，唐代经学，依然是在衰微时代，并可说更比不上魏晋南北朝。

但唐代政治光昌，则较之南北朝为远胜，并可媲美两汉。

讨论政治，则必依经学，因此经学在唐代人心目中，仍不失其重要性。

但此时的政治与人生未免渐分成两途。从事政治事业，在人生理想中只认为是次要者，若论人生最高向往及其终极理想，则不在孔子与五经，而必从佛教经典中去探求。直待宋代，始有“新儒学”兴起。

宋代新儒学之主要目标，在于重新发扬古代儒家之人生理想，俾其再与政治理想通会一贯，把孔子教理来排斥释迦教理。

既有新儒学，因亦要求有“新经学”。

宋儒努力作新经学运动者，在北宋主要有王安石，在南宋主要有朱熹。此两人可为宋代从事复兴新经学运动之代表。

王安石所努力者，先把唐代政府的考试制度侧重诗赋文学方面者，重新挽转，把重心再移到经学方面来。

王安石又想把六朝以下经学义疏简单化，他只举《诗》、《书》、《周官》三经，作为新注，当时称《三经新义》，亦称王氏新学。

但王氏新经学之内容，并不为当时一辈新儒家所满意。因其于古代儒家所揭举之人生最高真理阐发尚少，如是则仍不能与佛学相争衡，于是乃有关、洛理学家出现。

但北宋理学家虽能创出一套新的理学来，以与佛学相抗，却并未能完成一套新的经学来直接先秦与两汉之旧传统。直到南宋朱子，才在中国经学史上掀起了绝大波澜，上接古代传统，而完成了一套新经学。朱子为《诗》与《易》两经作新注，更重要的是另定《论语》、《孟子》、《大学》、《中庸》四书来代替古代五经的地位。

《论语》一向为两汉以下中国社会人人所必读。但汉代,《论语》只是一种小学教材，其地位比不上五经。《孟子》则列在子部儒家，不算是经。唐韩愈始提出孟子，认其直接周公、孔子之传统，宋人遂把《孟子》亦列为经。

唐以前，儒家总把“周公、孔子”并称。宋以后，始改称“孔、孟”。这里面有一极大的转变。周公、孔子并称，则孔子之重要性，在政治方面者超过了其在教育方面者。今把孔子、孟子并称，则孔子之重要性，教育方面的始超过了政治方面的。

单就此一转变言，不能不说宋儒认识孔子，已在汉、唐儒之上。

至于《大学》、《中庸》，只是收载在《小戴礼记》中的两篇。《小戴礼记》在汉代不认其是经，其中所收，大抵是战国后期作品。《大学》既非曾子所传,《中庸》亦非子思所作，此两篇均应出在荀子之后。现在把此两篇和《论语》、《孟子》合为四书，尊奉之为人人必读之书，那是朱子所大力提倡的。

朱子化毕生精力，为四书作新注。朱子死后不到百年，南宋也亡了，但朱子学说却因此流传到北方去。

元代蒙古政权统治中国八十年，朱子学说在当时社会上已有了广遍深厚的基础，政府亦把朱子四书定为国家考试的新标准。明代承袭元制，从此直到清末，没有改变。

佛学来中国，远在魏、晋，但直到唐代慧能以下，禅宗大行，佛学才开始深入了中国社会之各阶层。这因禅宗能把佛教教义简化了，易于传播。朱子四书，也便是中国经学传统之简化。朱子推尊《大学》，奉为圣学之入门书，人人最先必读，因《大学》把“诚意、正心”和“治国、平天下”连绾在一起。治国平天下是汉、唐以来经学传统之精神，正心诚意之学，则为替代佛学之新教义。朱子说，《中庸》篇中所讲，属于天人性命最高玄理方面，应为四书中最后始读之书。如是可见四书内容在探讨人生真理方面者，远较五经为更深入又是更突出了。

朱子把自己一套说法，从上推溯到北宋周濂溪、张横渠、程明道、程伊川四人，此又极像禅宗的历代祖师传统，用来增强自己学说的地位。

后代因把周、张、程、朱五人并称为宋代理学之正宗，近人又称之为“新儒家”。实则理学完成为一种新经学，则是朱子之功。经学、理学出于同一传统，经学较偏在大群的政治方面，理学较偏在私人心性修养方面，只此稍有不同而已。

朱子同时有陆九渊，明代有王守仁，称为陆、王，与程、朱相争。陆、王学则更简化，更接近佛学中之禅宗气味。

明亡后，学术重心又变。清儒想把两宋以下的新经学重新回返到两汉以下的旧经学。换言之，是要把宋以下过分注重的，私人心性修养方面的，仍回到两汉以下更所注重的政治方面去。这一个新运动的最先代表人应推顾炎武。

但清代由于异族政权之高压，政治理想无可展布，学者们因厌恶此政权，而厌恶到政府的考试制度，于是转成为反宋学，反朱子，而清代经学乃逐渐变成为只重校勘、训诂、考据。他们虽自称为汉学，其实和两汉经学精神甚不同。两汉经学注重政治实绩，清代经学则专注心力于书本纸片上之整理工夫。

道、咸以下，清政权逐步堕落，学者又注意到政治，遂有龚定庵、魏默深以下之今文经学之崛兴。

晚清康有为，想推本孔子《春秋》与公羊大义来鼓动变法，即承这一系统来。

清末废弃科举制度，经学亦遂中绝，政治理论乃至人生信仰，多转入到子学方面去了。

三

根据上面叙述，可见中国经学，在中国学术体系和历史传统中，有其重大意义和贡献的。而且经学，也并非是一成不变的。在目前，经学地位已全不存在，于是政治理论和人生信仰两方面，失却了联系，失去了重心，而且也没有了自己文化传统的历史基础。此是现代中国在学术思想上一大难题。有待此下学术界之新努力。

今再综合一提中国经学之主要精神。

中国文化体系中缺乏宗教，向来中国人则用经学来补偿此缺憾。一，是天人合一的观念，对于宇宙真理与人生真理两方面一种最高合一的崇高信仰，在五经中最显著，最重视，而经学成为此一信仰之主要渊源。二，是以历史为基础的人文精神，使学者深切认识人类历史演进，有其内在一贯的真理，就于历史过程之繁变中，举出可资代表此项真理之人物与事业及其教训，使人有一种尊信与向往之心情，此亦在经学中得其渊源。三，是一切学术宗旨，应能创造出人物与时代来为此真理作实证。四，是一切学术应在此最高真理下会通合一，不应有过分的门户壁垒。此两项亦在中国经学中演出。

上述四项，可说即是中国儒家的精神与理想所在。此下的问题，是在如何能把此四项精神与理想具体摆出，列举几部重要的书，开示学者以研究的门径和方法，教人从此寻问上去，而各自接触到此四项精神与理想，这便是中国经学之成立及其不断变动革新之所在了。

因此，在中国学术史上，是有了儒家而才有经学的。是有了新儒家而才有所谓新经学的。

若儒家精神漫失了，专来讲经学，那是一种无灵魂的经学，不是真经学。清代经学便有此趋势。但若我们忽略了一向的经学传统来讲儒家思想，那也是一种无骨骼的儒家，也非真儒家。民国以来讲儒家的，便有此倾向。

此下的中国，是否要复兴新儒家与新经学，又如何来复兴新儒家与新经学？我将暂不在此深入讨论。但至少要能了解中国已往经学的大传统，才能了解中国文化与中国学术。本篇的主旨即在此。

（二）史学

一

史学在中国，一向成为一支盛大光昌的学问，中国人一向看重史学，可谓仅次于经学。在周公时代，已有《诗》、《书》之编集。《书》推为后代史书之祖。其实《诗》亦为史，而且其史的价值，尤应在《书》之上。

很古时代，中国已有史官之设置。

西周时，有左史“记言”、右史“记事”的分别。

周制天子死后有谥，其治下群臣得根据其生前言行与政治实绩，来加他一个最后的评语，如“成”“康”“幽”“厉”皆是。

因此，中国历史记载，自始即涵有一种褒贬意义。即价值批判与人格评论之存在。

春秋时代，列国皆有史官。本由周天子中央政府派出，分处列国，职位世袭，其名义不属于封建诸侯之下。

齐国有权臣崔杼弑君，齐太史即据实记“崔杼弑其君”，崔杼把他杀了。其弟袭职，仍书崔杼弑君，又杀了。又一弟袭职，仍然直书此五字。崔杼无奈何，只得由他。当时有另一史官由齐国南部边疆听闻此事，赶来齐都，预备那新史官又被杀，他便据实继续刊载此事。

晋国有权臣赵盾，和晋君冲突，自己逃了，他手下亲信杀了晋君。赵盾再重回来，晋史官董狐便书“赵盾弑其君”。赵盾自辩说：“我身在外，没有预闻弑君之事。”董狐说：“你是晋国最高位的上卿，你没有跑出境，便出了此事，你回来了，又不把弑君的人正法，试问弑君之罪，该不该由你负担？”赵盾没奈何，只有叹息，让他如此记下了。

这两件事都出在孔子之前，这是中国历史上远有端绪的一种史官精神。亦可谓是中国文化传统下一种重视历史的精神。

那时周王室虽失政，但这一种史官制度与精神，却无形中仍把自周公以来，西周政府的一种统一精神勉强维持了。

孔子在鲁国，曾详细看到那些记载，他分别那些记载中的曲直虚实，亲手整理一遍，写下一部包括两百四十二年的历史，书名《春秋》，这是中国第一部有系统的历史书。

孟子曾说：“《诗》亡而后《春秋》作。”因《诗》有“颂刺”，《春秋》有“褒贬”，其义相同。只是在《诗》中所表现的史事，不如《春秋》更具体更明白而更有系统。孟子又说：“孔子作《春秋》而乱臣贼子惧”，便是这道理。

孔子自己说过：“《春秋》，天子之事也。知我者其惟《春秋》乎！罪我者其惟《春秋》乎！”因各国国史，本由史官记载，而孔子开始根据鲁国国史，来写一部由私人著作的历史，在当时是一件自古未有的创举。

孔子又说：“其文则史，其事则齐桓、晋文，其义则丘窃取之矣。”这是说，他所著《春秋》的史文，是根据鲁史官旧文所写。但其中史实，则齐桓、晋文之事，其分量远超过了鲁国史。因此《春秋》虽在文字上依然是一部鲁国史，但在内容上，则实是一部当时的国际通史。而所涵的褒贬，则是孔子自己意见了。

但孔子在后世，并不认为是一个史学家。《春秋》列为五经之一，亦并不专当一部历史书看。可见当时中国还没有一种独立的史学观念，而且后代人说法，认为“六经皆史”，这是说六经在古代，本都由王官执掌。史官记载，与其他诸经在性质上也并无甚大之区别。

孔子以后，历史记载益见盛行。墨子曾见过“百国宝书”，便都是当时各国的历史记载。后来儒家把此许多记载汇合成编，加以整理，便成为《春秋左氏传》，这是把这些历史文件来证明发挥孔子《春秋》的。但就历史价值论，《左传》详密应又高出《春秋》之上了。

在中国历史上正式成为第一个史学家的，应推西汉的司马迁。他写下一部太史公书，后人称之为《史记》，他自承为师法孔子《春秋》。《汉书·艺文志》把司马迁《史记》归入《六艺略》《春秋》类，可见直到东汉初年，史学还是附在经学之中，独立的史学观念，还未确立。

司马迁自称他写《史记》，将以“明天人之际，通古今之变，成一家之言”。这三句话，成为此后中国史学家著史一种崇高的目标。

要把人文历史会通到宇宙自然衍变，而明了其间之分界所在，此即是“明天人之际”。要把人文历史来贯通古今，认识人类历史趋势与衍变大例，此即是“通古今之变”。要胜任完成此两大目标，必具备史学家所特有的一种深识独见。历史记载虽是根据客观事实，但亦寓有史家自己主观的见解，此即所谓“成一家之言”了。

亦可以说，史家任务在会通人事上的古今之变，来了解到“天心”和“人事”的分际。如此综合（通古今之变）与分析（明天人之际），才能从历史来推测出天心与人事中所涵蕴的一种最高真理。我们亦可说，从周公、孔子所衍出的经学精神，其大体用意亦如此。

司马迁在西汉政府中，是一史官，但他的《史记》并不依照当时政府史官的记载成法。他的书只是一部私家著作，所以说是“一家之言”。这不仅见其有史家之独特见解，而且又是一种私人的自由创作。这正是承袭了孔子作《春秋》的精神。

若把司马迁《史记》和孔子《春秋》相比，孔子《春秋》还是依照当时史官成法而写的，司马迁《史记》完全是一种新创的历史体裁，可谓较《春秋》更进步。

说到《史记》的内容，直从黄帝、尧、舜写起，下及他当身的汉武帝时代，那是一部直贯古今的通史。而且对当代汉政府，即是依然生存的汉武帝和其当朝大臣，也有许多褒贬。

后来西汉亡了，班固截取西汉一代两百几十年的经过事实，写成一部《汉书》，于是中国始有断代史。

此下，每一朝代亡了，必由下一朝代的人，搜罗上一朝代治乱兴亡种种史迹，来写一部断代史，如此直沿袭到清代，先后共有了二十五史。

而且每一朝代的政府均特设史官，随时记载皇帝言行及朝廷大事，并搜集保藏国内各方面种种史料与档案，好让下一代人得以凭此来写史。唐太宗曾想向他的史官讨他们的纪录来一看，但被拒绝了，说史官所记，应留给后代人看，不该让当事人看。唐太宗也就不再强索。这也可证明中国传统的所谓史官精神，总还是保藏着。

二

上面说的是中国的史学精神，下面再说中国的史学方法。我所说的史学方法，主要从史书的体裁说起。

中国史书，大别可分为三体。一、编年体。二、列传体。三、纪事本末体。

“编年体”起始最早，孔子《春秋》以下如《左传》，至宋代司马光《资治通鉴》皆是。

编年体之长处，在其逐年逐月随时把事件记下，较之事后追述，可以更客观，更易把捉到历史事件演进之真相。

中国历史直从西周中叶，共和行政下及宣王中兴，那时已开始有史官逐年逐月逐日的记载。此一制度，直到清末，将近三千年。此项记载，大体说来，从无中断过。

其次是“列传体”，此体由司马迁《史记》创始，经后人沿用，并目为“正史”，二十五史全属此体。

历史本是由人创造，列传体特别以人物为主，正合中国传统人文主义的文化精神。

中国史书中的列传体，重在“分人立传”，此方法亦极易得客观的真实。某事件里有某些人物参加，或某些人物在当时表现了某些事件，史家便替他们各人分别立传。如汉高祖、唐太宗得天下，并不是汉祖、唐宗一人之事，此乃当时一群人之事。有相随汉祖、唐宗得天下之人物，有与汉祖、唐宗争天下之人物，还有不包括在此两集团以内之人物，只要在当时有表现有影响，不问其人贤奸智愚，成败得失，全把他们各各分别立传。此项史书，骤看来，好像头绪纷繁，一人一人地零碎记着，急切摸不到要领。但仔细看，便可对当时史迹，了如指掌，而且比较更客观更近真。

中国史书列传人物，也不专限在政治一方面。其他如文学、艺术、宗教、天文、算学、医药、工技，乃及其他种种方面，只要其人在当时有成就，知名于时，都获立传。甚至隐逸世外，不为人知的，史官也为之搜罗表彰。因此中国历史记载能遍及于社会之各方面，易使人获得当时整个社会之真面目及其真动力所在。

而且列传体也极富一种启示性的教育意义。任何一人物，不问其事业大小，乃及其在历史影响上是正面或反面的，只要他对历史有影响，中国史书中关于此种人物，往往为之分类立传。在某一时期某一类人物特别活跃，便可为之立一新类。如《史记》有《游侠传》、《货殖传》，《东汉书》有《文苑传》、《独行传》等。任何一人物，不问其或幸或不幸，或成或败，此人一生之意义与价值，都和他本人的天赋才智与其德性修养及教育过程有关系。此项真理，在中国历史记载中充分地透露。

正因中国史家看重人物，使人容易了解每一人可能在历史上发生之意义与影响，每一人能在此下历史上发生某一种价值。此一真理之显示，乃中国史学一种最大的教育功能。

历史中有些是不能分年分人记述的，如有关天文、地理、物产、经济、社会、礼俗、制度、法律、文艺、美术、学派思想、宗教信仰等，在中国史书中，又别创为“书”与“志”之一体，好把此等各别事项穷源竟委地分项记载。此一体亦由司马迁《史记》创始，后代史家不断加以变通改进。

不仅在二十五史中多半有志与书，亦有专就此体来各写专书的，这就成为各项分类的专史。

在中国史书中，此项专史转被称为“通史”，著名的如唐杜佑之《通典》，宋郑樵之《通志》，元马端临之《文献通考》，后代称之为“三通”。所以此等史体独称通史者，因此等史事都贯通各时代而存在，自有其一线相承之条贯与衍变。这因中国文化一体绵延，所以特别有此一项史裁之需要。

中国史中之编年与列传，可说是记录了历史之动态，书和志则比较是记录了历史之静态。所谓静态者，指其能绵历较长时期而言。以其所记贯通各代，故对断代史言，此等体裁乃称为“通史”。

司马迁《史记》，在人物列传与各项分类叙述即《八书》之外，别有“本纪”一体，这是承袭编年体变通而来。

此后正史都沿此体，每一朝代之每一帝王，必为作一本纪，把此一帝王在位时种种重大事变，扼要先后记载。读者先看本纪，便知此一朝代种种事变之纲领，然后再在列传与书与志中去详细寻求。因此，司马迁《史记》一书，实已包括了记年、记人、记典章文物之三要项。所以永为后人沿用，而成为中国此下的正史体裁了。

至于分事件来写历史的，则称为“纪事本末体”。

《尚书》是最早的这一类的史书，但此下即为《春秋》编年与《史记》列传两体所替代，直要到《南宋》，此体始再有出现。

此体何以发展最晚，而且亦较不受重视，这亦有其理由。

据一般言，历史本该是记载事件的，但历史事件如水长流，难可割截。究竟某一事件从何处起，到何处止，并不能明确划分。而且此一事与彼一事，相互间各有关联，亦很难严格分开。一件事尽可分作两件，两件事也尽可併作一件。

而且史家既然记载某一事，必为此事安上一题目，此项题目则多出写史者之主观，很难恰当。

如秦始皇焚书，本属一大事件，但此事件应隶属在秦朝廷议废封建与复封建之一大争论之下，又当隶属于秦廷博士官制度一项事实之下。今若单标一题目为“秦始皇焚书”，则读者对此事真相易滋误会，反易把与此事有重大相关之其他事项忽略而隐灭了。

又如袁枢的《通鉴纪事本末》，对秦代史实只标两题，先为

“秦灭六国”，次为“豪杰亡秦”。秦代之一兴一亡，虽已列出，但秦朝一代措施，其有大影响于此下历史的，反而不易受人注目了。

因此，把历史过程分为若干事件来看，有时反易无当于历史全体之真过程。

又在写史者之心中，先已认定了这一事，那一事，把来分别突出，则易把另外许多事忽略遗漏。

又在写史者之心中，因先已认定了某一事之起讫，及其前因后果，心中先存下了此一事之一图案，于是在叙述时，一切取舍详略，也易于遵照此图案来定标准。此等历史叙述，骤看像既扼要，又明晰，其实是写史者之主观成分反掩盖了当时历史的真过程。

用此等方法写历史，往往仅供一时之需要。时代变了，关于历史知识之需求亦变了，于是又该另写新史。但先时史料，因未能仔细保存录下，遂苦追踪无从。这一个大损失，终于无可补偿。

中国历史，比较少此病。正因中国历史，不先凭主观分立事题，只重分年、分人、分类，把历史过程中在当时所共认为重要的事项，客观地一一记载下来，骤看像仅是一堆材料，但其重要价值亦在此。

这因中国文化传统，注重人文实用，注重历史经验，注重会通综合。中国人的心智，用在此等人事观察上，极谨严，极完密，极明通，极广泛。其所记录，更易接近全部历史真实的过程。

正因为分年、分人、分类，客观而细密地记录下此种种材料，保留着已往历史之比较真实性，便易使此后各时代人，继续对此等材料，不断作自由的探讨。使此后人，对已往历史不断有新鲜活泼之启悟与发现，易于使人永远对以往历史有新体验。

我们可以说，中国史学之所表现，是颇富于一种清明理智的。主要在其多方面保存史料，及其历史记录方法之得体。遂使后代人，更易对已往人事有一种确切的考察，而更易增长其认识的人文社会种种事变所需的清明的理智。如此说来，中国文化之悠久传统，由于中国史学所贡献的成分，实是很大。

我们也可以说，分事写史比较是一种“叙述”，叙述则多寓有叙述者之主观。而分年分人写史，则比较是一种“记录”。记录与叙述之相异处，则因记录更近于客观。中国史学方法之长处，正在其重记录胜过了重叙述。

正因中国史书注重记录，故使后代史家可以根据前代史书因时所需，不断来创写新史，或不断来发扬新的史论。新的历史知识可以层出不穷，而旧的那些历史记录，则同时可以永存不废。此亦中国史学一种特殊的长处。

三

现再继此作深一层的推论。

写史若以事件为主，则无意中便把人物附属于事件。写史者易于就其个人所认为对此事件之前因后果，刻意搜罗，使成条贯，渲染写出。使读者易明了，易生兴趣，但亦易使读者另生一观念，好像历史事件的本身，自具一种发展的内在规律，而忽略了人物在历史进程中之主动力量。这就易近于一种“历史的命定观”。

又若写史以事件为主，此一事与彼一事之间，未必紧相连接，此因使历史过程像有时会脱节，而且又像历史上每一事都可以骤然突起，这是另一种的历史命定观。前一种命定观，决定在事件之本身。后一种命定观，决定在事件之外面。前一种像可预知，后一种像不可预知。要之历史进程成为命定，则人物便退处无力。历史知识在人文社会里面便成为无意义、无贡献。

又若写史以事件为主，易使人有意去挑选那些耸动耳目的特出事件，像大战争、大革命等。易使人引起两种不正确的历史观。一是“英雄的”，认为历史进程常为几个杰出人物所激起，所操纵。一是“群众的”，认为历史进程常为一群人一时盲目冲击所引起，所造成。

又若写史以事件为主，易使人发生一种影像，认若事件可以外于人而独立存在。则历史如等于自然界，人只生活在历史中，而历史失却了人文精神，好像与人不亲切。如近代西方，想把历史归入于科学研究，即是此种趋势所引生之流弊。

中国史中的编年体，易使人了解历史进程乃属一整体，常此绵延，无间歇，无中断。中国史中的列传体，易使人了解历史动力主要在人不在外，整个历史进程乃由人类共业所造成。其间有少数杰出人才，有多数无名群众，但在此两端之中间，尚有不少人物，虽非杰出人才，但亦不能归入于一大堆无名的群众之内。此等人物在历史上各有其作用与影响，或大或小，或正或负，相乘相除，才获得此总结数。此乃更近于历史进程之真实性，亦更富于对人之教育性与启发性。

中国史中的人物列传，对每一人之生平一线记载下，其文体显然是人为主而附见以事，因此易使读者了解历史上各人物的个性与人格，才智与德行。又易想见由于各色各样的人来共同参预一事件，乃是人决定了事，而非事决定了人。虽此等人物亦受有当时历史的影响，但当时的历史究由此等人物所创出。

历史上，有时走上了一段黑暗或衰微的时期。在那时，像是无事可述，社会一切像都停滞了，或毁灭了。但每一时代中，必有几个人物，有人物便有事业。群体历史可以无光辉，但各别个人的历史，其中却仍然有光辉。分年分人来写历史，便使历史进程成为一贯的，人永远有事可做。在整个时代之失败中，依然可以完成不少的人物。此不少的人物，依然可以完成不少事业。读中国史，常见在衰微黑暗时期，依然有许多人物之存在。而且正因其时代之黑暗，更易见出此等人物之突出。正因时代之衰微，更易见出此等人物之伟大。所以读中国史，易使人见到人类历史永远有其光明面。又易使人了解如何由人力来潜移默运，把历史颓势重新挽回。

若以事件为中心，则许多人物将会被摈于历史记载之外，而有许多事件，亦将不得被认为是历史事件。因历史进程本属一整体，今由人的主观意见在此整体中选择抽出了一条条直线似的事件来，那就失却历史真相。我们只可说，历史整体只是一大事，每一人，每一活动，都与此一大事有关。亦可说，每一人尽是历史中的主人，每一活动都是历史中的成分。今由人挑选出整体历史中某一部分某一段落的某些活动来，认为是历史事件而写下，历史遂由一大整体变成为几条线，而历史真相便被遮掩了。中国人的写史方法，比较能避免此病，比较能接近历史真相。中国史学上此一特点，应在中国文化传统之全体系中去认识和了解。

四

中国史籍，除上述诸体外，尚有其他诸体，一看清代《四库提要》的史书分类，便可略知其梗概。凡此皆是就于各项历史材料，而斟酌体裁来加以记录的。兹再摘要略述：一为“地方志书”，那是分着地域来记载的。此体起源甚古，而发展则迟。自宋以后，此体始发达，直到清代，省有“省志”，府有“府志”，县有“县志”，每一行政地域之划分，则莫不有志。甚至如高山大川，名胜古迹，城市、寺庙、学校、园林，只要在当时被人重视，都有专书记载。此项记载，都用历史体裁，从头到尾叙述。自有此体，中国历史平铺在各个地面上，到处皆是。正和把历史分系在每年每月每日及每个人身上一般，人类历史的大整体，从此更易显现。

除方志外，又有“家谱”，专载各一家族的历史，在历史学中称为氏族谱牒之学。其起源亦甚古，亦成为后代中国历史一大支。直到现代，中国每一家庭，只要在社会上稍有地位的，几乎都有家谱，可从上追溯其远古由来，及其往后之迁徙流动，分支蔓延，至乎其目前情况为止。

家谱中最富代表性的便是孔子一家。直从两千五百年前孔子当身起，到现代，已历七十七代。每一代父子祖孙都有名字可稽，有事业的则兼载其事业。因此孔子一人之家史，直绵延了两千五百余年。

不仅如此，孔子的祖先，还可向上追溯。孔子生在鲁国，其远祖本在宋国，本是宋国国君一分支，由此可追溯到宋国始封。循此再由宋溯殷，直可到商汤开国。再由近代出土的甲骨文材料可以追溯商汤以前，几乎与夏禹同时。如是则孔子的家族来源，还可向上推溯一千几百年。因此，孔子一家，直上直下，可稽考的将近四千年。全世界再没有一部同样久远的家史。

至于其他家庭，子孙旺盛，枝叶繁茂，超过孔家的尚多。大概在中国现代，保留有千年以上家谱的，可说遍地皆有。

再由家谱转说到个人。中国又有“年谱”一体，此乃个人之编年史。在中国，也曾有过长篇大部的个人传记，但因年谱盛行而长篇传记绝响了。一则中国史家不喜把个人渲染得太过分。二则分年排列的记载，朴实近真，更客观，更易得见其人生平经历之真体相。故此体创始，即为后人乐用。到现在，凡属中国史上有名人物，几乎都有人来替他作年谱。

五

上面《经学篇》里曾说过，中国文化传统特别注重人文精神与历史经验。这是史学在中国极为发达之主要原因。

中国人又认为人心即是天心，天心即表现在人事上，认识人心与人事，即可认识天心。直要到人的心力使用到达一极度，到达了更无可为力的边际，才是天心不可知处之所在。历史上种种盛衰治乱兴亡，固是人的心力共业所遭致，但其背后亦有不可知的天心在作主宰。司马迁所谓“明天人之际，通古今之变”，历史是由认识人事来认识天心之主要途径，因此中国人的人生哲学，总说“尽其在我”，而历史知识乃更为中国传统文化所重视。

就人事来说，个人乃是一切人事之枢纽。每一人心力所注，都可在人事上发生作用与影响。世乱，个人内心可不乱。世事失败，个人内心仍可存在。天心若不在大群中表现，仍可在个人身上表现。每一个人，在人群中，在天地间，实各自成为一中心。中国文化传统重视个人地位，此一信仰亦很明显地在中国史学上表现了。

至于上述各种体裁，虽若一一有成法可循，但在史学中真负盛名的，像司马迁、班固、欧阳修、司马光、杜佑、郑樵那些人，莫非通才博学，不像以专在历史一项学问上见长。这一层，尤可为上面《经学篇》中所提中国学术传统一向重视学问之整全体之一例。故中国史学家创写一部新史书，其内容所包，实决不止于史学之一面，此一层尤当深知。

下篇　子学与文学

（三）子学

一

中国经、史、子、集四部之学，又可分作两部分。经、史先有，在古代属于“王官学”。子、集后起，在古代属于“百家言”。

王官学是一种政府贵族学，百家言是一种社会平民学。

周公在中国古代首先创制了一套王官学。孔子则是中国史上第一个根据古代政府王官职掌的一套学问来在平民社会中自由流播，自由讲习，而成为此下百家言之创兴者。故自周公到孔子，这一段学术转变，即班固《汉书·艺文志》所谓自“王官学流而为百家言”的最好明证。

“家”字与“官”字对立。官指王官，即政府中各衙门。家指社会中之私人家庭。因其成为一学派，门徒传习，历久弗替，犹如贵族家庭之爵位世袭般，故家字亦兼有家世之义。

“子”字则是古代贵族五等爵位之一。此等学者，开创或承袭一学派，受人尊视，故亦以贵族爵位称之。王官统一于政府，家学分散在社会，故又称“百家”，而百家亦称“诸子”。

正因诸子学承王官学而起，他们都带有看重政治问题的旧传统。

百家中儒家最先，由孔子创始。墨家继起，由墨子倡导。儒、墨讲学，都喜引据《诗》、《书》古经籍，称道上古，根据历史经验，来讨论当前种种政治、社会、人生实际问题。

他们都认社会是一个整全体，一切学问则都为此一整全体发生，亦都归宿到此一整全体。换言之，学术应依随人生需要，并非可以脱离实际人生，而自有其各项学术之独立与分进。

道家承儒、墨而起，应是创始于庄子。其时儒、墨之争正烈，庄子开始注意到人文历史范围以外，从观察大自然入手，他想把人的知识范围扩大，来平息儒、墨之争。

此后墨学衰微，全部中国思想史，成为儒道两家平分江汉更迭盛衰之局面。

若说儒家是“历史学派”，道家可说是“自然学派”。但人文历史衔接自然而起，亦仍是自然现象中之一现象。于是有会通此两派学说，创出“天人合一”之新理论的，尤著者为《易传》与《中庸》，是为战国晚期之新儒家。

儒、道两家有同一长处，他们都能以极高的智慧深入透视人类心性之精微。儒家本此建立了中国此下的道德理论，道家本此引发了中国此下的艺术精神。

关于人类心性之观察与修养，此乃中国传统学术中一特长。

墨家于此比较最短缺。早期墨家，迹近一种严肃的宗教信仰，一切归本于“天志”。结果由提倡“兼爱”反而流于刻薄，不近人情。后期墨家，想从逻辑辩论方面来维护己说，逐渐变为名家之学。但名家短处，在其立论偏重在文字言说，而不知直探人之内心，其流弊仍是不近人情，足以服人之口，而不足以服人之心。墨、名两家终于不受欢迎而衰歇了。

儒家又可分两支，孟子比较重古代，迹近“理想主义”。荀子比较重现代，迹近“经验主义”。但讲现代，仍须探本于古代。讲现实，仍须归宿到理想。此乃荀子之不如孟子处。故后代儒家亦多偏向于孟子。

道家亦可分两支。庄子注意自然现象之变化，其流弊可变为“放任主义”者。老子注意从自然变化中寻求其常然必然之轨迹，其流弊则变为“权术主义”。庄子与孟子略同时，老子书晚出，应与荀子略同时。

由老子、荀子演变出韩非，成为偏激的法家，把捉住人类心性弱点而专为统治阶层谋利益。

另一派有邹衍，兼采儒、道两家而自创新说，后世称之为阴阳家。此派流弊易入于迷信，但普遍流行于一般社会直到最近。此派于此下学术发展，可说是害多利少，因其是附会与演绎多过了观察与归纳。

以上所述，是春秋末期到战国先秦时期中国诸子学分派之大概。

二

下到汉代，中国古代社会上贵族、平民之阶级已消除，大一统的文治政府即士人政府逐渐成立，智识分子都有机会预闻政事，在战国先秦时期百家争鸣和著书立说的风气亦逐渐不见了。在当时，汉朝廷把古代经学与孔子儒家言作为标准，想重新建立起一套新的王官学。儒家思想在当时最占优势，但在政府方面亦时时杂用道、法两家。士人心力，都注重在人生实际事务之应用方面去，也很难有严格学术家派之分。

东汉末期，大一统政府中衰，其时则道家思想又起与儒家相抗衡。不久佛教流入，中国思想界乃激起了一番绝大的新波澜。

佛教来中国，当时中国文化学术积累，至少已达一千年以上，乃能对于外来一套新思想新信仰，全心接受。遇中国社会旧传统与佛教新义冲突处，当时多能兼容并包，折衷并存。如中国社会一向重视天，祭天为中国政府一大典礼，佛教教义佛法在诸天之上，但佛教盛行后，中国祭天大礼仍然保存。又如中国人重家庭，重孝道，尤其在东晋、南北朝时，门第大家庭制度确立，此与佛教奖励出家之教义，绝相反对，但在当时亦能并立不悖。又如佛教讲轮回，传入中国后，乃转成为对父母死后作超渡之佛事。中国儒家所提倡之孝道，在信仰佛教后仍然保留。中国社会一向注重人生实务，佛教教义偏向出世，但佛教来中国，却在中国社会中转而增添了许多新的人生实务。主要言之，中国传统文化，本重人文精神，佛教来中国以后，也就逐渐人文主义化了。此可说为佛教之中国化。

佛教中国化中之更重要的，乃为中国僧人在佛教教义中自创新义，成立新宗派。其事开始在隋，极盛在唐。有天台、华严、禅三宗。

当时中国人以极虔诚的心情，求法翻经，把佛教所有经典，在三四百年的时间里，几乎全部翻译过来。当时中国僧人在其心底，本只知追求真理，并不想自创新教。但佛教经典中，异说纷纭，宗派各别，究竟谁是佛说真义，逐渐成了一问题。在中国传统学术中所表现的中国人的智慧，有两项极可注意的事。一，是中国人的心智常倾向于一种“历史知识之要求”，总好把一切事象都安排在历史秩序的演进中，而来察看其前后变化的真实过程。二，是中国人的心智，常倾向于一种“综合而简化的要求”，好把一切思想理论异中求同，期能有一更高真理来综合会通此种种异说而简化了，终至于只剩下一条最高、最简单、最易使人人都能了解接受的共同大真理。在此两项心智要求之后面，可以看出中国人对此宇宙有一崇高信仰，即信仰此宇宙乃是一有绵延的整全体。就空间平面来讲，种种异相，可以综合会成一体。就先后时间来讲，此一整体，因于演化而成种种之异相。中国僧人把中国传统中此项心智与信仰运用到佛教教义方面去，乃有“判教”工作之兴起。佛教之中国化，中国佛教中新宗派之创建，乃胥由此一判教工作而完成。

所谓判教工作，乃是把佛教经典中种种异说，都用历史方式来排列先后。就其中，选择一个在判教者认为是最能综合一切的最高真理，作为佛说之最后一阶段。然后就此标准，把判教者认为接近于此最高真理之分数多寡来排列，来判定释迦说教之几个时期与层次。一切佛教经典中种种异说，他们认为都由释迦一人所宣说。只是由浅而深，由偏到全，如此般逐步宣扬出释迦心中所要宣扬的最高真理来。

于是所谓中国化佛学之新宗派遂由此成立。在当时中国僧人心里，他们创立新宗派，并未违背佛说，甚至也并未创造新宗派，只是把他们所信仰的佛说认识得更清楚，阐述得更圆满而已。

中国人的传统心智，在此应该更重提两要点。一，是中国人的心智特长，在能透视人类心性之内里深处，而发掘出有关人类文化演进之基本源泉所在。二，是中国人的心智运用与真理追求，总喜欢在人类社会及自己生活实务中有一个当前可见之显证以及当前可有之享受。把此两点和上述两点配合起，乃是当时佛学中国化，即中国僧人在佛学中自创新宗派之主要契机。

天台、华严与禅之三宗派，他们之间，亦各有不同。天台、华严两宗，都是综合着一切佛教经典来做判教工作的，所重在思想之组织上。禅宗则摆脱一切经典，只求自己内心对此最高真理之一种契悟与融化，所重则不在组织。所谓组织，是把一切佛教经典来组织一新系统。所谓融化，则在把一切佛教经典相歧相异处都融化成不存在，而径自标示出一番新真理。若说禅宗所标示的并非新真理，而依然是佛教中的旧真理，则至少佛教所用以宣扬此真理之一切外在凭借，即种种言说理论，在禅宗全可不用，而径凭自己一心之契悟。他们所贵的，是“以心传心，心心相印”之一法。因此，禅宗在佛教里面，直可说是一种革命，他们亦自称为“教外别传”。他们把祖师来代替佛菩萨。佛菩萨是佛教原来的旧传统，祖师则完全是中国禅宗的新传统。

在偌大一个激烈的宗教革命过程中，未流一滴血，未见有一番真实严重的冲突，只是当时那些祖师们，在他们的山门里嬉笑怒骂，掀拳擎棒，横说竖说，如演戏般，而把这一番宗教革命的大业轻松和平地完成了。

而且他们不但呵佛，抑且进而骂祖（祖师），可见禅宗是当时佛门中彻头彻尾的一个革命传统。只是此一革命却在轻松和平中进行，故使人不觉其为革命。这也是中国人心智一种清明而圆通的实际运用，一件具体可资作证的好例。

三

战国先秦时代，曾有人做过融会儒、道两家思想的工作，其主要表现便在《中庸》和《易传》两书。隋、唐时代的中国僧人，又来融会中国思想和佛教教义，他们的工作成绩便是天台、华严、禅三宗新佛学之创建。大体说，天台近似《中庸》，华严近似《易传》，禅宗则近似佛门中之孟子。

但中国佛学三宗派，只是想把中国思想传统融会进佛学里面去，此下宋、明儒兴起，又进一步想把佛学融化在中国思想传统里面来。

在宋、明儒心里，也并不在想如此做，他们只想重兴儒家传统来排斥佛教，但实际上，他们却仍是做了一番融化工作。

宋、明儒的优越成绩，表现在他们的“心性之学”上。他们关于此一方面之成绩，除从上阐述孔、孟、《易》、《庸》外，亦多得之于上述佛学新兴之三宗派。

儒、道两家思想之会通，主要在把人文历史和自然现象会通合一，思想的对象会通了，思想的内容亦自然得会通。

现在要把佛教教义和中国传统思想作会通，主要在把佛家要求出世的心情和中国传统思想注重入世淑世的心情相会通。作为思想主要起因的一番心情态度会通了，思想态度自亦容易得会通。我们今天要了解当时宋、明儒所讲义理之学之精微处，首先得了解他们所讲“心性之学”之内容。

要求了解宋、明儒的心性之学，更该注意他们所用的“心性工夫”，其重要远过于他们所讲关于心性的理论方面。

宋、明儒关于心性方面之主要工夫，重在求日常此心永远在“自明”与“自主”的境界中。若援用近代西方心理学家佛洛伊德一派之所讲，人类心理有许多在不自知的状态中。又如巴夫洛夫一派之所讲，人类心理又有许多在不自主的状态中。宋、明儒正要运用一套特有的工夫，来克服此种日常心理之不自知与不自主的成分，而走上“吾心竟体通明”又能“时时自主”的境界。禅宗正亦同样在这方面用工夫，所不同者，在他们到达了此种心理境界之后，如何再来应用于社会人生实际事务方面。

禅宗只要吾心到达此种境界了即是“佛”。所谓“立地成佛”，“即心即佛”，皆是此义。在宋、明儒，亦说只要吾心到达此种境界了即是“圣人”，但中间有一大不同处。因佛不求染着人间事，而圣人则要运用此心来齐家、治国、平天下，那是宋、明儒与禅宗理想追求不同之所在。

人类日常心理夹杂许多不自知不自主的成分，宋、明儒称之为“气质之性”，又称之为“人欲”或“人心”。那种竟体通明，时时能自由自主，再不夹杂丝毫不自知不自主的成分的心，宋、明儒称之为“天地之性”，又称之为“天理”或“道心”。

宋、明儒认为齐家、治国、平天下种种人生实务，应从人类自明、自主的心坎深处自然流出。若失了此心，即在此心中夹杂了许多不自明、不自主的成分，则人的一切思虑作为，全将流为权谋、功利与霸道。换言之，乃是人欲、人心在作主，不是天理、道心在作主。

如何使我此心全是天理，不杂人欲，宋、明儒中有两派意见不同。一派是程颐与朱熹，另一派是陆九渊与王守仁。

程、朱似乎偏重在“求知”方面，要人在事事物物上随时随地明辨此心之是非，孰为天理，孰为人欲，着力用“存天理”而“去人欲”的自主工夫。积久后，自然天理流行，人欲消融，渐达此心自知的境界。此派恰如禅宗之有北派，比较主张“渐修”。陆、王偏重在“立行”方面，要人当下时时保住此心，凡遇吾心能自知的，便径直前行，能自知便能自主。当下这一刹那的心理境界，便是所要到达的终极境界。这一派，恰如禅宗之有南派，比较主张“顿悟”。

宋、明儒的主要理想，是要回复到先秦儒家，来为人生社会实际事务、政治教育作根本。但他们并不能一步跨越几百年来，在中国社会普遍盛行的佛学，尤其是禅宗的理论，置之不问不闻，而径自迈向儒家孔子的路上去。所以在他们的思想系统里面，实已染上了许多佛家禅宗的色彩，但其终极目标则显然与佛家禅宗不同。又且禅宗祖师们，只指点人在山寺中成佛。宋、明理学则要人在此世做治平事业。在此不同上，故程、朱较之陆、王，更应得人重视与信从。

四

现在再把先秦诸子，隋、唐新佛学，和宋、明儒的理学，用一种综合会通的方法，来看他们之间的思想方法和求知态度之相通合一处。这可以看出中国人心智之特点，和中国文化传统之内在血脉，及其统一精神之所在。

一、孔子曾说：“知之为知之，不知为不知，是知也。”这一态度，可说是此后中国知识分子共同抱有的态度。他们都求能安于所可知，不向不可知处去勉强求知。

“天”是最后一个不可知。中国古人信有天，天有可知、有不可知。我知此天之有可知与有不可知，而合称之曰“知天命”。儒、道两家在这一点上是可以会通的。

佛法来中国，其所说之“法”，地位高出于天，佛法尚在诸天之上，佛亦向诸天说法，佛法之终极境界是“涅槃”。但从中国人的心智看来，涅槃境界亦终于不可知，因此中国僧人不免要渐从追求此不可知的涅槃境界中退出。如天台讲“一心三观”，即空、即假、即中，如华严讲“理事无碍法界”，到“事事无碍法界”，心与理则都可知，自与涅槃不同。

宋儒朱熹说“天即理”，天有不可知，理则该可知。格物穷理终有“一旦豁然贯通”之一境。陆、王更主“心即理”，自己的心，更应该是亲切易知。

可见中国人智慧，在求知态度上，常把此一可知、不可知的界线，警惕在心，不愿轻易迈进此不可知的境域中去。

二、中国人对外面事物，常喜划分一可知与不可知的界线，但中国人对此实际世界与实际人生，则总抱一坚定信仰。

他们总认宇宙是一个整全体，受同一主宰，此主宰古人谓之“天”。在后人谓之“理”。人生即是宇宙中一部分，同受此主宰，同禀此原理。在某一方面言，部分即可代表全体，人生即可代表宇宙。儒家谓之“天人合一”，佛家华严宗谓之“理事无碍，事事无碍”。每一人亦可代表全人类，儒家则主张“圣人与我同类，人人皆得为尧、舜”。佛家则主张“人皆具佛性，人人得成佛”。圣与佛不仅可以代表全人类理想之最高可能，而且亦可以代表天与理，即全宇宙之主宰与原理，即在圣与佛之身上表现了。

因此中国思想，常求在易简处见繁赜，常求于无限中觅具足。

三、由于上述见解，中国人看宇宙，常看成为浑然之一体。所谓“浑然”，乃谓此一体并非由各不同之部分组织而成。所谓“一体”，则只是一体，不要再在此一体中增分别。一切现象，只是此一体之动与化，并非在动与化之外或动与化之后，复有一动不化之体存在着。因此，中国人常认为形而上与形而下亦只在一体中。理即从事上见，道即从器上见，天即从人上见。换言之，天即在人之中，理即在事之中，道即在器之中。

因此，中国思想常不易信有另一世界，即“本体界”之存在。于是不易信及在另一世界中有一上帝，又不易发展出如其他民族之宗教信仰，又如在西方哲学中所谓“形而上学”的那一套。

四、中国人既认此浑然一体之宇宙，是变动不居的。所以一切真理不仅在“思辨”中见，更要在“行动”中见。思辨常附随而襄助着行动，若要求知真理，思辨最多只算是半个工具，另外半个工具则是行。中国人多不主张离开行，单独于思辨中求知。

中国人常认为宇宙真理即在宇宙事象之变化中见，人生真理即在人生实际行为中见，而人生真理又可代表着宇宙真理之一部分或其较高部分。因此在中国，科学思想比较不发展。中国社会上所重视的圣人、贤人、有道之士及高僧等，此等人，不像西方的哲学家，各有他们一套出于纯思辨的哲学体系。也不宜称他们为思想家，因他们并不专在思想上做工夫。但他们对于宇宙自然现象，与夫人生社会历史演进，都有一套沉深的看法。我很想称他们为“人文科学家”。因其思想方法与求知态度，却有些很近西方所运用于自然科学方面的精神。因其讲求人生真理，都从实行实验中来。或许更像一宗教徒，因他们都是忠于一信念，即由我的亲证实践可以到达宇宙最高真理之一信念。

因此亦可谓中国人所认为的真理，都由观察和践行得来。中国人表达其认为真理之方法，亦仅是报导式的，只叙述他自己的“亲证实践”而止。很少用纯思辨的组织，来发挥一套纯想象的真理。比较只有天台、华严两宗，大体上还是依循印度佛学之思想规模，所以尚具严密的组织性与深邃的推测性。禅宗则下开宋儒语录，也可说上承《语》、《孟》记言，正是中国的旧传统，不见在思想上有严密的组织。他们的说话，比较多是活泼而真切。

五、更有一点值得提起的，中国传统思想中对于“体用”观念之明白提出，虽已在魏、晋以下，但可说中国思想中很早便有此一观念之存在，只未明白揭出而已。

所谓体用，便是认为宇宙间一切事物现象有体必有用，反过来说，亦即是有用必有体。体不可见，因此也不可知，而由体所表现的用，则可见可知。亦可说中国思想中“用”的观念，乃由“象”的观念转出。所谓宇宙与人生，其本体均属不可知，但有现象可知。人只能由现象来推知其本体。“现象”之一观念，后遂转为“作用”之一观念。由其现象间之相互关系，及其先后递变之中，即若有某种作用存在，则必有作用背后之本体。

宋儒有云：“体用一源，显微无间。”“微”是不可见的，即是体。“显”可见，即是用。“体用一源”，即是说并不由体来产出用，因此说“显微无间”。即显与微两端，并无时间先后及空间距离。这即是说体由用见，离用即无处觅体，体即在用之内。因此明儒有“即流行、即本体”，“即工夫、即本体”之说。流行是象，即是用。工夫是用，亦即是象。即是说离却心行即不可见心体，离却天道即不可见天之真实存在。此一观念，在中国传统思想中极关重要。故中国思想，常是在事象行动一切实际的用上，来探究其形上的本体。

六、中国人又好言“全体大用”。此“全体”可以即指宇宙，但也可以指全人类，甚至即指一个人。此“大用”可以即指表现在宇宙全整体中之一切事象变化，或人文历史中一切演进过程。但亦可以指其表现在个人内心的自知和自主的作用。如此便把中国古人所想象追求的“天人合一”与后代学者所想象追求的“心与理一”，双方融合在一个理论体系之内。

只是中国古人，尤其是汉、唐儒，比较重视外面，多讲治国、平天下的大道理。后代人尤其如宋、明儒，则比较重视各个人之内心精微，从事于正心、诚意的本源工夫。这一转变，不可不说佛学传入有其很大的影响。

七、但中国人又常认“用由体来”。若无此体，何来此用？体即由用而见，并不能舍用求体。认为体由用见，是其“知识”。认为用由体来，则可谓是其“信仰”。中国人对此宇宙整全体，自始即抱有一种乐观的可信任的信仰。

因人由天来，故有如孟子之性善论，以及佛家之深信人皆具佛性等观念。因事由理生，故中国人对一切自然界与人生界，均抱一终极合理之大信仰。因此中国人所信守奉行的许多行道修心工夫，似乎有些偏在消极方面，认为只要解除了一些害道的、害心的，则道自会流行，事自会合理，心自会向善。因此，中国文化传统所表现，对外面一切事象，无论自然界、人生界，常抱持一种同情、宽大，能容忍、和平缓进的姿态，而似乎缺少一种向外冲击的强力。中国人对一切智识，亦总盼自己放开心胸，让外面事象能自然流入心中来，则我心自然能有一种明悟，这是极富于一种艺术情调的。但却不易创造出一套对外面事物深入刺探的方法与精神。

五

上面把中国先秦儒、道两家，隋、唐时代之中国佛学，及宋、明理学，总括叙述其中的几项共同态度，从这里可以看出中国人之性情及其智慧之偏向处，同时亦见中国人之内心信仰所在。而中国文化之长处及短处，亦即于此而见。

下及清代，在学术上，是一段子学衰微的时代，没有新开展。直要到近代，另一套新的文化传统与思想体系，从西欧传入，中国智识界才又激起了一种新变动。

此一番新传入，较之以前佛教东来，远为丰富复杂，又兼带一种强力冲击，使中国人无法不接受，但又无法从容咀嚼消化，来作一番清明的、理智的调和与综合。遂使中国思想界，走进一个前所未有的混乱情况中，而急切澄清稳定不下。

但就中国人以往的智慧来看，此下的中国思想界，应能运用他们以前那一套综合的、融和的心情与方法，来自找出路。只要待以时日，中国人对于此项工作，应该是仍可乐观的。

（四）文学

一

中国集部之学，普通称之为文学。但论其内容，有些并不是文学，而与子部相近。若就文学的广义论，在中国，四部书中都有在文学上极高的作品，惟专注重文学的集部之出现，则在四部中比较属最迟。

讲到中国文学，必溯源于《诗经》。就集部论，《诗经》亦可称是一部“总集”。总集是以作品为主而编集的。总集之后有别集，“别集”是以作家为主而编集的。

被称为文学家的，在中国历史上出生甚迟。被称为专门文学家的，兴起更迟。可证独立的文学观念，在中国是兴起很迟的。但中国人对文学之爱好与重视，则很早在历史上有明证。从这上面，我们可以获得，关于中国文学之内在特质及文学史发展之特有过程，一种最佳的启示。

其实周公便该算是中国古代第一个杰出的文学家。《诗经》中许多作品，相传系周公作。至少周公是首先懂得文学在人生中的价值，而首先把文学功能来运用到政治场合中的。《诗经》三百首的作者，无法一一详考。但雅、颂两部分，全使用在政治场合，无疑是由当时政府中人握笔。十五国风中，应有不少社会作品，但亦经政府中加以采集改制，仍可说由当时政府中人来完成。因此，《诗经》之结集，最先当始于周公。而中国第一部文学书《诗经》，其实由上层政府产生，在当时是一种王官学，在后代则目为一部经书。

中国文学的第二部总集是《楚辞》，《楚辞》的主要作者是屈原。屈原可称为中国第一个被公认的文学家。但实际屈原仍是一位政治家，他的政治事业遭到失败，一番忠君爱国之忱，郁积胸中，无可发泄，才始有《离骚》之创作，成为中国古代一篇最有名的文学作品。但在屈原内心，并不曾想把创造文学来自成一家，屈原仍与周公同样，是由“政治”事业中引生出“文学”来。这正是中国文学之最先渊源，这是中国文学史发展的一条特殊路径，可资说明此下中国文学史上一项特殊精神的。

其次说到《诗经》的作法，有赋、比、兴三体。“赋”体直叙其事，不见得是中国文学技巧上之特质。中国文学技巧上的特质在“比”与“兴”。比是引物为比，兴是托物兴辞。所以孔子说：“小子何莫学夫《诗》，《诗》可以兴，可以观，可以群，可以怨，可以多识鸟兽草木之名。”中国文学常从天地间一切自然现象，与夫鸟兽草木种种事态，来抒写作者个人一己的内心灵感。这一种文学抒写法，即称比与兴。比兴的抒写方法，不仅在韵文中普遍主要地运用，即在散文中亦然。如庄子，便多用比兴方法来表达他的哲理。亦可说，庄子的哲理，是由他对天地间一切自然现象，运用他甚深智慧之精微观察而悟得。孔子所说，“《诗》可以兴，可以观”，即是说诗人的心灵与智慧，能对天地间一切自然现象，有一套精好的观察与其兴发启悟。

即如屈原《离骚》，亦多半说的是美人香草，也是运用比兴方法来抒写他内心蕴蓄的。在这一点上，可以说，中国人的内心智慧，自始即含有一套后来儒家所说的“万物一体”与“天人合一”的看法与想法。这一套看法与想法，自始即表现在中国古人的心灵中，而在文学技巧上充分地流露表达了。在这里，可说中国人的诗情与哲理，是常相会通的。

我们暂称此种看法与想法，为“诗意的”的看法与想法。若把此项看法与想法，运用到对人群、社会，对历史传统，便成为孔、孟儒家。若把此项看法与想法，运用到对自然界，便成为庄、老道家的自然哲学。

因此中国传统思想中，偏重人文精神的儒家，大体都带有文学性，即都带有诗的情调。其对人群社会，常富一种深厚的透视和同情。常认社会与他之间，可以相通相合，成为一体。孔子思想中特地提出的“仁”字，即是那种心情。屈原《离骚》所以被认为中国文学中最高上乘的作品，正因在其作品中，寓有甚深的忠君爱国之忱。忠爱之心，即是孔子所谓“仁”之一种流露。因此中国文学，自始即甚富于道德的情味。

庄子的自然主义，要把个人融化进大自然。此种想法和儒家思想融结，便成为《中庸》与《易传》。此种天人合一、万物一体的心情与智慧，也可说其极富于艺术情调。此下中国纯文学之发展，受道家影响也特别多。此下中国文学中，所含有的道家自然主义的人生哲学，亦可说是一种人生艺术修养的也特别多。

由上看来，中国文学最先表现在政治上层方面，随后始移转到社会全部人生方面来。而作为文学之内在骨干，或称为文学主要内容的，却是儒、道两家。所以“文学”与“人生”合一，是中国文学一条大主流。

二

汉赋大体说来，只是一种宫廷文学，汉赋作者自说他们是上承《诗经》雅、颂，但其内在精神实不同。汉赋徒然在谀颂王室，初无作者之内心表现，决不是中国文学之正宗。

中国历史上文学观念之独立觉醒，以及纯文学作品之创出，此事直到东汉晚年才开始。那时始有五言诗，同时又把此种文学内心表露在散文各体上，遂成中国文学史上所谓的建安时代。到那时，中国始有专称的文学家，始有文学家之专集。但那些作家，大多数仍与政治有缘，仍都由政治人物来担当文学家的任务。那时又是庄、老道家思想复兴，适与新文学之创始如双轨并进，这也可见中国道家与中国文学之有紧密关系了。

此下中国文学有一大趋势，即是愈在作品中，能表现出作者个人的内心情思，及其日常生活的，愈被认为文学之上乘作品。中国文学上此种趋势，仍如古代由王官学转成为百家言，由贵族学转成为平民学般，相互间有一种同一相似的趋势，只是表现在文学方面的时代更迟一些而已。

中国文学既是侧重表现人生，又侧重在作者自我人生之抒写，则作者个人之内心修养及其人格锻炼，必然成为中国文学主要评价之中心。魏、晋以下，中国文学家最为后人推重的首推陶渊明，陶渊明正是兼有儒家理想中崇高修养与道家理想中的冲淡生活的。

此下，到唐代，乃是中国社会文学风气最旺盛的时代。在当时，我们可举两大诗家为代表。一是李白，一是杜甫。李白偏近道家，杜甫偏近儒家。因此后人称李白为“诗仙”，杜甫为“诗圣”。可见中国文学作品中，被称为最上乘的，必其作品与作家自身的人生融凝合一。换言之，中国文学中之最上乘作品，必然多以作家个人之内心情思及其日常生活为题材，即以作家之真实人生融入其作品中，而始得称为最上乘。

中国文学一向分为两大支，一韵文，一散文。散文中之上乘作品，在先并不是纯文学的。因散文皆有一种特定的使用，或记事，或论政，或说理，此等皆可归入经、史、子三部中。到唐代，韩愈、柳宗元，开始于散文体中创出纯文学作品，此即当时及以下所谓的“古文”。古文家中有韩、柳，正犹诗中有李、杜。韩愈代表着儒家正统，柳宗元则夹有道家、佛家的气味。

宋代诗、古文，都上承唐代，而词之一体则属新创。词起于唐末、五代而盛于宋。论其品格，在中国文学传统观念中，终不能与诗、古文相比。因词虽亦以抒写个人情思及日常人生为题材，但词体中所抒写的，都偏在细腻幽暗一面，在人生中比较不重要的一角落。若在文学中缺少了此一角落，虽是一缺憾，但此一角落之抒写，在整个人生中终不占重要地位。中国文学之主要精神，不能从词体中表达，因此说词的品格比较纤小了。

元以后，有戏曲、传奇及小说等，此各体在中国传统文学中，一向不认为正宗。远从中国文学源头处看来，中国文学创始在上面政治阶层，并不从社会民间兴起。如《诗经》中十五国风，虽有许多作品像来自民间，但已经过了官府一番沙滤与改造工作而完成。若在中国古代要认真找寻一些民间文学，是很难的一件事。

屈原、宋玉，仍都是政治人物。汉赋作者，都近于战国时代之游士，其作品多半为王室宫廷而写，也多流行在宫廷与官府中。即如汉代之乐府，虽采自民间，也经过政府一番沙滤改造工作而保留。

魏晋南北朝时代，文学转移到世家大门第，即当时所谓“士族”的手里。严格说来，仍不是民间的。唐代因有考试制度，而世族大门第渐趋衰落。下到宋代，中国社会上不再有大门第。因此，唐、宋时代的文学，操在一辈进士考生们手里，那辈人亦仍与上面政治阶层有颇为紧密的联系。比较在宋代，一般文人学士更富接近平民社会的风趣，他们的内心情调比较更冲淡，更轻松，文学中词体之盛行，也透露了此中一些消息。

到元代，中国社会上文人学士的地位有了急激的变动，传统上与上层政治有紧密联系的士人身分失去了。当时的士人，隐沦是当然的，显贵是偶然的。这一种情势，反映到当时士人的内心，他们觉得个人的私生活，并不与政治盛衰，社会治乱，大群祸福，有多大直接的关系。他们改换心情向外看，他们的人生情调，更与一般平民社会相接近，在文学题材上亦发生了大转向。从前以“自我人生”为题材中心，现在则以外面“社会人生”为主要对象。这一转变，当然还有历史上其他种种因缘凑合，而文学作家之内心转变，无疑是主要的。

这一转变，弥补了中国文学发展史上在此方面之缺陷。但就中国文化传统历史传统言，则显见有脱节处。明代社会恢复唐、宋旧轨，一般文学心情亦逐渐想走回原路。但明代诗、词、古文方面的成绩，都比不上唐、宋。而传奇小说方面，依然仍循元代人路子向前，蔚然成为文学的新枝。

清代社会，继续获得二百年以上长期的治安，一辈文人学士的内心，仍然继续着明代趋势。诗、古文传统逐渐复盛。而传奇小说方面则逐渐衰退，似乎比不上元、明。直到西化东渐，中国社会又起了一番更深广的变动，最敏感的反映仍在文学上。最近一百年来，中国文学正迈向一种前所未有的大转变，此刻还无法指出将来中国新文学之具体新貌相。

三

让我们再把中国传统的诗、古文学和元、明以下新起的戏曲、传奇小说等，作一番较深的对比。

中国传统的诗、古文学，如上述，乃以抒写作者自我人生为主要题材。因此，在文学创造过程上，无宁可说应该先有了此一作家，而才始产生出他的作品的。但后代新起的戏曲、传奇小说诸体，则似可说因其有了此作品，而才始成其为一作家的。此因前一类的文学，须把作者自身投入其作品中，而融凝为一。后一类文学，则作者自身避在一旁，只向外面找题材来抒写。作者个人人生，在其作品中，可以找不到一些痕迹。因此，若不了解李、杜、韩、柳其人，便无法了解他们作品之精义所在。至少读李、杜、韩、柳作品，必然同时要能凭其作品而进一步了解作者之为人，与其当时之处境。如读《西厢记》、《水浒传》、《红楼梦》，其文学价值，即在其作品中，可不必定要了解此作家。即使求得了此作家之生平身世详细行历，仍于了解其作品，不发生甚大之关系。

若就文学即人生这一立场论。后一类文学所描绘的，乃是外面一般的人生。前一类文学所抒写的则是作者自我内在的人生。外在的人生，“共相”多于“别相”。内在的人生，则“别相”多于“共相”。因此外在的变化较少，内在的差异更多。

但就另一意义看，抒写自我人生，必然要既具现实又带理想，而此项理想，则确乎已在作者之人生现实中，具体表现而真实存在了。确然已是理想人生与现实人生之融凝合一。在中国人的传统信仰中，个人人生可以标露出一理想，而为大群体作示范。

我上面说过，中国文学富有“人生的道德”与“人生的艺术”之两项重要性。人生道德必经真实践履，人生艺术必经真实表现，而始成其为道德与艺术。因此在文学作品中，若要求有人生道德与人生艺术之两种内在性，则必将要求此项道德与艺术之先经真实的经验。此经验者，自然再没有适当可贵于即在此作者之自身。否则文学作品，将仅是一种幻想与虚拟，在人生中实际并不存在。再不然，则文学仅是描写现实人生求其能具体逼真而止。此种文学，将不见有甚深的人生道德与人生艺术之启示。如是则只是描绘了人生共同之躯壳，而遗忘或没失了人生各别之灵魂，究不算是文学最高理想的境界。

又若文学专注意在描写外面事象，外面事象时时在变动中，于是文学遂变成只是一种空间性的。在文学中所被描写的花样，可以愈来愈多，层出无穷。而就文学发展之通体过程来看，终不免缺乏了深度。即是说，在此等文学中，除却文学技巧外，将不见有一种绵延持续可以悠久存在的文学内在价值。惟有在文学作品内，涵有一项经由作者个人所真实经验过的人生道德与人生艺术，而此项道德与艺术则在人生中具有时间性的永存价值，可以绵延持续，时间变而此项道德与艺术之永久价值则不变，而后此项文学之内涵亦随之具有时间性，具有文学之内在深度与其永久价值。此即中国人理想中“文学不朽”一项理论的深邃根据。

若要完成此理想，即文学即人生，而又可以永传不朽，则关于作家个人之内心修养，即其关于人生道德与人生艺术方面之修养，无疑其重要性将远超过其对于文学技巧的修养。因此，在中国人的传统观念中，文学家不仅是一个文学家，不仅在文学技巧上见长。所谓文学作品，只是此作者在其内心所涵之永久价值中之一时流露而已。否则其文学成就也决不会有甚大的价值。

中国人的传统观念，一向看重某一人胜过于其人所表现之某一项学术与其思想。又一向看重通人更胜于专家。在文学园地上亦如此。中国人认为一切学术的共同对象是人类社会与人生实际，所以应该是人为主而学为从。成就一个人，更重要过成就一项学问。而一切学问则必当相通，必当在同一大对象之同一认识下，各就人之才性所近来完成他自己的专门。一个理想的文学家，首该了解此人类社会之整全体。此整全体即为人生道德与人生艺术之根源所在。而人的社会又是包涵沉浸在天地大自然之中，有其悠久的历史传统而始得有今日此一社会之存在。要了解此社会，又必要了解此社会之外围，即天地大自然，与此社会之从来，即其悠久之历史传统。而一理想的文学家，又必须在其自身生活中，能密切与此整个社会相联系，必期使此社会种种变故与事相，均能在此文学家之心情与智慧中，有其明晰而恳切的反映。而此种反映，又必能把握到人心所同然，这始是理想文学作品之真来源。

中国人向来推尊杜诗，称之为“诗史”，因杜甫诗不仅是杜甫一人私生活过程之全部写照，而且在其私生活过程中，反映出当时历史过程的全部。杜甫成为当时此一全部历史过程中之一中心。杜甫在此历史过程中，所表现的他私人内心的道德精神与艺术修养，时时处处与此历史过程有不可分割之紧密关系。

杜甫一人之心，即可表现出当时人人所同具之心。所以杜甫诗可称为当时之“时代心声”。后人把杜甫诗分年编排，杜甫一生自幼到老的生活行历、家庭、亲族、交游，以至当时种种政治动态，社会情况，无不跃然如在目前。而杜甫个人之心灵深处，其所受文化传统之陶冶而形成其人格之伟大，及其人生理想之崇高真切处，亦莫不随时随地，触境透露。故在杜甫当时所刻意经营者，虽若仅是一首一首诗篇之写作，而其实际所完成者，乃杜甫个人一生之自传，及其当代之历史写照，乃及中国文化传统在其内心深处一种活泼鲜明的反射。若求在文学中能有此表现与成就，则在文学技巧之外，必更大有事在。所以说“流落人间者，泰山一毫芒”。泰山是此作者，其所成之诗，则如在泰山之一毫芒。比之作者个人之本身价值来，则是渺不足道了。

中国每遇具有甚高地位的诗文集，必有人为之编年作注。杜甫外，尤其如韩愈、苏轼等人的诗文集，若我们从头依注读下，自见其诗文即是作者之自传，此作者亦即是当时历史一中心。文学作品与作者当时历史之交融合一，此正是中国文化传统精神所在。

亦有较近隐退一类的人物，如陶渊明、如陆游其人，在当时政治上较少关系，似乎其人只是远站在历史的边沿上。但其作品，则必然亦成为一时代之心声。其作品中所表现的人生道德与人生艺术，则必然当明白得作者之身世，即其当时之历史实况，而后能把握其意义与价值之所在。

或疑用此标准来衡量一文学家，岂不悬格太高，使人难于企及。但在中国文化传统理想下，一切学术，都应以人文社会之理想为对象，都应具有政治与教育之两项价值与作用。文学本兼创作欣赏两方面。文学创作，在中国传统理想下，必先能植根于六经，必先泛览于诸史百家，必先通贯社会一切人情世故，必先在文化传统中锻炼得自己这一个人成为此文化传统中一合理想之人，然后发而为文，将见无往而不宜。而后代欣赏此等作品者，即可从其作品接触到此作家伟大的人格，与夫此时代之大背景，人生各方面欢乐愁苦、可歌可泣之种种真情感，乃及传统文化理想主要精神所在。由于文学感人之深，乃可直扣心弦，不待言辨而使读者获得一种甚深妙之解悟与启发。因此，中国文学虽在四部中发展最迟，而后来一枝独秀，其在社会流行之盛况，较之经、史、子三部，皆为有过而无不及。

四

上面已提到远从《诗经》以来，中国文学中所运用的比兴方法。中国古人说："《诗》言志。"用现代语来说，诗的主要作用，应侧重在抒情。诗人笔下所运用到的自然界，只把来作比兴之用而已。推广言之，在诗文中一切题材，种种记述与描写，其背后必寄寓有作者之一番作意。即如孔子、司马迁写《春秋》与《史记》，即如孟子著书发挥哲理，其背后亦必有作者个人之活的人格之表现。中国人又说："言为心声。"一切语言文字，主要在表现此化为言语、作为文字者之活的作者之一颗心。因此必先有此“作者”，而后始能完成此“作品”。非因有此作品，而始完成此作者。一切学问与著作之后面，必先有此一人之存在。非可脱离了此人，而悬空有此学问与著作之出现与成就。不是以人来依附于一切学问与著作，乃是一切学问与著作必依附在人，而以人为中心。此乃中国文化大理想所在。

因此中国文学的抒写对象，竟可说主要在内不在外，在作者一己之内心而并不在外面事物。外面一切物变与事象引生出作者之一番内心情志，再由作者此一番情志来描写外面事象与物变，则外面一切事象物变都已经由作者内在之情志化，而与作者其人，成为一种内外合一。此在文学创作过程中，是一种交互的内外相融合一。不是专倾在外，也不是专倾在内。而必然以作者之“内”为主，而以作者所描写之“外”为附。

因此，中国文学之所描写，常只注意在摄取外面事象物变之共相，而不太过分注重其别相。共相随处可遇，别相则只此一瞥。中国文学中所特别重视的别相，则在此作者之情志抒写。一是在当下刹那间所立刻兴起的此作者之真情感，一是毕生涵蕴的此作者之真意志。中国文学之能深具一种人文精神与教育意义者乃在此。

若我们专一注意在外面事象物变之描写，而力求其如实逼真，则此种文学自会偏向到外面事象物变之别相方面去。但外面的事象物变顷刻万状，刹那刹那相异。每一事象物变，同是可一不可二，独特不相似。太过注意于此，反而会失却外面事物之真，易使人有外境迁流，扑向空虚的一种迷惘之感。

但若我们专一注意在内面情志抒叙，认为必先把外面一切事象物变排除了，才能真实来抒叙自己的内心情志，则此项情志亦将不会真切。无着落，无寄寓。一如镜花水月般，同为不可捉摸。故叙情志必求当境，所谓触景生情，因物见志。情志抒叙，必贵其能“情景交融，内外合一”。把此心中情志，安放在外面宇宙一切事象物变之上，始见是真情志。

说到此处，可见中国文学之内心追求，显然与中国文化传统之全体系，有其不可分解之统一精神之存在。

中国人既认外面宇宙是浑然一体的，因此向外描写，不愿太过分析，不太注重其别相之各不同方面，不愿忘失其浑然之一体而专来把捉其各别之相异。中国人又认此浑然一体常是变动不居，而此种变动不居，最真实、最深切的表现却在自己之内心。须得从自己内心深处来感通外面一切事象物变，才始能真实体悟到此变动不居之后面，仍属浑然一体。此如一部诗文集，虽若其所描写，不胜繁变，但其背后作为中心的，则只是作者之一人。

此种体悟，贵在各人自己人格上求修证。人格完成之最主要基点，建筑在刹那间的当前直感。如何把捉此刹那刹那间的当前直感，来融凝成一坚定鲜明的人格，中国人认为即此便是人生最高理想所在。只有凭此人生最高理想，才能体悟到外面宇宙的最高真理。如是描写，始成为一种最高文学。在此方面，中国人理想中之文学修养，则必然具备有一种崇高的信仰以及一种深静的智慧，而后始能到达。

我在上面《子学篇》，已把中国思想传统，分别提出先秦儒、道两家，隋、唐时代之中国佛学，及宋、明理学之三大时期，而扼要举出其在思想方法与求知态度上，几许共通点。已提出中国人对宇宙真理与人生真理之抱有一种共通的最高信仰之所在。此篇讲中国文学，种种阐述，多与上篇《子学篇》意旨相通。换辞言之，子部之学实与集部之学相通。每一理想的文学家，同时即是一思想家，特其表达之方式有不同。中国第一流的文学家及其文学作品，乃无一而非于此信仰与智慧中透出，因此，子部与集部亦同样可以代表着中国传统文化主要精神所在之一面。

此下中国新文学兴起，无疑仍会曲折走上此一路，特其具体的形态之变新，则无法预知。

（一九六七年九、十月《人生杂志》三十二卷五、六期）

二　中国儒学与文化传统

一

讲到中国文化，便会联想到儒家学术。儒学为中国文化主要骨干，谁也承认。但现有两个问题须讨论：其一、儒学之内容，即儒家学术究竟是些甚么？其二、为儒家在中国文化中其地位之比重究如何？吾人对此二问题当以客观的历史事实作说明。因此本讲范围乃系有关中国文化史中之中国学术史部分，而又专就儒学史为本讲之题材者。惟如此，已嫌范围过宽。又且中国儒学史一题，在国内学人中，似尚未有人对此作过系统之研寻。本讲题仅可谓对此问题作一开头，自有许多观点，在此讲演中，难作定论。只是提出此许多观点，以待此后有人继续就此纲要而探讨，或因此可有一部比较完整的中国儒学史出现，这却是一项饶有意义与价值的事。

要讲儒学内容，必须讲到儒学史，即中国儒学之演变历程。历史上任何事物，传递久远的，必有一番演变历程。儒学自孔子迄今，已逾两千五百年，自然有许多演变历程可讲。要讲演变历程，必先划分时期。此下将儒学演变，姑试划分为六时期。

二

一、儒学之“创始期”。此在先秦时代，自孔子下及孟子、荀子以及其他同时代儒者皆属之。此一时期，百家争鸣，儒家不仅最先起，且亦最盛行。韩非《显学篇》说：“今之显学，儒、墨也。”又说：“儒分为八，墨分为三。”可见当时儒学之盛，亦见在中国学术史上，儒学一开始，便就与众不同，巍然独出了。

接着讲第二期，此为两汉儒学。我姑名之为儒学之“奠定期”。也可说，儒学自先秦创始，到两汉而确立，奠定了此下基础。有人说，先秦学术至汉代已中断。或说自汉武帝表彰六经，罢黜百家，而儒学始定于一尊。此两说均有非是。其实儒家在晚周及汉初一段时间内，已将先秦各家学说，吸收融会，共冶一炉，组成一新系统。故说先秦各家学说到秦代统一已中断，并对此后历史无影响、无作用，实是一种无据臆说。至谓汉后学术定于一尊，此说之非，待后再提。

今讲两汉儒学，亦可说此时代之儒学实即是经学。只读《史记》、《汉书》两书中之《儒林传》，便见其时凡属儒林，都是些经学家。而凡属经生，也都入《儒林传》。此下二十四史中凡有

《儒林传》，莫非如此。故说“经学即儒学”，此说乃根据历史，无可否认，而在两汉时为尤显。我们也可说，中国儒家必通经学，不通经学，便不得为儒家。如此说之，亦决不为过。

现在试问为何儒家必通经学？此即就先秦儒家言，如孔子、孟、荀诸人所讲，即多是《诗》、《书》、《礼》、《乐》，属于后世所谓经学范围。两汉以下承继孔、孟此一传统，自然经学即成儒学了。

其次论到两汉儒学对当时之贡献与作用。我们当说两汉时代一切政治制度、社会风尚、教育宗旨及私人修养种种大纲节，无一非根据经学而来，故可说两汉经学实对此下中国文化传统有巨大之影响，此层亦属无可怀疑。至涉及经学内容，以非本讲范围，今姑不论。

三

兹再说及儒学之第三期，此指魏晋南北朝时代言。我姑将名之为儒学之“扩大期”。有人或将觉得此说奇怪，因大家习知魏晋南北朝人崇尚清谈，庄、老玄学盛行，同时佛学传入，儒家在此时期，特见衰微，何以反说为儒学之扩大？然我此说，亦以历史事实作根据。其实此一时代之儒学，并不能说必不如佛学、玄学之盛，而较之两汉，亦非全无演进可言。

首先，且说此下的《十三经注疏》，此为中国经学上一大结集。而《十三经注》成于此一时代人之手者，却已占了一半。

如:《易》为魏王弼注,《论语》为魏何晏集解,《左传》为晋杜预集解,《穀梁》为晋范宁集解,《尔雅》为晋郭璞注。至于《尚书》孔安国传,至今称之为《伪孔传》,实非出于西汉时之孔安国,而系魏、晋时人所伪托。其作伪者,或说是王肃,无论其是否,《尚书伪孔传》成于此一时代人之手,则无疑义。故全部《十三经注》,由魏、晋人作者已占其六。且《尚书》有伪古文,在此下学术史上影响亦大,乃亦为魏、晋时人之伪作。则此一时代人之经学,较之汉儒,得失如何暂不论,而对此下儒学之影响,则断不该轻视可知。

并在此一时代之经学中,又特创有义疏之学。惜至今此等著作皆不传,仅有皇侃《论语义疏》一部,此书在中国亡佚已久,清代始由日本得回,我们略可窥见此一时代人所谓义疏之学之一斑。而唐初孔颖达、贾公彦等作《五经正义》,即是根据此一时代人之材料而递禅作成者。故一部《十三经注疏》,关于注的部分,此一时代人所作已占其一半。而疏的部分,却占了十之八九。又如陆德明《经典释文》,其书创始于陈代,成书在未入隋之前,其所运用之材料,亦多出此一时代人之功绩。根据上述,可见此一时代人致力经学的,实不在少数。而且影响后代者亦大。我们若有意再研经学,仍须先透过此一时代人之业绩,亦至明显。然则又何能谓此一时代乃无经学或儒学可言。

我们且试一翻《隋书·经籍志》,就其所载此一时代人对六经有关著作之部数与卷数作一统计如下:

经籍名称	现存著作部数	现存著作卷数	连亡佚者在内之部数	连亡佚者在内之卷数
《易》	六十九	五百五十一	九十四	八百二十九
《尚书》	三十二	二百四十七	四十一	二百九十六
《诗》	三十九	四百四十二	七十六	六百八十三
《礼》	一百三十六	一千六百二十二	二百十一	二千一百八十六
《乐》	四十二	一百四十二	四十六	二百六十三
《春秋》	九十七	九百八十三	一百三十	一千一百九十

上表所载现存云云，乃指在作《隋书·经籍志》时所存者。此等著作，在今言之，亦已大部亡佚，所存无几。然观上表，可见此一时期之经学，即论其著作数量，亦已惊人。今若以著作数量之多寡，来作为衡量当时人对经学中某一部门之重视与否之标记，则知此时代人在经学中最重《礼》，次为《春秋》，《易》居第三位，《诗》、《书》占第四、第五位。此一简单之统计，实可揭发当时人对经学分别轻重之重大意义所在。又朱子谓“《五经疏》、《周礼》最佳，《诗》与《礼记》次之，《书》《易》为下”，亦足证明魏晋南北朝人对此诸经用力深浅之一斑。

尤其在南北朝时，经学亦分为南北，所重各不同。北人研究主要尤重《周官》。《周官》虽是一部战国晚年人作品，然其书提出一种理想的政治制度，尤其掺进了战国晚年突飞猛晋的新的经济问题，此乃中国古代的一部《乌托邦》。由于北方政治不上轨道，故一辈经生，尤其集中钻研此书，俾能据以改进当时政治上之种种实际措施。在北周，有苏绰、卢辩两人，相交甚笃，同有志于《周官》研究。其后苏绰上了政治舞台，西魏、北周新的政制规模皆其所创建，直至隋、唐仍因袭此一传统，遂以重开中国历史上之光昌盛运。卢辩则始终在野，为一纯粹学者，彼曾作《周官注》，与苏绰同受当时及后世之推重。又如北齐有熊安生，亦当时北方经学大师。北周灭北齐，熊氏知周君必来访，命童仆洒扫户庭以待，翌晨果如所言。西方拿破仑征德国，哥德以在路旁一睹拿翁风采为荣。较之中国熊氏故事，岂可同日而语。正因熊安生乃当时《周官》学之权威，而《周官》乃当时北方经学所重，北周即凭《周官》建制，故熊氏亦知北周君必来相访。我们单凭此一则轶事，便可想知当时北方政府之重视经学，与经学对当时政治上之实际贡献了。

南人所重，尤在"丧服"一门。宋初雷次宗为当时《丧服》大师，乃与郑玄同名，一时有雷、郑之称。此因当时南方门第制度鼎盛，而此一时代之门第，亦实为当时文化命脉所寄。其所赖以维系此门第者，《礼》中之《丧服》占有重要地位。唐后门第制度渐坏，此一门学问，遂渐不为人所重。然唐代则门第制度尚在，故杜佑《通典》中所载魏晋南北朝人所讲《丧服》要点尚甚多。

由于上述，可见此时代人所讲经学，对当时贡献亦甚大，实与两汉儒生之通经致用，事无二致。虽此时期中，甚多人讲究出世之佛学或讲庄、老玄学，但论中国文化存亡绝续之命脉所系，则主要仍在此辈儒生手中。若果如一般人所想象，魏晋南北朝四百年来只谈庄、老玄学，只谈佛学出世，试问如何能继续中国文化遗绪以下开隋、唐之盛？故知此一时代中，儒学基础实未破坏，而斡旋世运能自贞下而起元，亦端赖于有此。

四

然我今天所以说魏晋南北朝为儒学之扩大期者，其重点尚不在此。我认为此一时期人讲儒学，已不专囿于经学一门，而又能扩及到史学方面来。

史学本为经学之一部分，如《尚书》、《春秋》、《左传》均当属史学范围。唐刘知几作《史通》，分疏史书体例，即分《尚书》、《左传》两大派说下。我们若更进一步言之，亦可谓孔子之学本即是史学。孔子尝曰："甚矣，吾衰也！久矣，吾不复梦见周公。"又曰："吾非生而知之者，好古敏以求之者也。"又曰："周监于二代，郁郁乎文哉！吾从周。"《论语》上如此一类话尚多，可见孔子所学，也即是在孔子当时的历史。孔门由于其所讲习之《诗》、《书》、礼、乐，而获得其所从来之演变得失之全部知识，其与历史实无严格界限。故后人谓"六经皆史"，此说实难否认。下到汉武帝时，董仲舒提出"复古更化"之主张，其意即主不再近效秦代，而须上溯六经，复兴三代之盛运。更可见汉儒治经，亦求通史。若不治经，试问更何从而知三代？故谓汉儒之提倡经学，无异即是提倡史学，亦可不辨自明。

其次，再论到当时经学上所有今古文之争。刘歆提出的古文诸经，如《左传》、《周官》、《逸礼》、《毛诗》四者，更见其偏重在史实方面。《左传》不必论，《周官》在当时目之为周公致太平之书，书中所载一切政治制度，当时人认为是古代真实的历史。《毛诗》因各诗之首有序，自较之《三家诗》更见有历史价值。以今传《韩诗外传》相比，岂不见《毛诗》更重历史性。故在汉代，由今文经学扩及古文经学，实是经学中之历史性愈趋浓重之证。其趋势至东汉而益显，即是在经学中根据古代史实的趋势，益胜过了凭空阐发义理的趋势之上。郑玄括囊大典，偏重早已在此方面。而王肃继起，显然更近于是一史学家。杜预作《春秋左氏集解》，显然亦偏重在史学。故可说“经学即史学，史学亦即经学。”二者间本难作严格分别。亦可说自经学中分出一支而成为史学，史学乃经学之旁支。如《史记·太史公自序》，自称即以孔子作《春秋》之精神而写《史记》，亦即是沿袭经学而发展出史学之一极好例证。班固《汉书·艺文志》，亦将《史记》列入《六艺略》中之《春秋》门。可见在当时人观念中，经学即包有史学，亦可说当时尚无史学独立观念。故班固作《汉书》，批评司马迁《史记》未能完全一本儒家立说。此项批评，当否且勿论，然可知班氏作《汉书》，其所自负，仍为一本于儒学。则马、班史学渊源，皆从儒学经学来，事无可疑。

自马、班以后，史学特受重视。新史籍接踵繁兴。下至晋时，荀勖将古今著作分成甲、乙、丙、丁四部。经学列甲部，子学为乙部，历史则为丙部，至是史学已成一独立部门。更下至《隋书·经籍志》，经学仍列甲部，而史学改列乙部。斯其益受重视可知。其时著名之史籍，如宋范晔之《东汉书》及晋陈寿之《三国志》，与马、班《史》、《汉》齐称为“四史”。其他知名的史学家与史书不胜枚举，其中如汉荀悦《前汉纪》及晋袁宏《后汉纪》，更为有名。又如《宋书》、《南齐书》、《魏书》等正史，亦均为此一时期人所撰。

《隋书·经籍志》史学部门所收共分了十三类，今再统计其所收经、史两部书籍之部数卷数作一比较。计经书有六百二十七部，五千三百七十一卷。连亡佚则为九百五十部，七千二百九十卷。史书共八百十七部，一万三千二百六十四卷。连亡佚共有八百七十四部，一万六千五百五十八卷。史学著作之卷帙总数已超过经学卷帙一倍以上。而上述经学著述中，其承袭两汉前人所遗下者为数尚巨，史书则多为东汉、魏、晋以下人新撰。即此可知当时在史学方面一种突飞猛进之成绩。而史学实即儒学，此因经学即儒学，而史学又即经学也。

在此尤值得提起者，则为隋末大儒文中子王通，此人虽已在南北朝之后，然在此不妨兼述。他曾有意续经，如取汉以下人奏议诏令之佳者编为《尚书》之续，称《续书》。又取汉以下人之诗赋择其有关时代与足资教训者集为《续诗》。后人或讥其狂妄。其实六经皆史，清儒章学诚曾抉发其精义，可谓已成定论。反言之，则史即是经。经、史既难严格划分，则王通观点，殊亦无可厚非。只由国人尊重经籍之心理沦浃已深，牢不可拔，而王通径用“续经”之名，故为后人所不满。今欲阐明经、史同源之义，则王通见解正可用来作证。而王通河、汾讲学，对此下隋、唐盛运重开之影响，亦属尽人皆知，不烦多及了。

今再就史学内容言，儒学主要本在“修、齐、治、平”人事实务方面。而史学所讲，主要亦不出“治道隆污”与“人物贤奸”之两途。前者即属治平之道，后者则为修齐之学。若史学家除却治道隆污、人物贤奸不辨，此外，更有何事可讲？又如依先秦道、墨、法诸家意见，试问如何能演变出后世史学来？其中惟墨家立论尚时引古史作证，庄、老、申、韩立论，即全不重视史实。只取此诸家书与《论语》、《孟》、《荀》并看，便知其间异同。故谓“史学即儒学”，其说至明显。我们若把司马迁、班固、范晔、陈寿、荀悦、袁宏诸人，依照先秦学派，把他们分别归入，则大体上自当归属儒家无疑。而且此一时代之史学家，几乎都同时在经学方面有著作，此亦可以证我前说。最多我们只可说在他们中有的尚不得为醇儒，最多也只可说他们在儒学中地位不高，只是游、夏文学一途。然游、夏文学亦显在孔门四科之内。而且我们也决不能说《左传》、《史》、《汉》之价值，便不如《公羊》、《穀梁》。至于此一时期之史学书，甚多经乱亡失，也不能因此便谓其无价值。即如两汉十四博士各经章句岂非全部亡失了吗？但我们并不能因此说两汉经学不值重视。何况魏晋南北朝史学书籍之流传，还远多过两汉诸经之章句。因此我们说魏晋南北朝为儒学之扩大期，正因于经学外，又增进了史学。从此以后，常是经史并称，并有了“经史之学”一新名目。此后历代大儒，则罕不兼通经史。即此一节言，魏晋南北朝时代，儒学依然极盛，其贡献于当时及后世者亦极大，可不再多论。

五

下面述及儒学之第四期，即唐代儒学。我姑亦再为特起一名称，谓之为儒学之“转进期”。唐代经史之学，均盛在初唐，乃系承受魏晋南北朝人遗产而来。我们也可说，隋唐盛运，早在南北朝晚期培育，学术也不例外。经学上最著者，如陆德明《经典释文》，孔颖达等之《五经正义》。而后者尤为经学上一大结集，后来络续增成为《十三经注疏》。但一则盛极难继，二则《五经正义》作为此下科举制艺之准绳，功令所限，更使此下唐人在经学上少有新创。至论史学著述，如《晋书》、《梁书》、《陈书》、《北齐》、《北周书》、《南史》、《北史》、《隋书》等，亦皆为唐初人所撰。主要亦多是承袭魏晋南北朝人之遗绪。惟以前人写史，自马、班以来，多系一人独撰，唐后开始有集体编撰之例。然此不即是史学一进步，无宁可说是不如前人了。而且史学亦如经学，中唐以后，即不见有初唐之盛况。

但唐代儒学，于经史之学以外，却另有一番转进。我此所谓转进，与前时期之所谓扩大稍有别。据我所见，唐代儒学之新贡献，却在其能把“儒学”与“文学”汇合，从此于经史之学之外，儒学范围内又包进了“文学”一门，这是一件值得特别阐发之事。

本来经学中，原有文学成分，如《诗经》便是。且群经诸史，不能不说它都有绝高绝大的文学价值。但就古代人观念言，则似乎并无文学独立的一观念。而且文学之与儒学，开始亦并无一种密切相关之联系。即如《楚辞》作者屈原，本非一儒家，只其所作《楚辞》《离骚》之内容却有与儒家暗合处，故为后来儒家所推崇，但在当时则断不能说《楚辞》即是一种儒家文学。下逮汉人，以赋名者如司马相如、扬雄之徒，明明与儒家经生不同，故班氏《艺文志·六艺略》之外别有《辞赋略》，显然不能以司马迁《史记》列入“《春秋》家”为例。扬雄早年本效相如作赋，有意欲为一辞赋家。但晚而悔之，乃谓辞赋只是雕虫小技，壮夫不为。彼云：“诗人之赋丽以则，辞人之赋丽以淫。如孔氏之门用赋，则贾谊升堂，相如入室矣。但如其不用何！”则扬子云亦已明明指出文学与儒学分道扬镳，不走同一轨辙了。故当其转变思想以后，遂改从文学转入儒学，模仿《论语》作《法言》，模仿《易经》撰《太玄》。从此一例，可见西汉人心中惟经学始是儒学，而辞赋家言则另是一套，与儒学不相涉。故范晔《东汉书》，于《儒林传》之外，又增设《文苑传》，亦证文苑与儒林有别，即在范晔当时，儒学中仍未包涵有文学。

首先提出文学之独立价值者，应自汉末建安时代开始。魏文帝曹丕《典论·论文》有云：“文章，经国之大业，不朽之盛事。年岁有时而尽，荣乐止乎其身，二者必至之常期，未若文章之无穷。”纯文学之独立价值之提出，当推始于此。然曹氏父子及建安诸子，亦均非儒家。此后梁昭明太子之《文选》，仍循建安路线，提倡纯文学，力求与经史分途。其时如陶渊明诗，亦如屈原《楚辞》《离骚》之例，只可谓其与儒家有暗合，却非有意把文学来纳入儒学中。根据上述，故说文学与儒学本非一途，专从儒学中亦推衍不出文学来。至以文学汇通于儒学者，此一工作，乃自唐代人开始。

韩昌黎诗云：“国朝盛文章，子昂始高蹈。”唐诗人自陈子昂之后有李太白，此两人皆有意上本《诗经》来开唐代文学之新运。但此两人在唐代之复古运动，或开新运动中仍未能达到明朗化，或说确切化。即所谓汇通儒学与文学之运动，即纳文学于儒学中之运动，其事须到杜甫，而始臻完成。杜诗称为“诗史”，其人亦被称为“诗圣”。杜诗之表现，同时亦即是一种儒学之表现。故说直到杜甫，才能真将儒学、文学汇纳归一。换言之，即是把儒学来作文学之灵魂。此一运动，到韩愈又进一步。韩愈之“古文运动”，其实乃是将儒学与散体文学之合一化。韩愈散体文之真价值，一面能将魏、晋以下之纯文学观念融入，一面又能将孔、孟儒学融入。此是韩愈在文学史上一大贡献，亦是在儒学史上一大贡献。故韩氏自述其作文工夫，谓当“行之乎仁义之途，游之乎《诗》、《书》之源”。又谓其“好古之文，乃由好古之道”。后人称其“约六经以为文，约《风》、《骚》以成诗”。若明白阐述，即是把文学与儒学挽归一途。论其文之内容，则实莫非是儒家言，其集中如《原道》、《谏迎佛骨表》等诸文固可不论，即随手就《韩集》中拈其任何一篇，固可谓无不根据儒学而立言，亦可谓无一非融摄孔、孟之道以立言者。故自唐代起，自杜诗、韩文始，儒学复进入了文学之新园地。自此以后，必须灌入儒家思想才始得成为大文章。此一新观点，实为以前所未有。必至此后，经学、史学与文学，均成为寄托儒学、发挥儒学之工具。于是四部中之集部，亦遂为儒学所包容。我特称唐代为儒学之转进期，意即在此。

六

以下再讲到儒学之第五期，即宋、元、明时代，我将称之为儒学之“综汇期与别出期”。此当分两面言：一说其综汇，乃指其综合汇通两汉、魏晋南北朝下迄隋、唐之经、史、文学以为儒学之发挥之一方面而言。此方面之代表人物，可举欧阳修为例。欧文宗昌黎，亦是粹然儒家言。但永叔除文学外，在史学、经学方面，造诣俱深，著述并富。我们固可说欧阳氏乃一文学家，同时亦可说其是一史学家与经学家。但欧阳氏乃一大儒，则无可异议。

北宋诸儒，大体全如此，他们都能在经、史、文学三方面兼通汇合，创造出宋儒一套新面目。其间所有差别，则不过于三者间，有畸重畸轻、偏长偏短。如王荆公偏重在经学，司马温公偏重在史学。荆公可说是儒家中之“理想派”，主要在讲六经三代，崇奉上古史。温公可说是儒家中之“经验派”，主要在讲汉、唐中古史。北宋新旧党争，就儒家立场言，亦可谓是一种经学、史学之争。故新党执政时，太学诸生便群趋于研究经学。迨旧党得势，太学诸生又转而注重史学。此一种学风动荡，直到南宋尚受波及。其次再说到二程洛学，他们较近于经学派。

苏东坡蜀学，则较近于史学派。但严格言之，苏氏父子在当时及后代，均不目为纯儒。即就他们的文章看，其中颇多杂有纵横家、庄、老道家言。在司马温公以后之洛、蜀、朔三党分歧，若我们纯从学术立场上来看，大体当如我上之所指。因此三派间，学术立场本有不同，并不即就地区分党分派。

以上是说了北宋诸儒在综汇经、史、文学而成其为儒学之一面。但在另一面，则别有一种新儒家出现，我姑称之为“别出儒”，以别于上述之“综汇儒”。如周濂溪、张横渠、程明道、伊川诸儒皆是。他们与综汇儒之所异：一则他们都不大喜欢作诗文，似乎于文学颇轻视，另则他们亦似乎不大注意谈史学。即在经学方面，对两汉以下诸儒治经功绩，彼辈皆不甚重视。故他们之所学所创，后人又别称之为“理学”。我今乃就两汉以下儒学大传统言，故说宋代理学诸儒，乃系儒学中之别出派。

亦可说宋代理学诸儒与两汉以下儒学传统不同处即在此。然亦不宜过分作严格之划分。即如：周濂溪《通书》，与其《太极图说》，则根据于《易经》而兼融之以《中庸》。横渠之学，亦以《易》为宗，以《中庸》为体，而于六经中《礼》之一部分尤其所特重。其所作《西铭》，二程取以与《大学》同时开示学者。程子尝言《西铭》此文：“我虽有此意，惜无此笔力。”可见别出诸儒，未尝不注意到文章之重要。但却不能说他们亦有一种文学观。明道在荆公行新法时，曾有上神宗皇帝陈治法《十事疏》，可见明道亦未尝不注意历史往事与治平实绩。二程言义理，尤皆溯源六经，所谓“反求于六经然后得之”，决非是一种门面语。而伊川尤穷其一生精力，著为《易传》。可见宋儒中别出一派，未尝不于儒学旧传统中所重之经、史、文学同时注意。惟彼等更注意在与当时之方外道、释争衡，换言之，则是更注重在思想义理方面，故对两汉以来儒学旧传统，比较不如其对此下儒学开新方面之更受重视。彼等意见，认为超乎此传统的经、史、文学之上，当另有一番甚深义理须阐发，因此遂成为"理学"，亦称"道学"，今人则称之为"义理之学"。元人修《宋史》，特为立《道学传》，以示别于从来之《儒林传》，此事颇滋后人非议。其实在当时人观念中，经学诸儒与理学新儒，确乎有一种分别存在，《元史》为之别立一传，其事未可厚非。只是必要尊道学而卑儒林，则落入门户之见，未得为平允而已。

自二程下传至南宋，有李延平，为朱子师，朱子于其师李延平之为学为人，描述甚备。我们即举李侗为例，便可想见我上面所谓理学别出之儒与经、史、文学综汇之儒之不同所在。但朱子虽出李氏门下，其学术门径又有一大变。朱子乃中国儒学史中一杰出之博通大儒，至今读其全书，便可窥见其学术路径之宏通博大，及其诗文辞章之渊雅典懿。朱子在此方面，可谓实是承续北宋欧阳一派综汇之儒之学脉而来。但朱子之特所宗主钦奉者，则在濂溪、横渠、二程，所谓别出之儒之一支。于二程，尤所推尊。其所著《伊洛渊源录》一书，即以孔、孟道统直归二程。朱子之学，可谓是欲以综汇之功而完成其别出之大业者。因此其对经学传统，亦予以甚大之改变，彼将《小戴礼》中《大学》、《中庸》两篇抽出，合《论语》、《孟子》而定为四书。又另定五经读本。于《易》有《本义》，于《诗》有《集传》，《书经集传》则嘱咐其弟子蔡沈为之。史学方面，则承袭司马温公路向，认为司马氏之《资治通鉴》，即犹孔子当时之《春秋》，而特为加以纲目，此实远承王通续经之意见者。后人于王通则加轻视，于朱子则加推尊，此亦未为公允。于礼则有《仪礼经传通解》，以十七篇为主，取《大戴》、《小戴》及他书传所载系于礼者附之，又自为《家礼》一书，以当时可通行者私定之。于文学，则有《韩文考异》、《楚辞集注》，所下功夫亦甚精湛。在经、史、文学三方面，皆有极深远之贡献，所影响于后来儒学者，可谓已远超北宋欧阳一派综汇诸儒之上。而观其《伊洛渊源录》一书，则知朱子所特别尊奉，乃在二程、周、张别出之一支。

七

朱子学之大概如上述。然在朱子当时，即有与朱子极相反对之两学派出现。一派自朱子好友吕东莱之史学，下传而成浙东永嘉学派，如叶水心、陈龙川等。朱、吕两人曾合编《近思录》，朱子又特命其子从学于东莱。然朱、吕二人究自有分别。一偏经，一偏史，门户划然，不啻如王安石之与司马光。而叶、陈二人则明白反对朱子，他们所提出之意见亦极有力量。水心反对朱子所定四书，否认孔、曾、思、孟一线单传之观点。龙川则反对朱子《伊洛渊源录》之传统，认为汉、唐儒学亦各有其地位，不得谓惟有宋代伊、洛一派始为孔、孟传人。此两种意见实有使朱子难于自圆其说之处。

而当时反对朱子者，除浙东史学一派外，尚有江西心学一派，主要者为陆象山。象山亦朱子好友，论学贵于简易直截。尝有问其学术传统者，象山答云："我读《孟子》而自得之于心。"细观象山此语，所重实尚不在读《孟子》，而更重在"自得于心"之一语。故象山又曰："学苟有本，六经皆我注脚，尧、舜以前曾读何书来？"又曰："即不识一字，亦将还我堂堂地做一个人。"儒学发展到了可以不读一书，甚至不识一字，可以自得于心，直接先圣真传，此诚可谓别出中之尤别出者。朱子欲令人先从事于泛观博览而后归之约。象山则欲先发明人之本心，而后再及于博览，所谓"先立乎其大"。故象山以朱子教人为支离，其贻诗有云："易简工夫终久大，支离事业竟浮沉。"两人之相异，于此可见。然象山对明道、濂溪仍极佩服。尤所佩服者，在明道。故曰："二程见周茂叔后吟风弄月而归，有"吾与点也"之意，后来明道此意却存。"故若谓濂溪、横渠、二程为儒学之别出，则象山实当为此别出派中之尤别出者。但此后儒学，终是朱子一派得势。抑且朱子后学，终是于经、史、文学即朱子之兼采于北宋综汇之儒之一派，即象山所讥为"支离"者，实为最有成绩。其著者，如金履祥、黄震、王应麟下及胡三省、马端临诸人皆是。他们都是兼通经史，亦不鄙视文学，虽承朱子上接伊、洛，却与北宋综汇儒一派未见隔绝，抑且甚相近似。此一趋势，观《通志堂经解》，即可知其梗概。即陆学传人，到底也仍会归到这一条路上来。

以下讲到元代。近代国人讲学，似对两个时代有所偏忽：一为忽视了魏晋南北朝。此一时代人在经史儒学方面之贡献，已在上提过。另一为忽视了元代人之学问。元儒讲经史之学，多流衍自朱子，其成就亦可观。其所为诗文亦皆卓有渊源，有传绪可寻。明代开国规模，如政治制度、经济措施、社会改革、教育设计诸要项，实全有赖于元代人之学业遗绩。即如明初金华诸儒宋濂、刘基等，都在元代时孕育成材。此一情形，恰如隋、唐盛运之有赖于南北朝时代之学术余绪，事同一律。中国儒学最大精神，正因其在衰乱之世而仍能守先待后，以开创下一时代，而显现其大用。此乃中国文化与中国儒学之特殊伟大处，吾人应郑重认取。

明初却有许多与唐初相似处。明人有《五经四书大全》，正如唐初之有《五经正义》。此乃根据元代朱学传衍，而此后即悬为功令。一次大结集之后，即不能急速再有新创辟，因此明代经学不见蓬勃，亦如唐代。史学则元儒本不曾在此方面有大贡献，如马端临、胡三省等，皆偏重在旧史整顿，而于新史撰述则极少概见，远不能与魏晋南北朝相比，因此明代史学更见不振。而且另有一点为唐、明两代之相似处。唐代自臻盛治，即轻视了南北朝。明人亦然，一入治平之境，也即轻视元人。唐、明两代人之兴趣与心力，多着眼到现实功业上面去，因此对前一代人之学术传统转多忽过。

以下再略论明代之文学，主要为前后七子所倡导之“文必秦、汉，诗必盛唐”之拟古主义。但他们没有把握到唐代杜甫、韩愈以儒学纳入诗文中之一种绝大主要精神。即是说他们没有体会到韩、欧因文见道，以文归儒之新传统。因此前后七子提倡文学，只知模拟古人之躯壳与声貌，却未得古人之神髓。这一运动尚不如建安，虽无灵魂，却能自见性情。他们所开创之新文学，纵不与儒学合流，但仍还有在文学上自己的立场。前后七子之模古，较之杜、韩以下之复古运动，实是貌是神非，到头只落得一场大失败。迨嘉靖间，唐顺之起，始走回北宋欧、曾通顺之文体，以矫当时之俗弊。而唐顺之亦是一儒家，其学得自阳明门下之王龙溪，自谓对龙溪只少一拜，故到他手里，又能窥见了因文见道、以文归儒之大统绪。他撰有《文编》，所选大体依于儒家之准绳。较前有真德秀选《古文正宗》，则太偏重在义理，而较忽略于辞章，重理不重文。荆川文、理两重，实为有胜蓝之功。接起有茅坤、归有光。茅鹿门始著有《唐宋八大家文钞》，实递承于唐顺之之《文编》而专选唐、宋人之文，八家之名于焉乃定。归有光亦是一儒家，兼通经史，沿续唐、茅一路，仍走上文学纳入儒学之新路向，下开清代之桐城派。然上述诸人，均起在嘉靖后，以下又未能有继起之人，故明代文学，实无足称，远难与唐、宋相比。

论及明代之理学，自必提到王阳明。阳明推尊象山，主“心即理”，并提出“良知”之说，后人合称为陆、王。陆、王之学为理学中之别出，而阳明则可谓乃别出儒中之最是登峰造极者。因别出之儒，多喜凭一本或两本书，或凭一句或两句话作为宗主，或学的。如二程常以《大学》、《西铭》开示学者。象山则专举《孟子》，又特提“先得乎其大者”一语。而阳明则专拈孟子“良知”二字，后来又会通之于《大学》而提出“致良知”三字，作为学者之入门，同时亦是学者之止境，彻始彻终只此三字。后来王门大致全如此，只拈一字或一句来教人。直到明末刘蕺山又改提“诚意”二字。总之是如此，所谓“终久大”之“易简工夫”，已走到无可再易再简，故可谓之是登峰造极。然既已登峰造极，同时也即是前面无路。至于阳明在文学方面之成就，则王门各派都已摆弃，远不逮二程后有朱子，更可谓是王门别出儒中一大缺点。现在我们再总说明儒路子，可谓其只有别出儒，而无综汇儒。而到晚明，则又爆出大反动。

八

现在说到儒学之第六期，即清代儒学，我仍将名之为儒学之“综汇期与别出期”。虽取名与第五期相同，但论其内容则甚不同。最先如晚明三大儒顾亭林、黄梨洲、王船山，他们都又走上经、史、文学兼通并重即北宋综汇儒之一路，而都成为一代博通之大儒。此三人中，顾亭林大体一本程、朱，还是朱子学之路向。船山在理学方面虽有许多不同意程、朱而一尊横渠之处，但其为学路向，则仍还是朱子遗统。此三人中，最可注意者，乃是黄梨洲。梨洲学宗阳明，但他的学术路向实与亭林、船山相仿佛，亦主张多读书，亦博通经史，注重于文学，实亦极像北宋综汇儒一路。故他说："读书不博，无以证斯理之变化。博而不求于心，是谓俗学。"此两句中更重要者乃在上一句，因下一句乃当时别出儒之旧统绪，而上一句则另开了新方面，即是由别出重归到综汇，则和朱子学风实已无大分别。他的一部《明儒学案》，乃是一部极好的明代学术史，或说思想史。在他著此书前，他所须诵读之书，何止数百千卷。而且此书虽宗奉阳明，依然罗列各家，细大不捐。此一路向，显然与陆、王当时意味有了甚大不同。我们正须在此等处看出学术之变化来。本来宋、明讲学之风，主要是别出儒，尤其是陆、王一派所重，而梨洲特称之为"讲堂锢习"，可想当时学术路向转变之急剧了。

黄梨洲之后有李穆堂，他崇奉象山，但他读书之多，也堪惊人。穆堂同时友生有全谢山，上接梨洲父子有志未竟之稿而作《宋元学案》，此书之主要内容自在所谓别出儒理学之一面。但谢山此书，显然更是综汇儒之规辙，故他说："此书以濂、洛之统，而综合诸家，如横渠之礼教，东莱之文献，艮斋、止斋之经制，水心之文章，莫不旁推而交通，联珠而合璧。"此种学风，与濂溪、二程以下理学精神显有歧出。而与朱子之崇奉伊、洛而兼走综汇诸儒之路，有其极大的相似。

梨洲、谢山以后有章实斋，亦承黄、全学风，那时已是清代乾、嘉盛时，他分析并时学派，谓梨洲以下为浙东之学，属史学；亭林以下为浙西之学，属经学。又谓浙东渊源阳明，浙西渊源朱子。此一分别，在彼亦谓是根据史实。惟此处须再指出者，厥为当时学风之转向。亭林尝言："古今安得别有所谓理学哉？经学即理学也。”我们若套用亭林此语来替实斋说话，亦可谓“古今安得别有所谓心学哉？史学即心学也。”由陆、王一派之心学，转出梨洲、谢山、实斋之史学来，此事大堪注意。故我谓清初诸儒之学，虽一而承接宋儒理学传统，而其实已由别出儒重回到综汇儒。而最可注意者，则正是由梨洲至实斋这一派所谓的浙东史学。而同时他们亦都注重文学。他们自称承接陆、王，而学风之变如此，则浙西亭林一派渊源朱子的自可不问而知。

近人又常说清代史学不振，此亦未必全是。清人只于近代史方面以多所避忌，而少发展。但清儒在史学上仍有大贡献。即就浙东黄、全一派言，其最大贡献有两方面：一则为学术史与人物史方面，试读清人之《碑传集》，此实为一种创辟之新文体，不仅唐、宋古文家昌黎、永叔无此造诣，即《史》、《汉》以下各代正史列传亦不能范围其所成就。此一新文体实渊源于梨洲《学案》，迄于谢山《鲒埼亭集》中所为之新碑传而栋宇大启，规模始立。此为清儒在史学上一大贡献。清儒史学之又一贡献，则为章实斋所提倡之方志学，此为历史中之方域史或社会史，其渊源乃自谢山表彰乡土人物递禅而出。若更远溯之，则东汉及魏、晋诸儒已开了此史学之两面，实已远有端绪。惟全、章新有创辟之功，也不该抹杀。

现在我们再转到清代经学方面。自亭林下至乾、嘉盛时之戴东原，恰与实斋同时，经学之盛，如日中天。但最先是由儒学而治经学，其后则渐渐离于儒学而经学成为别出，又其后则渐渐离于经学而考据成为别出，此为清儒经学之三大变。最先经学尚未脱离儒学之一时期，如阎百诗之辨《古文尚书》，胡朏明之辨《易图》与考《禹贡》，顾栋高之治《春秋左传》，如此之例，莫非经史兼通，综汇包举，不失为一种有体有用之学。越后则经学脱离了儒学，他们说："训诂明而后义理明"，于是只讲训诂，而把义理转搁一旁。他们又要追溯两汉博士家法，专为两汉博士重立门户，于是变成经学独立，渐与儒学无关。又后则更不是经学了，而仅见为是一种考据之学。考据独立成为一种学问，经学亦仅视为一堆材料。他们把同样的目光来治史，史亦成为一堆材料。材料无尽，斯考据工作亦无尽。此后清儒论学，乃若惟有考据一途始可上接先圣真传，此实可谓"考据学之别出"。又于考据学中别出了一种训诂学，此即所谓"小学"。故清人乾、嘉以下论学，乃若孔、孟以下，特足重视者，惟有许叔重、郑康成两人。其后又超越了许、郑而特别重视汉博士中《公羊》一家，于是儒学传统中，只剩了董仲舒与何休。我无以名之，则只有仍名之为是一种别出之学，即宋儒别出之学之又一变相，而不免每下愈况了。宋代别出诸儒只尊孟子，此下即直接伊、洛。清代别出之儒只尊六经，许、郑以下即直接清儒。下至晚清今文学《公羊》一派，此犹宋代理学中有陆、王，可谓亦已登峰造极，于六经中只尊《春秋》，于"三传"中只尊《公羊》，则又是别出中之别出了。

在此须连带提及清代之桐城文派，此派承续明代归有光，上接唐、宋八家，主张因文见道，以文归儒这一路。其中心人物姚鼐，与同时经学大师戴震，均倡义理、考据、辞章三者不可偏废之说，应可说其均是综汇之儒之主张。可惜当时经学诸儒兴趣已太集中在考据、训诂方面，而桐城文派中亦少有大气魄人，真能从义理、考据、辞章三面用力。他们只在修辞方面，遵守宋儒义理，如不虚饰、不夸大、不失儒家榘矱。而论其文章内容，则颇嫌单薄，甚至空洞无物。直要到曾国藩湘乡派，由姚氏《古文辞类纂》扩大而为《经史百家杂钞》，又主于义理、考据、辞章以外，再增“经济”一目，可谓求于文学立基而加进综汇功夫，可以上承北宋欧阳遗绪。而经学家中自阮元下逮陈澧，亦渐有主张经史兼通、汉、宋兼采之趋势，双方渐相接近。而陈澧亦极重韩文，但此双方之力量，依然抵不住后起今文学家之掩胁，而终于别出一派单独主持了一时的风尚。

九

此刻要谈到中国后半部儒学史中之所谓“道统”问题。因凡属别出之儒，则莫不以道统所归自负。此一观念，实由昌黎韩氏首先提出。《原道》云：“尧以是传之舜，舜以是传之禹、汤、文、武、周公，文、武、周公传之孔子，孔子传之孟子，孟子之死，而不得其传。”韩氏则隐然以此道统自负。此一观念，显然自当时之禅宗来，盖惟禅宗才有此种一线单传之说法。而到儒家手里，所言道统，似乎尚不如禅宗之完美。因禅宗尚是一线相继，绳绳不绝。而儒家的道统则变成斩然中断，隔绝了千年以上，乃始有获得此不传之秘的人物突然出现。这样说来，总是不大好。因此宋儒虽承受昌黎此观念，但觉自孟子到昌黎，中间罅缝太大，遂为补进董仲舒、扬雄、王通数人。但仍还是数百年得一传人，中间忽断忽续，前后相望，寥若晨星，即求如千钧一发不绝如缕的情形而亦不可得。下至程伊川，又谓须至其兄明道始是直继孟子真传，中间更无别人插入。以此较之崇拜昌黎的一般说法，意态更严肃，而门户则更狭窄了。朱子始在二程同时又补进了濂溪与横渠。但以前那一段大罅缝，终是无可填补。那岂不是孟子死后，道统之传，已成一大秘密，而此世界，亦成一大黑暗！抑且孔、孟之间亦早有一段脱节，于是朱子再根据二程意见，特为补进曾子、子思，于是总算自孔子起一线单传了四代，但亦总觉得太孤伶太萧索了。当时叶水心即根本反对此说，认为孔子之学并非只传了曾子一人。即连孟子，也未必可说由他一人尽获得了孔子之真传。陈龙川则谓汉、唐诸儒，也不能说他们全不得孔子之传。这中间一段长时期，也不能说全是黑暗，无丝毫光明。但到陆象山又要抛开濂溪、二程，把他自己来直接孟子。此后虽像程、朱传统较占了上风，而到明代王阳明，又是尊陆抑朱。此等争持，也绝似禅宗之有南能、北秀，究是谁得了道统真传，其实并无证据，则争辩自可永无了局。此实又不如禅宗，一面尚还有衣钵信物作证，而曹溪以下不再把衣钵传人，则更为一项绝顶聪明之办法。此下禅学大盛，也可说六祖之摒弃衣钵亦是一大因缘。惜乎宋、明道学诸公却不了解得此中意味。

关于宋、明两代所争持之道统，我们此刻则只可称之为是一种主观的道统，或说是一种一线单传的道统。此种道统是截断众流，甚为孤立的。又是甚为脆弱，极易中断的。我们又可说它是一种易断的道统。此种主观的、单传孤立的、易断的道统观，其实纰缪甚多。若真道统则须从历史文化大传统言，当知此一整个文化大传统即是道统。如此说来，则比较客观，而且亦决不能只是一线单传，亦不能说它老有中断之虞。韩昌黎所谓："孔子之道大而能博，门弟子学焉而皆得其性之所近，其后源远而末益分。"此说可谓近于情实。故自孔、孟以至今日，孔、孟之道其实则何尝中断！亦可谓："孔、孟之道未坠于地，在人，贤者识其大，不贤者识其小，何莫非有孔、孟之道！"如此说来，好似把讲孔、孟者的地位抑低些，但却把孔、孟之道的地位更抬高了。若定要抬高自己身分，认为只有他乃始获得孔、孟真传，如此则把孔、孟之道反而抑低了。又且如宋儒，一面既是盛推曾点与漆雕开，像是别具只眼。其实如照此等说法推演，难道孔子复生，反不把荀卿、董仲舒、王通、韩愈诸人也当作他传人，而定要摈之门墙之外吗？故就历史文化大统言，宋儒此种道统论，实无是处。黄梨洲弟子万斯同，曾作《儒林宗派》一书，此书虽亦尽多可议，然把儒学门户广大开放，较之宋儒主观的、一线单传的、孤立的、易断的道统观，则确已开明多了。

此下清儒立意反宋学，却想不到又来高抬汉学，严立门户，似乎孔、孟之学，到宋儒手里，反又中断了。不仅如此，即宋儒以前如《十三经注疏》等，清儒也看不起，就中只看重了郑康成一人。后来连郑康成也不信任，定要推到西汉董仲舒，但又不得不牵上了东汉之何休。这直可谓进退失据，而末流推衍所及，出来一个康有为，自认只有他，才能再接上此一统绪。试问此种说法，岂不荒唐可笑！但推原其始作俑者，则不得不仍回到宋儒道学诸公的身上。固然，宋、明道学诸儒在中国儒学传统里有其甚大之成就与贡献，但此一狭窄的道统观，却不能不说由他们创始。至于清代诸儒，存心要反对宋儒理学一路，而不知自己仍陷在理学家的道统圈里，依着别人家的墙壁，来建造自己的门户，那就更可笑了。

一〇

以上分着六时期大体叙述中国的儒学演进史，到此已粗可完毕。若我们真要对中国文化传统有一真认识，关于上面所讲六时期之儒学演进，决不能搁置不理。若此后中国文化传统又能重获新生，则此一儒学演进必然会又有新途径出现。但此下的新儒学究该向那一路前进？我想此一问题，只一回顾前面历史陈迹，也可让我们获得多少的启示。不烦我们再来作一番具体的预言，或甚至高唱一家一派式的强力指导。如韩愈所谓："开其为此，禁其为彼"，总不是一好办法。韩愈尚所不为，我们自可不走此绝路。昔邵雍临终，伊川与之永诀，雍举两手示伊川，曰："面前路径须令宽，路窄则自无着身处，况能使人行？”我们今天来讲中国文化，也就不该只讲一儒家。又况在儒家中，标举出只此一家、别无分出的一项严肃的、充满主观意见的，又是孤立易断的道统来。这是我这一番讲演最终微意所在，盼在座诸君体取此意，各自努力去。

（一九六一年十月新亚书院讲演《新亚生活》四卷十期）

三　朱子学术述评

朱子学说，规模极阔大，其思想头绪又极繁复，自来号为难究。窃谓欲治朱子思想，当分数要端。首在详密排比其思想先后之演变，此项工作，固须精严考订，然尤要在能有哲理的眼光。否则谨赖考订，犹不足以胜任而愉快，如清代王懋竑《朱子年谱》是也。其次在研究朱子对于并世诸家之批评意见，而加以一种综合观。学者多知朱、陆异同，然朱子不仅与陆异，并世诸家如张南轩、吕东莱、陈止斋、薛艮斋、陈龙川、叶水心等，朱子皆有往复评骘。必通观此诸异同，而后朱子一家思想之地位乃始跃然呈露。然朱子在中国学术思想史上贡献最大而最宜注意者，厥为其对儒家新道统之组成。道统观念，似乎孟子已言之，但亦可谓其本由释氏。隋、唐间台、贤、禅诸家皆有其传统，不独禅宗一家为然。韩愈《原道》，始明为儒家创传统，由尧、舜以及于孟子。下及北宋初期，言儒学传统，大率举孔子、孟、荀以下及于董仲舒、扬雄、王通、韩愈。惟第二期宋学，即所谓理学诸儒，则颇已超越董、扬、王、韩，并于荀卿亦多不满。朱子承之，始确然摆脱荀卿、董、扬以下，而以周、张、二程直接孟子。第二期宋学，即所谓理学者，亦始确然占得新儒学中之正统地位。此为朱子之第一大贡献。

关于此方面之著作，最著者为《近思录》。其次朱子又于孔、孟之间增进曾子、子思两传，而有孔、曾、思、孟“四书”之汇集，此即《论语》、《大学》、《中庸》、《孟子》是也。《论》、《孟》自来为儒学所尊，《中庸》之书，当起于秦代。其书融汇儒道思想，与《易系辞传》相先后，实已为先秦时期一种新儒学，与孟、荀有异。南北朝时代释道思想盛行，《中庸》、《易系》亦为当时所重。唐李翱《复性书》，远开宋代新儒学之先河，其篇中理论即据《中庸》。释氏如天台宗等治《中庸》者亦盛。北宋初期诸儒，皆极重视此书。张横渠初谒范文正，范即劝其读《中庸》。《大学》则由二程始特推尊，故曰程门专以《大学》、《西铭》开示学者。至朱子遂汇《学》、《庸》、《论》、《孟》成一系统，并以毕生精力为《论》、《孟》作《集注》，为《学》、《庸》作《章句》。元、明以下迄于清末七百年朝廷取士，大体以朱注四书为圭臬，学者论学亦以朱注四书为准绳。朱子注四书，正犹孔子修六经。孔子修六经，未必有其事，而朱注四书则其影响之大，无与伦比。此为其第二大贡献。后人又常兼称程、朱，其实朱子上承周、张、二程，惟治儒学则必尊《论》、《孟》、《学》、《庸》之四书。周、张多治《易》、《庸》，遂不如二程之更重《论》、《孟》，乃得有程、朱之称。

朱子第三大贡献，在其对经学地位之新估定。先秦儒学虽原本《诗》、《书》、礼、乐，后人称之曰经学，但儒学与经学毕竟有不同。西汉博士，始以经学替代了儒学。此一风气，直到唐人未能改。宋儒始渐渐从经学中摆脱出来复兴儒学，朱子乃此一绩业之完成者。他对诸经有许多极精警的见解。他说：

> 《易》非学者急务也，某平生也费了些精神理会《易》与《诗》，然得力则未若《语》、《孟》之多也。《易》与《诗》中，所得似鸡肋焉。(《语类》一〇四)

又说：

> 《诗》是隔一重两重说，《易》与《春秋》是隔三重四重说。《春秋》义例，《易》爻象，虽是圣人立下，今说者用之各信己见。……但未知曾得圣人当初本意否？且不如让渠如此说。……今欲直得圣人本意不差，未须理会经，先须于《语》、《孟》中专意看他。

又说：

> 《书》中可疑诸篇，若一齐不信，恐倒了六经。(《语类》七九)

朱子此种见解，黄东发《日钞》里曾有一段批评说：

> 朱子谓《易》本卜筮，谓《诗》非美刺，谓《春秋》初不以一字为褒贬，皆旷世未闻之高论，而实皆追复古始之正说。乍见骇然，熟辄心靡。卓识雄辩，万古莫俦。(《日钞》卷三八)

此真说出了朱子治经学的真贡献。他的《周易本义》，说《易》为卜筮书，较之王辅嗣、程伊川注《易》，更多开朗。他的《诗集传》，全用后代文学集部眼光来解说《诗经》，更为脱净前人窠臼。他对《尚书》，早已疑及今古文之不同，远开后来清儒门路。他亦认《尚书》为一部古史，其间有关上古天文、历法、地理、制度以及种种名物，全需专家知识整理，所以他把《书集传》的工作让他门人蔡沈去完成。朱子对于孔子《春秋》也只认为是一部通史之首祖，史学应该注重近代。在孔子时修史，自然该偏重春秋时代，在后世则不应仍只是看重春秋。因此朱子极重视司马光《通鉴》，而自己有意来写一部纲目。把司马光《通鉴》当作《左传》，而他自己的《纲目》则是一部新《春秋》。这又是一种极大胆而极开朗的见解。他对于礼的一部份，也认为古礼不能行于后代，而制礼作乐则不属社会私人事业，故他只有意写一部《家礼》。而他晚年的《仪礼经传通解》则意存考古，借以通今。这样，在他手里，把自汉历唐，对古代经学的尊严性与神秘性全剥夺了，而重新还他们以在后代所应有之地位。后来如明儒王阳明“六经皆史”的理论，其实在朱子早已透切发挥了。从此以下，“四子书”占踞上风，五经退居下风，儒学重新从经学中脱出，这是朱子第三大贡献。

以上三点，都从学术史上着眼。若说到朱子自己的思想，则他的最大贡献，尚不重在他自己个人的创辟，而更重在其能把他自己理想中的儒学传统，上自五经、四书，下及宋代周、张、二程，完全融成一气，互相发明，归之条贯。照朱子的见解，真是“先圣后圣，其揆一也”。他在中国思想史里，独尊儒家。在儒家中，又为制成一系统，把在他系统里的各时代各家派，一切异说，弃短用长，融会贯通，调和一致。此非朱子气魄大，胸襟宽，条理细密，而又局度开张，不能有此成就。孟子称孔子为“集大成”，此层在后代已无可细说。至如朱子则确是集孔子以下儒学之大成，这是朱子第四大贡献。

故论朱子思想，似乎多承袭，少开创。其实朱子所开创，都已融化在承袭中，而不见其痕迹，这是朱子思想最伟大之所在。后人都谓朱子沿袭伊川，最显著者莫如他的《大学格物补传》，似乎即承用伊川“集义致知”的见解而来。《大学》本是程门一部新经典，朱子《大学章句》首引：

> 子程子曰：“《大学》孔氏之遗书，而初学入德之门也。于今可见古人为学次第者，独赖此篇之存，而《论》、《孟》次之。学者必由是而学焉，则庶乎其不差矣。”

《大学》既如此重要，而程、朱相传皆认古本《大学》有错简，有脱文。最重要者在《大学》八条目的开始第一步工夫，即所谓“致知在格物”者，亦不幸有脱文，而其义已失，朱子乃特为之作“补传”。其文曰：

> 右传之五章，盖释格物致知之义而今亡矣。间尝窃取程子之意以补之。曰：“所谓致知在格物者，言欲致吾之知，在即物而穷其理也。盖人心之灵，莫不有知，而天下之物，莫不有理。惟于理有未穷，故其知有不尽也。是以《大学》始教，必使学者即凡天下之物，莫不因其已知之理而益穷之，以求致乎其极。至用力之久，而一旦豁然贯通焉，则众物之表里精粗无不到，而吾心之全体大用无不明矣。此谓物格，此谓知之至也。”

此即有名的所谓朱子《格物补传》。夫既学者入德必由《大学》，而《大学》始教又在格物，则岂非格物便成了学者为学第一步最基本的工夫。但古人格物义已亡失，今朱子却云推本程子意补之，此无异俗云偷天换日，使后世学者自以为是遵循孔门，而实际乃依照程、朱。而朱子却决不认他自己特有创见，其尊奉《大学》，为格物作“补传”，乃云只照程子意为之。但在朱子，亦非有意作伪或假托，《四书集注》乃其毕生精力所萃，直至七十二岁临终那日还修改了《大学章句》里的《诚意章》。在朱子心里，彼实深见其理之当然，亦深信自己立说，乃一本二程，仅加阐发，未敢自出己见，标新立异。在朱子之学问精神里，实已深蕴有一种所谓近于宗教的信仰。此等境界，却不当用后代考据家意见来责备。

朱子《格物补传》里最重要的意见，由后人看来，乃是一种心、理两分说。所谓“理”者，有时是指的“事理”。朱子注《大学》格物说：

> 格，至也。物，犹事也。穷至事物之理，欲其极处无不到也。

此显然明说是事理，但有时亦指“物理”，所谓“一草一木亦皆有理，都须格”是也。今若谓物理、吾心非一是二，此固常情所同是认，但若谓事理、吾心判为两事，则颇觉于义理上难成立。但朱子宁于此不知。朱子意，事亦在心外，不能全属心内。既在心外，则不能谓心即事，则事理亦仍需此心去格。朱子的心、理两分说，其实还是根据程子心、性分别的见解而来。《玉山讲义》，乃朱子晚年意见，他说：

> 大凡天之生物，各付一性。性非有物，只是一个道理之在我者耳。故性之所以为体，只是仁、义、礼、智、信五字。天下道理无不出于此。后世之言性者多杂佛、老，所以将性字作知觉心意看了，非圣贤所说

性字本指也。(《文集》卷七四)

此处朱子将心、性分开说，似乎与孟子论性原旨有些处违异。孟子说“恻隐之心，仁之端也”，只说从恻隐之心推扩出去便是仁，故恻隐之心，便是仁之端。言“端”者犹其云“火之始然，泉之始达”。恻隐之心便是仁道之开端。如此便见性善。则所谓性善，只是人道中之善端其本由于人性而已。今朱子却说：

谓之端者，犹有物在中而不可见，必因其端绪发见于外，然后可得而寻。(《玉山讲义》)

如此则成为仁（即性）居人心中，但不可见，因恻隐之端绪发见在外而后可见。如此则由仁之性发出恻隐之心来，性是内在之本，心只是外显之末。便不免要教人由外在的端绪（心）向内寻索，而识其内在之性，而若轻忽了教人由内心的端绪向外推扩，而达于人道之仁，岂不与孟子原意若有相背？此处似乎因朱子依然遵守伊川“性中只有仁义，那有孝弟来”的意见，遂不得不把《孟子》文义曲解。

又《孟子》:“尽其心者知其性也，知其性则知天矣。”这明明是说尽心始可知性，知性始可知天，但朱子《集注》又倒说了。他说：

心者，人之神明，所以具众理而应万事者也。性则心之所具之理，而天又理之所从以出者也。人有是心，莫非全体，然不穷理，则有所蔽，而无以尽乎此心之量。故能极其心之全体而无不尽者，必其能穷天理而无不知者也。既知其理，则其所从出亦不外是矣。以《大学》之序言之，知性则物格之谓，尽心则知至之谓也。

根据朱子此节注文，依然是主穷理乃可以尽心，乃谓《孟子》此章与《大学格物补传》，意义一致。但《孟子》此章之原意，似乎要人把自己此心恻隐羞恶诸端向外推扩尽致，则自然可以知性。并非说知性了乃始可尽心。更不曾说穷理即是知性工夫。可见朱子此处说法与孟子有异。论其下工夫处，一内一外，正相倒置。关于此节，明道所解似不甚误。明道云：

心也性也天也，一理也。自理而言谓之天，自禀受而言谓之性，自存诸人而言谓之心。

明道此处，似乎有主张“心即理”的倾向，故言之甚浑括。但伊川则力主“性即理”，由此来看心，则只是一个知觉灵明，此处便见明道、伊川之相歧处。而朱子则承伊川意发挥，此亦有其用意所在。朱子曾说：

释氏专以作用为性，在目曰见，在耳曰闻，在鼻鼻香，在口谈论，在手执捉，在足运奔。且如手执捉，若执刀胡乱杀人，亦可为性乎？龟山举庞居士云，神通妙用，运水搬柴，以比徐行后长，亦生此病。不知徐行后长，乃谓之弟，如曰运水搬柴即是妙用，则徐行疾行，皆可谓之弟耶？（《语类》三六）

又说：

知觉之理，是性所以当如此者，释氏不知，他但知知觉，没这理。

又引上蔡云：

佛氏所谓性，正圣人所谓心。

朱子这一番辨论极关重要，正如后人所谓“儒释疆界”，这是宋儒所力求异于释氏处。最其吃紧者仍在一“理”字。朱子又云：

吾以心与理为一，彼以心与理为二。彼见得心空而无理，此见得心虽空而万物咸备也。（《文集》五六《答郑子上》）

释氏既主心空无理，所以只要认得此心便够。今既主心具众理，则不得不于此众理上下工夫。这是朱子意见。

佛学在宋代还极流行，即程门高弟，如谢上蔡、游定夫、杨龟山后梢皆入禅去（此亦朱子语）。伊川本云："善观者却于喜怒哀乐已发之时观之"，但杨龟山一传为罗仲素，再传为李愿中，却教人看喜怒哀乐未发之谓中，未发时作何气象。此岂非与师门宗旨显相违背，这明明受了禅学影响。朱子亲受学于李愿中，但朱子自始便怀疑李先生的教法。他说：

> 李先生为默坐澄心之学，只为李先生不出仕，做得此工夫。若是仕官，须出来理会事。（《语类》二三）

释氏在山门里学作佛，儒家则须在社会上担任治平大业。默坐澄心，宜于求悟，不宜于致知。朱子从实际生活上来反对默坐澄心，这便是反对了杨龟山以下程门相传的为学入门工夫，便是反对了他师门嫡传宗旨。朱子此种精神，实在是大可佩服。

朱子又有《观心说》，在纯粹理论上反对此种默坐澄心的工夫。他说：

> 佛者有观心说，夫心一而不二者也，为主而不为客者也。命物而不命于物者也。故以观物。则物之理得。今复有物以反观乎心，则是此心之外复有一心而能管乎此心也。此亦不待辨而审其言之谬矣。（《文集》卷六七）

朱子反对佛家的观心工夫，其实也即是反对当时程门相传看喜怒哀乐未发以前气象的工夫，亦即是反对他老师李愿中的默坐澄心之学。这里有一大问题。禅家宗旨本来无一物。不思善，不思恶，便是此心本来面目。只要能无所住而生其心。一悟到此，便是即心即佛。心外无事，便即是心外无理。但儒家则不然。须出来理会事，便须理会事事中之理。但又不是说，理在心外。朱子既说心具众理。伊川亦说："冲漠无朕，万象森然。"则程门之所以要默坐澄心，看喜怒哀乐未发以前气象者，正是要从冲漠无朕中看出万象森然来。所谓反观吾心，也不是说此心之外复有一心，亦只是就此刻之心来反观前一刻之心。人当默坐澄心时，若能善自反观，自可见到伊川所谓冲漠无朕的境界。而在此冲漠无朕中，却是万象森然。以后阳明良知之学，所谓"见父自然知孝，见兄自然知弟"，正为心具众理，故主张其能因物而现。若日常此心为物欲锢蔽，则良心汩没，便不能见父知孝，见兄知弟，故阳明在前亦教人姑自默坐澄心。此说虽原本于释氏，但实为宋、明儒共同重视的一项工夫。明道提出居敬工夫，意亦在此。但默坐澄心，最多亦只在物欲锢蔽上有作用，在穷格物理上仍须另有工夫。若只靠一边，便滋病痛。故朱子既说"心具众理"，又教人"以心观物则物之理得"，粗看似乎在主张理在物不在心，其实乃是心与物合乃见理。此间有大不同。心与理，可以分言，亦可合言，此乃朱子立说之圆活而细密处。

照孟子意见，似谓天地间一切道理，本由人心展衍而出。

如人有恻隐之心，推广出去便成仁的道理。人有羞恶之心，推广出去便成义的道理。人生界一切道理，推求本源，全由此心，故曰“万物皆备于我”。这是说人生行为的标准，皆备在人心中。又说“尽心知性，尽性知天”。可见性亦只在心内，不是心外别有性。人心不仅有作用，亦有其同然常然而一定的倾向。如恻隐羞恶，不尽是作用而已，即在恻隐羞恶中便见人心对外物之同然常然的态度与倾向，即此倾向或趋势上便见性。只说心，似属仅在人，各自私有。说性，则明见为自然与天赋，并见人有同然。故尽心可以知性知天。但到程、朱，因受当时禅宗说心过了分，又没有说到儒家相传之性字，于是倒转来说，在性字上比较孟子说得重了些。他们说：因人心中有仁，故能发出恻隐心来。因人心中有义，故能发出羞恶心来。这些仁义的道理在心中便叫性，故说性即理。此虽与孟子稍有异，但心不即是性，性亦不即是心，其间必有别。则程、朱与孟子还无二致。故程、朱不肯说心即理。心只是一个虚灵不昧之体，可以照察理，而非即是理。如此说来，程、朱所说之心，却正如释家之说心，仅止于知觉与作用，但究有其不同处。禅家言明心见性，性只是一涅槃佛性，只是第一义空。而程、朱则谓性即理，又说性即在心中，故曰“心具众理”。但亦可说在心外，因物各有理，而物则明在心外。若就理而言，则可说物我一体。若就心而言，则该穷理致知，始能明白知得何物何事该恻隐，该羞恶。因知恻隐、知羞恶之能属心，而该恻隐、该羞恶之理则在事在物。而此理又属在心，这即是性。孟子主张理由心而发，程、朱则主张理即物而在。因其时禅学方张，若亦主理由心而发，即易陷于即心即理、即心即佛之窠臼。因此程、朱立说，似乎较之孟子，迹近牵向外去，然内外合一，与孟子原义并无大相歧。故程、朱虽认心只是一个虚明灵觉，若与禅学无殊，但于虚明灵觉之外，或说虚明灵觉之内，有一理之存在，此则与禅学之大异处。故程、朱学派只言心即性，不言心即理。心固是虚明灵觉，但兼包有情感，有倾向，有他自己的向往、趋势和要求。若抹杀人心自己的向往趋势和要求，而只从其虚明灵觉处看，心则便成为性空。孟、荀皆兼言心性，但一主性善，一主性恶，正相违反。《大学》言心不言性。《中庸》又只言性，不言心。心性之辨，先秦儒似未到达发展成熟之阶段，而佛家禅宗，又只言心之虚明灵觉，而认性为空。故心性的新说，不得不待有宋理学诸儒来完成。

朱子言心性，上承二程。但另一方面，则把濂溪、横渠的思想来弥缝二程之所缺。朱子思想，可分为“心性论”与“理气论”之两部分。朱子说：

> 先有个天理了却有气，气积为质，而性具焉。(《语类》一)

又说：

> 理气本无先后之可言，然必欲推其所从来，则须

说先有是理。然理又非别有一物，即存乎气之中。无是气，则是理亦无挂搭处。

又说：

无此气，则此理如何顿放。

又说：

不可说今日有是理，明日却有是气，也须有先后。且如万一山河大地都陷了，毕竟理却在这里。

又说：

所谓理与气，此决是二物。但在物上看，则二物浑浑，不可分开各在一处。然不害二物之各为一物也。若在理上看，则虽未有物，而已有物之理。然亦但有其理而已，未尝实有其物也。(《文集》卷四六《答刘叔文》)

朱子此种理气论，亦可谓深受佛家贤首宗影响。或人间万物各具一理，而万物同出一源，朱子曰：

释氏云："一月普现一切水，一切水月一月摄。"这是那濂氏也窥见这些道理，濂溪《通书》只是说这一事。(《语类》一八)

这是朱子自己明白说释氏理论亦有同于儒义处。惟释家涅槃佛性，乃是第一义空，是本体寂灭，而朱子之说"理"，则虽非别是一物而是一"实在"，理是"生"与"有"之所以然。但理虽是一实在，而既非别是一物，则必挂搭于气，不能独立自存。又且虽为"生"与"有"之所以然，但他并无力量，并无作用，只能主宰气，不能推动气。所以说：

气则能凝结造作，理却无情意，无计度，无造作，只此气凝聚处，理便在其中。(《语类》一)

又说：

理只是个净洁空阔底世界，无形迹，他却不曾造作，气则能酝酿凝聚生物也。但有此气，则理便在其中。(同上)

明儒曹月川非之，谓：

观《语录》，谓太极不自会动静，乘阴阳之动静而动静耳，遂谓理之乘气，犹人之乘马，马之一出一入而人亦与之一出一入，以喻气之一动一静而理亦与之一动一静。若然，则人为死人，而不足以为万物之灵。理为死理，而不足以为万物之原。理何足尚，而人何足贵哉？（《明儒学案》卷四四）

月川之驳朱子，若甚是，实非是。人乘在马上，一出一入者是马，但主宰此马者，乃此乘在马上之人。人不离马自步，然马之一出一入，则固乘此马者主之，何得以死人为喻，而谓其何足贵乎？

大体说之，朱子“气”的观念，全近道家。道家亦认一气运行之中有自然条理，人须符合此自然条理，则必当刳心去智，无作无为。朱子亦认理非别为一物，只说他是个“净洁空阔底世界”。但又说：“山河大地都陷了，理毕竟却在。”则朱子说理，既不近于佛氏之涅槃佛性，而与道家自然之理复不同。盖朱子思想，不仅综合会通了二程与周、张，并亦综合会通了道家与释氏。而能不为道释、不为周、张、二程之所缚，而调和折衷，别成一套，此见朱子思想之卓然不可及之集大成处。

明白了朱子的理气论，便更易明白朱子的心性论，此在朱子思想中本是一脉贯通。朱子说：

天下无无性之物，盖有此物则有此性，无此物则无此性。（《语类》四）

此处物即属气，性即属理。性之在物，即犹理之在气。不能谓天地只有一气，更无理。亦犹如不能谓物只是物，更无性。朱子《四书集注·孟子·告子篇》有云：

> 性者，人之所得于天之理也。生者，人之所得于天之气也。性，形而上者也。气，形而下者也。人物之生，莫不有是性，亦莫不有是气。然以气言之，则知觉运动，人与物若不异。以理言之，则仁义礼智之禀，岂物之得而全哉。

此处性、气两分，正亦犹《大学格物补传》之心、理两分，实为朱子思想之中心主干。朱子常说理挂搭在气上。又说，性是一物在心中。性即理，心即气，性在心中，即犹是理附于气。朱子看理既是一个没气力的理，因而朱子看性，亦是一个无生命的性。同样不能自动的发出行为与变化来。明儒王浚川谓“性即是理，则无感无动无应，一死局耳”。又曰“理安能动”。(《明儒学案》卷五〇）如此等语，若说中了朱子毛病。其实是朱子思想之极精卓处。因若性与理都能自主自动，则盈宇宙间，莫非有性有理，即将自成一至善无亏之宇宙。则人物之生宇宙间者，岂不将真成为死人与死物乎！儒家传统，远自孔、孟以来，显属以人文精神为主干。朱子采进了道家自然义来释宇宙，但仍保持儒家传统之人文精神于不摇不拔。不能会通以观，细密以求，便即失之。

朱子说：

> 心便是官人，性便是合当做的职事，气质便是官人所习尚，或宽或猛，情便是当厅处断事。

此处朱子明说作主者是此官人，一切责任，全在此官人身上。惟此官人，在其当厅处断事时应知有他合当之职。而他之当厅断事，主要者又在情不在性。故朱子又说：

> 性者心之理，动者是情，主宰是心。(《语类》五)

人之性既不能作主，又不能推动，必待其人之情。否则将是一静定的死局。性属天，情则降落到人的层次上来。若一任其性，则有天无人，此将成道家之自然义。今将性转到情，则人的地位与意义方显。

朱子又说：

> 人多说性方说心，看来当先说心。

此尤显然把性转落到心。心则显然更属人的层次中。朱子又说：

> 天地若无心，则须牛生出马，桃树上发李花，……

心便是他个主宰处。

如此则说成天地也有心。性本是宇宙间一主宰，而朱子乃把此主宰转移到心上来，此是朱子思想之极卓越处，非细阐不易了解其苦心。朱子又说：

天下之物，至微至细者亦皆有心，只是有无知觉处尔。且如一草一木，向阳处便生，向阴处便憔悴，他有个好恶在那里。

朱子此等处讲心，似乎正是《孟子》、《中庸》书中之所谓性，而性之中则必有情，此处又说成其有心。宇宙间万物，只要他有一定的倾向与趋势，这便是天地间万理之所从出，如此则宇宙总是一合理的宇宙。但自然之理与人文之理究自有别。人不能只在自然之理中生活，应有其自创的一番人文之理，此即人类历史文化之所由来。人文之理，固不能违背了自然之理，但自然之理中，仍可自孕有人文之理。今若说性为自然之理之主，则心应为人文之理之主。朱子因此而论心与性、气与理之别，而有时亦遂颇有主张“心即理”说之倾向。

或问：“理是道理，心是主宰底意否？”朱子说：

心固是主宰底意，然所谓主宰者即是理也。不是心外别有个理，理外别有个心。

如此岂不是明明说成了心即理。但从朱子思想之大体看，则朱子只肯明白说“性即理”，又说性是一物在心中，却不肯多说心即理。因朱子的“理”字观念中，实包有“自然理”与“人文理”之一分别。天是宇宙间一主宰，人亦是宇宙间一主宰。但人之主宰此宇宙，又不能违背了天。朱子说：“天即理也。”换言之，人之主宰此宇宙，究也不能违背了理。但在理之主宰之下，人也还是有他一分自由，可以自作主宰。朱子思想在此等处，诚可谓既圆通，又卓越，有待吾人再来阐扬。

到此我们可以继续讲到朱子的格物穷理论。朱子虽主张万物同出一源，但又说：

> 道理散在事物上，却无总在一处的。（《语类》一二〇）

所以说：

> 天下岂有一理通，便能万理皆通，也须积累将去。（《语类》一八）
>
> 积累多，自当脱然有贯通处，乃是零零碎碎的凑合将来。

零零碎碎的凑合，这是朱子格物穷理精神。所以说：

大体只是合众小理会成，今不穷理，如何便理会大体。（《语类》二五）

朱子不主张径去理会大体，只教人从众多小理处穷究。若只理会一大体，则有了天便没有人。如道家言自然，释氏言涅槃，都是此病。

故朱子又说：

万理虽只是一理，学者且要去万理中千头万绪都理会，四面凑合来，自见得是一理。（《语类》一一七）

朱子教人从“万个道理四面凑合来”，却不许你缺一个。他又说：

大而天地阴阳，细而昆虫草木，皆当理会。一物不理会，这里便缺此一物之理。

此是朱子说的自然理。朱子又说：

天下无书不是合读底，无事不是合做底。若一本书不读，这里便缺此一书之理。一件事不做，这里便缺一事之理。

此是朱子偏重说了人文理。

上引各节，应与《大学格物补传》合看。朱子虽在《格物补传》上说有豁然贯通之一日，然并非说贯通以后即不再要做穷理工夫。当知宇宙物变无穷，人文事变无穷，尽管此心已贯通明达，但依然还要随事随物去穷格。少穷一物，便少知一物之理。如此说来，始见万物之在宇宙间，乃各自有其独立存在之地位与价值。物如此，人更然。在此朱子有他更紧要的说明。他说：

> 论万物之一原，则理同而气异。观万物之异体，则气犹相近而理绝不同。(《文集》卷四六《答黄商伯书》)

万物一原而理绝不同，乃是朱子极警辟的创论。可见朱子所重，乃不仅在理的大本一原处，而更在理的绝不相同处。此是朱子格物穷理论之重要精神。

朱子论理如此，论性亦然。他说：

> 性如日光，人物取受之不同，如隙窍之受光有大小也。

从来说性与理皆从同处说，朱子更从其异处说，此是朱子思想之迥不犹人处。朱子又说：

人物性本同，只气秉异，如水倾放白碗中是一般色，放黑碗中又是一般色。

又说：

如一江水，你将勺去取，只得一勺。将碗去取，只得一碗。至于一桶一缸，各自随器量不同，故理亦随异。

根据上述，可见朱子心中之人性，亦非全是一样，此即张横渠所谓之“气质之性”，“理一分殊”。朱子既注重在其分殊上，于是他的思想乃于孟子外又兼融及于荀卿。朱子主张凭借各自的虚明灵觉之心来向外穷理，此一层极近荀子。但朱子在此上又添一曲折。他说“心具众理”。

此心虚明，万理具足。外面理会得者，即里面本来有底。

此说一本孟子，乃非荀子所有。释家亦云：“山河大地尽是妙明心中物。”但朱子把理、气分说，并不主张万物在我心中，而认万理在我心中，此则是朱子与释家相异处。但既认万理在我心中，而又要向外寻求，因理非气则无可安放，理既安放在气上，故穷理必须格物。物相异，则理亦有异。物无穷，斯理亦无穷。

但却又全在你心里。试问无心又何以见物，何以穷理。而且既是性即理，性不在心外，则理亦不在心外。此是朱子思想极圆通，极细密，而亦极费分疏处，主要全该从“性即理”的一语上去理会。此所谓性与理，内面在人心中，外面又在天地万物。天与人，既分亦合，既合亦分。而重要则要分辨理不外于心而心不即是理。

心不即是理。而理则即在心中，可以为心所觉见，此处有一番工夫，则曰“主敬”。或曰“居敬”。故朱子于格物穷理之外还要补上此一番居敬工夫。他说：

> 敬则万理具在。

此处有一条件，若心不敬，即不能万理具在。敬是此心之凝聚。若不凝聚，先放散在外物上面去，则将见有物无心，更何能万理具在。此云万理具在，亦并不是说万理具现。此是说：人能居敬，而后可以穷理，并非即可以居敬来代替穷理。朱子说：

> 凡学须要先明得一个心，然后方可学。譬如烧火相似，必先吹发了火然后加薪，则火明矣。若先加薪而后吹火，则火灭矣。（《语类》一二）

此处言心的工夫，又颇似荀子，但毕竟仍与荀子异。

朱子在此上又转到《中庸》“已发、未发”的问题上去。朱子说：

> 今于日用间空闲时，收得此心在这里，截然，这便是喜怒哀乐未发之中，便是浑然天理。事物之来，随其是非便自见得分晓。便如执权衡以度物。

其实《中庸》本系荀子以后之书，本可受荀子影响。《中庸》“未发之中”的理论，颇亦似从荀子书中脱胎。但此处有一辨。如云“执权衡以度物”，此只是心气中平没有偏向，如所谓水静则见须眉也。但朱子又云“浑然天理”，则又别是一义。似谓因心中有是理，故能格外面的理。若此心不敬，则外面理便不明。心中虽万理具足，却为此不敬瞒住了。此心浑然天理，即是万理具足，乃所谓未发之中，此仍即伊川之所谓“冲漠无朕而万象森然”。欲求达此境界，则须有居敬工夫。故必居敬而后可以格物穷理，此一义则实非荀子所有，但亦与大程子所谓“诚敬存之、更有何事”之意义仍有相违。荀子是教人把此心来穷外面理。大程子则似说存此心而理自明。荀子所重在外，大程子所重在内。都易使人忽略了理之一原之内外合一处。禅宗教人“看父母未生以前本来面目”，此乃要人悟到“万法皆空”的境界，所谓“三界惟心，万法惟识”，全归到心与识上，而到底则只是一空。今朱子则要从人心未发之中来教人看到浑然天理与万理皆具。故说：“吾儒以性为实，释氏以性为空。”亦可说，朱子看心，实与释家无大分别，但只在心之外或说心之内另安放一性或理，亦可说在人文之内另安放一自然，或说是在自然之内另安放一人文。乃庶使天与人即自然与人文之内外合一，此始是朱子的理想境界。

朱子别一处又说：

> 释氏虽自谓惟明一心，然实不识心体。虽云心生万法，而实心外有法。故无以立天下之本，而内外之道不备。然为其说者，尤如左右迷藏，曲为隐讳，终不肯言一心之外别有大本也。若圣门所谓心，则天序、天秩、天命、天讨、恻隐、羞恶、是非、辞让，莫不该备，而无心外之法。故孟子曰："尽其心者知其性也，知其性则知天矣。存其心，养其性，所以事天也。"是则天人性命岂有二理哉。（《文集》卷三〇《答张钦夫》）

朱子此文，显见他的思想乃竭力要从佛学再一转手的痕迹。他说释氏心外有法，即指涅槃性空言。他亦未尝不如禅师般，主张唯明一心，心外无法，但其所识之心，则与禅师们所识之心大异不同。以前孔孟只就人生圈子内立论，谓人类百行众德，皆由人心自然倾向中展衍而来。今朱子则于人生以外又添上一个阴阳五行的气世界，要说物各一理。以人而言，则必人与天合，心与物合，内外合一，乃见此理。因此朱子思想，乃从孔孟之人文界，又融进了道、释之宇宙自然界。若从理学言，则从二程又融进了周、张。此是朱子格物穷理之最为博大宏通处。亦可谓朱子之所谓“理”，早已非孟子之所谓“义理”。孟子义理专指人文界一切人事言，朱子之所谓理，则牵涉到宇宙物理上面去。但外于人心，则此宇宙物理，亦将无所安放，无所发现。要之一切理则全在人心中安放发现。故说：“此心浑然天理，众理具备。”又说：“佛家虽云心生万法而实心外有法，无以立天下之大本。”所谓心外有法者，即指涅槃性空言。既不认此宇宙万物之存在，则何从立天下之大本。道家言自然，认此宇宙万物之存在，但又要人刳心去知，而不知心之可以生万法，而一惟以自然为法，斯亦失之。朱子之说，则求心天合一，人文与自然合一，兼采道、释之长，而自成为新儒之一家言。若只云心即理，则又是有人无天，亦朱子所不许也。

现在再说到未发已发的问题，朱子在此上亦曾极费研寻。他最先说：

> 心未尝不发。

人自有生即有知识，事物交来，应接不暇，念念迁革，以至于死，其间初无顷刻停息，举世皆然。（《文集》卷三〇《与张钦夫》。《宋元学案》卷四十八《中和说》一）

那是他主张程子“未发之前更如何求”，“善观者却于已发之际观之”的见解。但稍后他变了。他说：

> 日间但觉为大化所驱，如在洪涛巨浪之中，不容稍顷停泊，盖其所见一向如是，以故应事接物处但觉粗厉勇果增倍于前，而宽裕雍容之气略无毫发。(《文集》卷三二《答张钦夫》。《宋元学案·中和说》二）

又云：

> 手忙足乱，无着身处。（同上）

这是说若认人心只有已发，便会有此境界，便使人生尽是不安。于是朱子又回头转到未发的存养方面来。他说：

> 人之一身，知觉运用，莫非心之所为，则心者固所以主于身而无动静语默之间者也。然方其静也，事物未至，思虑未萌，而一心浑然，道义全具。其所谓中，是乃心之所以为体而寂然不动者也。及其动也，事物交至，思虑萌焉，则七情迭用，各有攸主，其所谓和，是乃心之所以为用，感而遂通者也。然性之静也而不能不动，情之动也而必有节焉，是心之所以寂然感通，周流贯澈，而体用未始相离者也。盖心主乎

一身而无动静语默之间，是以君子之于敬，亦无动静语默而不用其力焉。未发之前，是敬也，固已主乎存养之实。已发之际，是敬也，又常行于省察之间。……君子之所以致中和而天地位万物育者，在此而已。(《文集》卷三二《答张钦夫》。又《学案·中和说》三）

这里朱子明明认性为未发，情则已发，又用横渠“心统性情”之说，谓心贯彻乎动静。动时省察，静时存养，即是程门“敬”字工夫，如此则已发、未发面面兼到。这里的问题，主要在性、情的分析上。性未发，管摄不到情之已发，须要把心来做主。增强此心作主力的便是敬。敬里面又分静存动察。格物穷理只偏在动察一边，若非有静时存养工夫，则动时省察便易失错。这就造成朱子居敬、穷理两面用功的理论。此即伊川“涵养须用敬，进学则在致知”之说。但到朱子手里，却开展得精微多了。而朱子有时在此两边又有稍微偏重静存一面的意向。他说：

未发之前不可寻觅，已发之后不容安排，但平日庄敬涵养之功至而无人欲之私以乱之，则其未发也镜明水止，而其发也无不中节矣。……向来讲论思索，直以心为已发，而日用工夫亦止以察识端倪为最初下手处，以故阙却平日涵养一段工夫。使人胸中扰扰，无深潜纯一之味，而其发之言语事为之间，亦常急迫浮露，无复雍容深厚之风。盖所见一差，其害乃至于此，不可以不审也。(《文集》卷六四《与湖南诸公论中和第一书》。又《学案·中和说》四)

从此遂产生后来阳明一派朱子晚年定论之争讼。总之，朱子在此方面确曾下过一番深工夫，他最先颇像要摆脱当时偏向内心用功的旧习，转换到向外事物方面去。但后来依然折回到老路上，而把此两面牵绾合一。一方面和会旧说，一方面开辟新趋，这是朱子之大气魄处，亦是朱子学说之所以为集大成处。

要之，朱子学术，先重分析。如其言心，则先从分别其未发已发，动与静，体与用下手，而后更加以综合工夫。其合动静、合体用，正犹其论宇宙人生，先从分析理气心性入手，而继之以综合，合心物、合内外，合天人，而无不归之以条贯。于一之中求见其多，于多之中又求见其一。于同之中求见其异，于异之中又求见其同。《中庸》云："尊德性而道问学，致广大而尽精微，极高明而道中庸。"两面逼入，得其大中。惟朱子学可以得其精旨。

清儒常以朱子、郑玄相拟，其实康成断非晦翁之俦。以整个中国学术史观之，孔子集上古之大成，朱子集中古之大成。其包孕丰富，组织圆密处，朱子乃可谓极似孔子。孔子每好以相反相成之两面来表达一观念或一境界，如言仁则必言智，或言仁则必言礼，又言礼则必言乐之类。朱子亦常如此，如言理则必及气，言心则必及性，言穷理必及居敬之类。但孔子在先都只就人心人事立论，令人当下有一入手处，而其圆密处，则面面俱到，或是面面兼顾。孔子以下，先是百家争鸣，幸有孟、荀两家，从两面来发扬孔子。魏、晋、隋、唐，道释竞兴，乃有周、张、二程，对孔子儒学续作发扬，而朱子集其大成。其论学，乃把宇宙人生两界融合一起，他的思想遂似乎相互间的依待条件更多了，更繁复，更重叠。言理则必依待着气，必以气为条件。而言气亦必依待着理，必以理为条件。同样言心必依待着性，必以性为条件。言性亦必依待着心，必以心为条件。天人心物、内外动静亦复面面俱到，面面兼顾。决不专靠在一面。于是研究朱子思想者，常使人觉其气魄大而苦难下手，若圆密而又嫌其琐碎。陆象山讥其支离者正在此。但朱子亦非不自知，于其圆密之体系中常力求教人以方便。如言穷理，即教人姑以读书来代替，如是渐渐变成为研穷字义，又渐渐从读书转到章句与训诂上，元儒、清儒即都不免此流弊，但明儒则又太脱空了。至清儒以朱子与郑玄相拟并视，此已为重视朱子者所说，但到底不能说朱学精神只在读书，其读书乃只在章句与训诂。陆、王一派，主张心即理，不免太简易，太直捷。清儒训诂考据，又不免太琐碎，太支离。注意了尊德性，不免忽略了道问学。注意了道问学，又不免忽略了尊德性。太精微了，遂不免失去了广大一面。太广大了，又不免失去了精微一面。太高明而不知道中庸，太中庸又不能极高明。中国学术史上，中晚时期，只有朱子一人，综合了经、史、子、集四部之学。

一面加以分析，一面加以综合。分之则极其圆，无一处不到。合之则极其通，无一处不达。批评各家短处，而无不兼采其长。酌取各家长处，而无不避免其短。真所谓即物而格，而无不到其极处，而又能豁然贯通了。后人尊之以为孔子之后之唯一集大成者，朱子诚可当之而无愧。

（原载民国三十六年九月《思想与时代》四十七期。后经作者增订，收入《中国学术思想史论丛》第五册中。读者其互参之。）

四　中国文化传统中之史学

一

文化即是人生，历史乃是人生之记载。故可说，文化即历史，历史即文化。文化不同，历史亦不同。文化变，历史亦随而变。文化堕落，历史亦中断。近人讨论文化，多从哲学着眼，但哲学亦待历史作解释批评。真要具体认识文化，莫如根据历史。忽略了历史，文化真面目无从认识，而哲学亦成一番空论。

历史是一积累，近代则好言开新。当秦始皇帝吞灭六国，天下一统，开了中国历史三千年来未有之新局面，他自认是创造此新局面之第一人，已凌驾于古代三皇、五帝之上，乃中国历史上从古未有的伟大统治者。所以自称始皇帝，此下二世三世，乃至万世皇帝，皆当承接此局面。当时始皇帝心下，他已自认站在历史之顶端，他两眼向前，只看将来，更不回头。以为过去的历史，前人的脚步，现在早已超越，更无留恋萦虑之必要。

但秦代的统治权，不二十年而崩溃。始皇帝一片美梦，到二世皇帝时已惊醒。下面来了汉高祖，以平民为天子，此亦是中国已往历史所无。但汉人并不为此沾沾自喜，他们却肯回头想：周代为何有天下八百年，秦代为何二十年即亡？这是一历史问题，正可为当前人作教训。汉代初年人心情，不像秦始皇帝般勇往直前。他们肯长虑却顾，把以前历史往事挂在心头。司马迁《史记》，即在汉代武帝之全盛时期完成。一路到清末，两千年来，有了二十五史。每一朝代完了，即写一部历史好作下一朝代人教训。中国民族，可算是最看重历史的民族。中国文化，亦可说是最看重历史的文化。换言之，中国民族与文化重视过去，重视积累，更胜过了其重视未来与开新。

长江后浪推前浪，人生新人换旧人。一浪成不了一流。人生也不是百年短暂转瞬即逝。中国古人以三十年为一世，当其壮年入世做事时，上有父母，下有子女，同时已有了三世。此与其自己生命紧密相系，不可分割。人生根本是由世代积累而成，抽离了世代积累，便不能有人生。青年初离家庭抚养，易生独立为人之想。此如雏鸟离巢，即独立为一鸟。然人生究有空间的群体即社会，有时间的群体即历史，不能专以独立自由，开创局面为事。

古今中外人类历史，当其开创新局面，抱与秦始皇帝同样心情者，亦大有人。如哥仑布发现新大陆，一时西班牙、葡萄牙人，寻金心热，跑遍世界。那时他们心里，自然也是只有将来，不问过去。只想向何处跑，更不念从何处来。他们把全地球划一界线，一半属西，一半属葡，作为他们将来的扩展范围。曾几何时，荷兰、英、法继起，西、葡海外寻金美梦，亦只昙花一现。

当前的美国人，远从英伦移殖，一面歼灭了大群印第安红番，一面蓄养了大群黑奴。又不断吸纳了大群欧西意、法犹太移民。定下门罗主义，在世界那一边生息茁长。自经两次世界大战，一跃高踞全球群雄之首座，掌握列强会盟之牛耳，举世瞻其容光，仰其鼻息。较之其前面大英帝国之盛况，尤远过无不及。诚可谓在世界人类历史上又展开了一新页。犹非秦始皇帝统一中国，与夫哥仑布发现新大陆后西、葡海上竞雄之可比。但就其历史言，移民初来，最远不到四百年。独立建国，最近恰足两百年。再经西部开发，而扩大成为今天的美国，其事还在后。统观全部美国史，殊无煊赫辉煌之事功。除却华盛顿、林肯几位人物，可资后代追忆外，亦乏惊风骇浪之波折。因缘时会，平步青云，真可谓是天之骄子。因此，美国人心理，亦不免忽视历史，偏重将来。求新求变，似乎可以漫无止境般向前。

若以历史譬之水流，沟浍之水，易盈易涸；长江大河，蜿蜒千里，永不枯竭。不有上流之浩大，何来下游之深广。中国以农立国，为求灌溉，深识水性。四川灌县都江堰，建自秦代时之李冰，迄今两千年规模不变。相传“浅筑堰、深淘滩”六字，作为治水要诀。淘滩求其善导，筑堰求其善防。宜深宜浅，皆因水性而定。人性亦犹水性，治人亦犹治水，须善防善导，使能融凝团结成一大民族。积累悠久，流衍不断。此必有一番精密伟大工程，时筑时淘，而后可以纳水流于正轨，并使其流量日大，弗涸弗溢。此是人类文化，此是人类历史。或有如山洪暴发，或有如断港绝潢，或有如一潭死水，或有如萦纡细流，同是一水，却与长江大河不同。正该从各式各样的历史情态，来看其背后各式各样的文化本质。

总之，只向前，不顾后，一味求变求新，求速求快，本源易竭，则下流易湮，此有各民族历史前例，寻证不难。只有中国，成为一源远流长、积厚流光的大民族。因其尊重历史，胜过其企悬将来，本末先后，作一体看。有此过去，才有此将来。所谓"只问耕耘，不问收获"，又说"前人种树，后人乘荫"。乃近百年来，如在眼前忽为外面一道强力异光闪耀，视线骤黑，看物不真。在外的尽可欣羡，自己的全该轻视。过去一段五千年的长历史，比为肩背上一个重包袱，急切丢不掉，转生厌恨。推翻、打倒，成为时代新名辞。但历史只如一影子，并无实形可击。于是转回头打击现实。共产党兴起，即从此一种心理来。但总不免有一历史影子附随在身，一切打击全成扑空，遂造成了当前时代之悲剧。

西方人似乎较不重历史，希腊亡了，罗马兴起，种族地域皆不同，罗马人自不会太过重视希腊史。罗马亡了，北方蛮族兴起，种族地域又不同，欧洲中古时期之北方人，自不会太过重视罗马史。现代国家兴起，绵历了一段稍长时期，才各自注重到他们各自的历史。然而，又是种族地域各不同。在历史上相互间固不能无牵涉，但终如秦、越人相视，饥饱肥瘠不相关。美国人从欧洲迁去，他们读欧洲史，更觉如秦、越人相视。因此，西方人读历史，多出于一种好奇心，求知心，与其研究自然科学之兴趣无大异。

但中国人读中国史，则附随着一番对于其自己民族生命之甚深情感。历史积累愈深，民族情感愈厚。此本每一民族无不皆然。只其他民族，历史范围既狭小，绵历时间又短暂，则此番民族之亲切感，亦不免比例递减。只有中国历史，广大悠久，举世无匹。三千年前之《西周书》，创制于周公。两千五百年前之《春秋》，著作于孔子。周公、孔子，乃中国古代两位大圣人，为此下中国人所共同崇敬，而《西周书》与《春秋》，乃为此下中国史书之典型。中国人重视历史，在其文化传统中有极深极厚之文化渊源。故在中国人心中，无不抱有一番深厚的历史情感，常喜回顾以前，或可说是一种守旧心理，但亦可说是要把新旧融成一体，把前后古今汇成一贯。非不求变求新，乃是要从旧中变出新，非是要破弃了旧来另创新。如唐、虞、三代、秦、汉、隋、唐、宋、元、明、清，时代新了，民族依然是旧。不如西方希腊、罗马以至近代英、法、德、意，一番新的换去了一番旧的。双方历史不同，心理观念自会不同，而在其背后，则有更深意义之文化不同。

春秋时代鲁国叔孙豹，在孔子以前，已提出了立德、立功、立言之“三不朽”。此是一种人生观，亦是一种历史观。不啻如说旧可求存于新之内。亦可说“积旧乃成新”。若非前人立德、立功、立言，何来有后起之新人生，新历史。而后起的新人生，新历史，亦不会远离了前人所立的德、功、言。若使后起的全可推翻打倒先前的，则更何有立德、立功、立言之不朽。而当前人生，则惟从物质自然科学中来争取。人生无不朽，乃把不朽寄放在人死以后之灵魂信仰上。

中国此一种历史人生之不朽观，亦可说是中国传统文化中一项基本观念，与西方宗教科学观念均不同。宗教观念把人生归宿到灵魂与天堂，乃是一种非人生或是超人生的出世观。物质自然科学把人生与自然万物混同一视，注重现实物质人生，只在空间求开拓，但忽视乃至漫失了心灵人生，不向时间求绵延。眼前人生胜过了其历史人生。亦可说，只重时代现实，不重历史积累。叔孙豹之三不朽说，乃把个人人生绵延为历史人生。肉体毁灭，依然有生命存在。而其存在又是只在人间，不在人间以外之天堂。人生即是历史。由个人生命开展出历史生命。在历史生命中，涵存有个人生命。短暂的个人物质肉体人生，可以转成为长时期绵延积累的历史精神人生。每一人总喜欢回顾以前，要知我之所由来。每一人亦总喜欢想望将来，要知我之所当去。在中国人观念中，人生不仅生在当时此一社会之内，同时亦是生在上下古今那一历史绵延之内。中国人父子祖孙世世相传的家族观，亦即是一种历史观。中国人此项历史观，即是中国人之人生观，亦即是中国传统文化主要精神命脉之所在。

二

历史记载人生，人生中必有事，惟人干的事，与干事的人，二者当有分别。事由人干，人换了，所干的事亦必变。中国古人云："人存政举，人亡政息。"不仅政治，一切事皆然。中国古人以三十年为一世，在普通情况下，三十生子，六十抱孙。一家历六十年，前后可得三世。人生由此大体可分三阶段：三十以前是青少年预备期。三十以后至六十，乃人生中之强立干济期，人生一切重大活动，主要在此三十年。六十以后，渐入衰老，渐从社会中抽身退出，可称为人生之完成期。

孔子自称："十有五而志于学，三十而立。"十五以前，主要赖父兄培养。十五以后，能自立志向学。至于三十而独立成人，此是人生第一期，虽孔子大圣，亦无大异。"四十而不惑，五十而知天命"，此自三十而下之二十年，投身人事复杂之社会中，能自树立，有所干济，遭遇外面种种摇撼刺激，其内心亦随之逐步展开，惟圣人能达于"知我者天，所立卓尔"之一境，此为人生之第二期。"六十而耳顺，七十而从心所欲不逾矩"，此乃大圣人生活达于最后之一境。耳顺是由外入内，外界种种接触，一言一语，他人的心声，不论是非邪正，进入我心，于我心皆知其所以然，他心亦犹如我心般，不感有违逆。从心所欲不逾矩，是由内达外，我心所欲，一任其自由，不烦照管，而皆合乎规矩，即是我心一一合乎人心，皆不见有违逆。此心一内一外，交互贯通，由向上知天命转到向下在人群中平实达到群己天人融合一体之最高境界。此固是大圣人生活始得有此，但终亦转入了衰老境，与而立、不惑、知天命时精神有不同。六十以前，确然有一我在，确是一种顶天立地自强不息之气象。六十以后则臻化境，不见人，不见我，混然一体。从肉体人生论，诚是进到了衰老期。从精神人生论，乃是由成熟而进入了新生期。如此人格，诚可以为万世之师。而在其当时，亦已像是超越了人事现实而到达于人生之理想期，或说归宿期。孔子周游卫、宋、陈、蔡。返鲁为国老，那时的孔子，实际上已退出了人生漩涡，不再有奋斗，可以在大群中安然自成为一我，同时亦安然不感有一我，故曰“化境”。自然人身之衰老，虽大圣人亦不免。然其人格光辉之永远照映于后代，尤其在老境中之最高成就，则惟圣人有之。若在普通人，不能有此一境，则惟有把中年干济期延长，如曾子所谓之“任重道远，死而后已”，亦已不失为一大贤人。

再以《周易·乾卦》六爻为说。初九“潜龙勿用”。亦犹人生之预备期。九二“见龙在田，利见大人”。此是投身社会，出潜离隐，为转入人生干济期的第一步。利见大人者，九二尚在下，虽已具大人之德，尚未登大人之位，同声相应，同气相求，水流湿，火就燥，云从龙，风从虎，利见在上位之大人与之相应。人文社会中，后进必赖先进之提拔护掖，一气呼应，始得成事，此乃自古皆然。九三“君子终日干干，夕惕若，厉无咎”。九四“或跃在渊，无咎”。此两爻，在人生干济期中必有奋斗，其不宁于心，不安于位之情形，跃然如在纸上。九五“飞龙在天，利见大人”。此是干济人生奋斗历程中之最高阶段，能以美利天下之最高可能。利见大人者，在上位之大人，亦盼得在下位之大人，即有德无位之大人与为相应。若纯就教育事业言，孔子乃飞龙之在天，颜渊以下，则见龙之在田也。上九“亢龙有悔。”自然人生必有一衰老期，人文人生，亦有一终极阶段。昧者知进不知退，知存不知亡，知得不知丧，知有干济奋斗而不知有穷而藏之一阶段，终成为亢龙之有悔。亢者位已高，当求退。自然人生过六十、七十，亦当求退。此是人生之退藏期。又言“用九，见群龙无首，吉。”凡潜龙，见在田之龙，跃在渊之龙，飞在天之龙，其为龙则同，贵乎各因其时位而各全其龙德。人在人文社会中，各有活动，皆当具备一副奋斗自强之干济精神。在上位，则利见在下之大人。在下位，则利见在上之大人。凡具龙德，皆大人也。声应气求，而贵乎能互不为首。有了一首，其余便不成为龙。没有了群龙，一龙亦无可能为，只有潜藏。故曰潜龙勿用，亢龙则有悔。在人文人生中随其时位而潜伏，而飞跃、而退藏，亦与在自然人生中，随其自然年龄而亦有潜伏与飞跃与退藏之三时期。全部人文历史亦如此。所贵善辨者，则在其有后与无后，可继与不可继。

历史上人物之活动年龄，大体亦不出三十年上下。三十年前在某一事业上活动之人物，三十年后往往已络续退出，则此一事业亦必随之有变无疑。如汉高祖、唐太宗开国规模，下到汉景帝、武帝，唐中宗、武后时，人物全体变了，事业规模那有不变。但变有大小。如西洋史上希腊亡了来罗马，罗马亡了来北方蛮族，此是大变。如中国史上有秦后有汉，隋后有唐，此是小变，并世各民族，只有中国历史为变最小。故能拥有范围广大，绵延悠久，继继绳绳，不绝不断，五千年一线直下的一部中国史。此事实大值阐究。要言之则由人生来决定了历史。

再进言之，历史只是一种人事记载，事由人主，人由心主，人心则有所同然。把握此人类同然之心，心心相印相传，即是中国人之所谓“道统”。即人文大道之统，亦将使人文界欣合于自然界而达于“天人合一”之境地。古今相禅，于变中而得其所不变，故中国古人谓“天不变，道亦不变”，中国人自古相传之历史观念即具此意。

《西周书·召诰篇》召公有曰：“古先王有夏，今时既坠厥命。今相有殷，今时既坠厥命。我不可不监于有夏，亦不可不监于有殷。今王嗣受厥命，我亦惟兹二国命。”《立政篇》周公有曰：“文子文孙，以覲文王之耿光，以扬武王之大烈。继自今后王立政，其惟克用常人。”可见中国古人论事，必上念古人，下念后人，不专着眼在目前之当事人。因此好言命，好言常。命在天，最若无常。常在人，乃可以人事天，以常保命。《梓材篇》又曰：“皇天既付中国民越厥疆土于先王，肆王惟德用，和怿先后迷民，用怿先王受命，惟曰欲至于万年，惟王子子孙孙永保民。”在当时，前念古人，则有夏有殷，上逾千载。下念后人，则子子孙孙，下逾万年。即观以前，由夏、殷而至于我，便知天命之无常。然同时又念以后，子子孙孙要永保此常。何以得之？周、召二公之意，谓于无常天命中得保其常者惟人之“德”。所谓“德”，即人心之同然，天赋所固有。若能人同一心，斯即于天之多变中可得一常。此即我所谓中国古人之历史观，盖在三千年前周、召时代已明白昭揭。

孟子曰：“孔子作《春秋》而乱臣贼子惧。”春秋时，乱臣贼子接踵继起，当孔子之身，此辈已成陈死人，更何惧于孔子之作《春秋》。孔子作《春秋》，乃欲后世人知惧。亦非能惧之以刑，乃是发明光大人所同然之心，使其惧为乱贼，不敢独异于人心同然。孟子又曰：“仰不愧，俯不怍。”愧、怍皆是惧心。人能不愧、不怍、不惧，则心安于常而德全命立。故中国人之历史观，乃是一种人道观，亦即是一种人心观与天命观，亦可说是一种教育观与修养观。因人心既同然，即人道有常然。只观于前世往迹，便可为后人鉴戒。使人各自保其同然之心以达于可常之大命。此即中国人一种理想的文化观，亦即道统观。远自周公、孔子以来，此种种人道观，天命观，教育观，修养观，理想的文化观，道统观，一言蔽之，皆可会通归纳于一种历史观之中。周、孔之教，精神在此。中国文化传统精神主要亦在此。孔子曰：“百世可知。”天命无常不可知，而人类自己已往历史则可知。只要在历史知识中知得已往，自可在人道知识中知得将来。既知人，亦即可以知天。孔子之知天命，其实也只是深深知道他自己，乃至于古今人心之同然，此皆由一种历史知识来。

司马迁《史记》创为“列传体”，以事归人。同一事分归多人，不以多人纳入一事。此种以人物为中心的历史体裁，历世相因，永悬为中国之正史，其前如《西周书》，重在记言。当时周人如何灭殷，如何平治天下，种种大事，反略不详，所详转是几个人的几番说话。此一体裁，仍为此下中国历史里一要项。治世如汉、唐、宋、明，可记语多。乱世如五胡十六国，五代十国，只见乱糟糟一堆事，没有许多话可记。

孔子《春秋》则为“编年体”，把历史事件依着年月先后排列。历史本只是一大事绵延，把来分划切断为某事某事，却有未妥。如秦始皇帝焚书、坑儒本非一事。“焚书”应归入秦廷废封建及当时博士官议政两事中。“坑儒”应归入秦遣方士入海求仙及炼求长生奇药两事中。此四事，皆不始于始皇帝，应远溯六国以来。又焚书事牵连到藏书、访书，坑儒事又牵连到谪儒、求儒，皆下逮汉代。若逐年逐月逐日写史，在其不成为一事时即写下。并其逐日所写亦非一事。可待后人重自寻求贯串。当知事件分割，并非历史之客观真实，尽多治史者主观成分之渗入。时代变了，人的观念也变了。大事变成了小事，无事变成了有事，两事变成了一事，一事分成了几事。横看成岭侧成峰，而庐山真面目，反不易认。由于中国人历史观念深厚明察，写下的历史，极客观，又极生动，使历史脱离了一事一事分割之浅薄观，转入一时一时会合之深沉观。使人深知，时代变斯历史变，而其变之机栝，则主持在人，不在事。又小事可变为大事，一事可变为多事，使人知所警惕戒备又知所奋发有为。

人事必待群力，亦待时间酝酿。西周建国，远自太王、王季、文王、武王，以及历朝诸臣之群策群力，始完成此开国一大事，决非一朝一夕一手一足之烈所能成。而开国后如周公、召公之几番话，如上所引，则发自周、召个人，但迄今三千年，其影响之深远，若更在西周建国一事之上。故在中国历史上，“记言”尤重于“记事”。记前汉史者，如贾谊《陈政事疏》，董仲舒《天人对策》，长篇累牍，不遗不漏。记唐初贞观政事者，如魏征之谏，诸臣之谋谟，亦不厌详尽，列为首要。后人编《贞观政要》，即以当时人许多谈话为主。并有其人，无事无言可记，而亦载入史籍者，如《三国志》载管宁，《宋史》载陈抟，其他类此人物，难更仆数。此乃中国人对历史观念之深微允惬，极难为浅识者作肤薄之说明。至如“纪事本末体”，在中国最为晚出，亦不为史家所重。此正见中国史学有其极深密而独特之处。后人习焉不察，认为固然，若极平常，然此乃中国文化传统所以得绵延三千年，日新又新，不绝不辍一要端所在，可待后人作无穷之体会与抉发。

三

历史成于群心群业，并必有时代累积。后一时期之历史，必已有前一时期为之准备开端，断无可以斩然截然割断前一代，来崭新创出下一代。不仅政治社会种种群体事业如此，在历史上最特殊人物之产生，亦已由前时代早为塑造模型，大体已定，真所谓呼之欲出。大家只祈此人物之诞生，却不知每一人物之早在母胎孕育中。换言之，人物乃在历史中产生，不能脱离历史突然出现一人物。尤其是历史最伟大最杰出之人物，更见如此。

孔子乃中国历史第一最伟大最杰出人物，所谓天纵之大圣。然亦可谓孔子之所以成其为孔子，亦早由孔子以前之历史先为之规定，并亦由孔子以后之历史重为之确定。固可说，孔子在中国历史上发生了大影响、大作用。同样亦可说，孔子以前与其以后之中国史，亦对孔子其人发生了大影响、大作用。

孔子生在当时一旧族而早经破落的家庭中，其父叔梁纥，乃由通习当时贵族阶级所需文武诸艺而进身贵族阶级之下层服务。此在当时，即谓之“儒”。孔子告子夏，“汝为君子儒，毋为小人儒”，可见儒业已先孔子而有。孔子早孤，然必有其他亲党为助，使孔子亦得为一儒。其早岁，曾为委吏、乘田，为当时贵族阶级服务，获有机缘进入鲁国之太庙，每事问，或曰“孰谓鄹人之子知礼”，是 孔子早年已以“知礼”名。

孔子习儒业，知礼，故深佩周公。尝曰：“郁郁乎文哉！吾从周。”又曰：“如有用我者，吾其为东周乎。”又曰：“甚矣吾衰也，久矣吾不复梦见周公。”可见孔子一生之慕仰周公。有开必先，正因先有了周公，才开创出孔子。然若无周公、孔子之时代，亦不能完成周公、孔子之为人。孔子中年，鲁贵族孟武伯临卒，遗命二子往学于孔子。季孙氏又拔用孔子为大司寇，职位仅次于三家。孔子去鲁，流亡在外十四年，季孙氏卒迎孔子归，尊奉为国老。孔子曾至齐至卫，齐景公、卫灵公皆致礼敬。

虽遭宋司马桓魋之欲杀，又绝粮于陈、蔡之间，然孔子要为得当时贵族阶级之崇养。孔子欲推本周公礼意来裁判当时之贵族阶级，然当时贵族阶级却于孔子敬礼不衰。孔子之卒，鲁哀公诔之曰："天不憖遗一老。"若孔子生在别一民族之贵族社会中，换言之，若使中国当时之贵族社会变换成另一样，则孔子亦未必得成其为一如中国历史上之孔子。

孔子卒后，其群弟子亦普遍获得当时各国贵族之重视。如曾子在鲁，子夏在魏。当时儒术之推行，贵族阶级亦预有力。贵族崩溃，游士奋扬，孟子、荀卿，皆一时魁杰，而他们独知尊孔子。群言淆乱，得以澄定。此两人皆于阐明孔子学说大有贡献。苟无孟、荀继起，孔子在中国此下历史上，亦或可另成一格套。尤其是在游士活跃时期，独有一辈自甘寂寞，局蹐洙、泗之滨，相与讲礼习射于孔子庙堂之诸生，历两百年，迄于秦、汉之际而不绝。汉高祖以一泗水亭长，素嫚儒，路过曲阜，乃亦亲自致祭于孔子之庙。此辈人在当时历史上若无足指数，然亦参预宏扬孔子之大业，而有其一部分之影响。若使孔子身后两三百年间，中国早发展为一资本主义的工商社会，人人竞务于货利。或中国当时已是一佛教盛行之社会，人人寻求出家。则孔子身后声光，亦必暗然日澹，阒然垂绝，焉得成其为此下历史尽人崇仰之大圣。

中西文化不同，斯中西历史亦不同，中西社会所崇拜之人物亦不同。西方有耶稣，亦犹中国有孔子。然孔子《论语》由周公《诗》、《书》来。若无周公时代之《诗》、《书》，即无孔子之《论语》。耶稣《新约》乃由犹太民族之《旧约》来。若无犹太先知与《旧约》，亦不会有耶稣与《新约》。换言之，若使孔子生在当时耶稣生身之社会，即不能成其为孔子。耶稣生在当时孔子生身的社会，亦将不成为耶稣。耶稣门徒十二人，又身死十字架，若无此下如罗马地下活动，乃及北方蛮族入侵，造成中古黑暗时期，种种历史事变，是否有如今日之耶稣存在，亦复可疑。故孔子与耶稣，虽于人类历史有大贡献，但同时不害其为人类历史所造成。

释迦亦复如是。当时印度民族处境，显与中国、犹太三方互异。若使释迦生在中国或犹太民族中，亦决不能成其为释迦。犹之孔子、耶稣生在印度，亦决不成其为孔子与耶稣。抑且耶教不流行在犹太，而流行在欧洲。佛教虽曾一度盛行在印度，而终于中歇，转而盛行在中国。故欧洲历史上有耶稣，以及中国历史上有孔子，显然乃由欧洲与中国双方历史所造成。即是由欧洲、中国双方社会群心群业之年代累积所造成。而耶稣在犹太历史、犹太社会中，释迦在印度历史、印度社会中，乃终成为若有若无，不足轻重。更可证明人物由历史之涵育陶铸而成，无此历史，即无此人物。然非谓人物在历史上无价值，亦非谓历史价值更胜过了伟大杰出人物之价值。乃谓除此少数最伟大最杰出之人物外，历级而下，人人有其力量，亦复人人有其价值。人人各有其对历史之作用与影响。

佛教东来，如释道安、慧远、竺道生，以及此下各时代高僧大德，尤如禅宗六祖慧能，乃中国偏远地区广东新州一不识字的樵柴人，因在街上闻人诵佛经，心有开悟。又得人指引，有江西黄梅五祖弘忍，开门说法。又得人资助辞母远脚，亲赴黄梅。又得弘忍留其在厨下舂米，因“本来无一物”一偈，又得弘忍三更召去方丈，密付衣钵，嘱速离去。从此隐藏四罗猎人队中十五年，偶值僧印宗讲会，两僧辩风动幡动，慧能指系心动，印宗即为薙发，并愿事为师。以如是等等诸缘，才得于广东曹溪，重开黄梅东山法门。又得南岳、青原两大师在南弘法，荷泽神会大师在北方力争法统，遂使慧能禅风，五宗七叶，几乎掩胁了中唐、五代、两宋下及元、明，全中国之佛教界。人能宏道，非道宏人，固是慧能禅风，产出此五宗七叶，亦因有了五宗七叶，遂得圆满完成慧能的禅风。

明代阳明讲学时，泰洲有王艮心斋，颇与慧能相似。七岁受书乡塾，贫不能竟学。从父行商山东，在市肆中常袖《孝经》、《论语》、《大学》，逢人质难。久之自有谈说。或曰：“汝说绝类今江西王巡抚。”艮乃束装往见。阳明以客礼延纳，艮踞上坐，辩难久之，下拜称弟子。退归旅舍而悔，明日复见，告悔意。阳明复延上坐，更辩难，终大服，卒请为弟子。遂开阳明学中之泰洲一派，阳明学为之风行于北方。

今看慧能、心斋两人故事，可知纵是一独特人物，亦在他心他业，乃至群心群业中，在历史积累，社会时风众势中，乃得出现。慧能之偈曰：“本来无一物，何处惹尘埃。”心斋之歌曰：“人心本自乐，自将私欲缚。私欲一萌时，良知还自觉。一觉便消除，人心依旧乐。”两人所言之心境，亦本是众人皆所可有之同然之心，特二人在特殊环境、特殊际遇中说出，乃成一特殊人物。若使二人易地相处，心斋参见了五祖，慧能晋谒了阳明，或者心斋亦未尝不可为慧能，慧能亦未便不成为心斋。要之，一人物之完成，不完全由彼自力完成之。

孟子曰：“莫之为而为者谓之天。”人物完成中亦有“天”，中国人又称此曰“命”，命若有定，亦无定。孔子不能生在犹太或印度，换言之，生在中国，只能为孔子，不能为耶稣或释迦，此是命之有定。然在中国，何时何地得生一孔子，此须有人能为肯为，又遇时可为，此皆属“人”，虽天亦莫如之何。孔子自知当其时而应为，又不可不为，故自曰：“知天命。”孟子曰：“人皆可以为尧、舜。”但究竟中国四千年长时期历史中，只有一个尧，一个舜，亦只有一个孔子，一个孟子。苟其成为一人物，则必然是一特殊独一的人物，在宇宙万古中不得有二。

但特殊人物又必出现在普通人群中，且亦不能专凭己力为之，乃其同时乃至前世之普通人群同心共力凑合配当而有此人之出现，遂以归之于天。但此人仍必于普通人群中做人。亦可谓仍是一普通人。又必待此下社会不断有人信仰崇奉，然后才成为一独特人。谁人有此力量得使某一人独特成为历史上一杰出人，此必群心群力，莫之为而为，而终归之于天。乃一若天命所钟。孟子所谓“人皆可以为尧、舜”，乃指人人各得为一特殊独一之人如尧、舜。人之生，必在普通人群中，此是天所命。人又必在普通人群中而成一特殊独一人，此亦天所命。此芸芸普通大群，人人能各自成为一特殊独一人，而不害其普通大群之仍为一普通大群。孟子曰："尽性而知天。"人尽己性，始知天命所在。人各能尽己性，斯知天命在此人群中之终极。所谓历史使命，亦即在此。

四

历史上有治世，有乱世。依中国人观念，"君子"多则为治世，"小人"多则为乱世。数三国人物，又必首斥曹操。曹操在当时，掌握一世风云，支配一世权力，然不害其确然成为一小人。君子、小人之分，在其人之品格，以及其对人群乃至后世之影响。一群中有君子，一群人之品格，亦得随而提高。一群中有小人，一群人之品格，亦得随而降低。当时诸葛亮与管宁，虽隐显殊迹，然同一典型。诸葛为蜀相，忠贞事上，鞠躬尽瘁，与曹操、司马懿取人天下于孤儿寡妇之手者不同。后世人景仰管、葛，鄙视操、懿。然综观三国人物，君子终不如小人之多而得势，故三国终是中国历史上一乱世。《周易》以"君子道长、小人道消"为世之"泰"，以"小人道长、君子道消"为世之"否"。泰则通，否则塞。通指其可推拓，可绵延，有前途。塞则否。

中国人论史，于当时之权势得失、事变利害，往往有所不计，而更重视其当事人之居心与品格。如管、葛则惜志行不遂。操、懿则恨其奸诈得逞。又如南宋秦桧、岳飞，一奸诈，一忠良，后人乃莫不于飞表同情，于桧表深恶。对当时宋、金和战之利害得失，转若是第二事。此非对历史感情用事，实有甚深大理智寓其中。若专论人事，错综复杂，五年一小变，十年一大变，并有变在眉睫、变起仓卒者，故人事往往不可逆料。但历史与社会同有一大原则，君子则吉，小人则凶。人之吉凶不在事，事之吉凶乃在人。分观每一时代之历史，小人吉、君子凶者，其例实多，但通观于长时期之大群，则君子仍必吉，小人仍必凶。此所谓吉与凶，不专指其个人，乃指其所加于大群之影响。有一岳飞，其对于后世历史影响之吉，有一秦桧，其对于后世历史影响之凶，皆不可以数量计。故后人于西湖名胜庙祠岳飞，而铸秦桧像跪于阶下，此并非感情用事，亦不得谓其乃鬼神迷信，实是彰善瘅恶之一种极深理智与极大教育。

历史上有泰世，当其时而为君子，既便且利，此之谓“君子道长”，时则必多君子。当否世，而为小人，亦既便且利，此之谓“小人道长”，时则必多小人。求能掌握历史命运，贵在能教人为君子，尤要在小人道长之否世。黑暗时代，其时之历史人物亦多黑暗。光明之君子，沉沦在下。无事可为，亦无事可述。乃中国历史上记载此等人物者特多。《易》曰：“天地闭，贤人隐。”但隐者隐于当身，而史家仍必表而出之于后世。韩愈所谓“诛奸谀于既死，发潜德之幽光”，此乃中国史家莫大之职责。盖历史必承上启下，绵亘无穷。衰乱黑暗世，历史转入歧途，陷入困境，然大群之命脉未绝，文化之生机未断，仍有维持此命脉，保留此生机之人物存在。虽其沉沦潜伏，若与当代历史无关，却与上下千古之历史全程有其密切重大之关系。管宁在三国史上可说无地位，但在中国全部历史上有地位。岳飞在南宋上可说是失败了，但在此下中国历史上则是成功。中国人之人生观与历史观与其文化观，在此乃会通合一，而更上通于天，使人文界在宇宙自然界中得其绵亘长在之地位。即人而知天，更不待宗教，更不待科学，即本人类历史而可知。故凡欲知史，必先学“知人”。若不能知人，如读三国史，仅知有曹操，不知有管宁。不知历史命脉乃在管宁，不在曹操。欲学知人，其本在“知己”，其极在“知天”。若懵然于人物贤奸、品德高下，则读史仅见治乱兴亡，成败得失，而不知其命脉所在。下不知人道，上不知天道，全部历史只是一堆权谋功利、斗争杀伐，而历史终将无前途，不可久。中国历史之可贵正在此。而非深通于中国之文化与学术之要旨所在，亦将无以读中国史。

五

今再综上所言，一面像是时代积累成历史，一面更是历史贯彻了时代。无此历史，亦就无此时代。故成一人物，亦必求其能超越于其自身所处之时代，而始成其为一历史的人物。若仅自封闭在其所处之时代中，一意尽力，争雄争长，竞权竞利，而忘弃了前代，牺牲了后代，徒快当前，则此时代纵极灿烂光明，亦必如昙花一现，而历史命脉为之中断。人物价值亦随以澌灭。故就每一时代而分别观之，中国历史上所表现之力量似有不足，但通观全部长时期历史，则中国历史所表现之力量乃为坚韧无匹，百折不挠。

今当进而续论，通泰之世君子道长，固由当时之群心群力皆在助长此君子之道。但在否塞之世，小人道长，亦何尝不是当时之群心群力同在助长此小人之得意。故历史之否泰，由于人心之转向。君子、小人亦由其存心而分。小人之心，乃是一种自私的小己个我心，起于躯体物质，固亦为有生之伦所同具，惟在禽兽即以此为满足。苟获果腹，其心即安闲无事，或则闭目偃卧，对食物亦不复贪恋。雌雄牉合亦有季节，季节既过，虽日相亲处，亦不动情。原始人生亦如是。但人类自原始人进入于文化人即不然。君者群也，所谓君子，乃于小己个我心之上，又展演出大群团体心。中国古人，分前一为“人心”，后一为“道心”。亦可说前一乃“自然心”，后一乃“人文心”。

食色为自然心。但人类食则知味，男女交媾则知爱，知味斯知有饮宴之欢，知爱斯知有婚姻之防。人文之礼，即由此起。一心满足，可推拓使他心亦获其满足。此乃人类之共通同然心，须文化演进至深度，此心始日益显著。至于小己个我心，虽人人俱有，人人相似，却人人各占一私，不能相通。在大群中惟知各争小己个我之权位名利，使人与人间生分裂，败坏群道。人类没有了群，即不能有历史。小人亦上历史舞台，乃是在大群复杂之社会中仅图一己之私，损害他人而成。此乃偷仗了他人的共通心，来完成一己之个别心。但其小己完成愈大，则大群所受损害亦愈深。小人道长，群自涣散，而历史亦无何继续。大群之共通心，亦将为之澌灭以尽。故中国史书，尤严此君子、小人为道之分别。一面则加以培植，一面则加以诛伐，始为尽了史家责任。

但人类之自然心，小己个我心，既属与生俱有，亦复不可铲除。世界各大宗教，似乎蔑此过甚，乃有原始罪恶，世界末日等说法，将现实人生乃至饮食男女发生一种淡漠轻视虚空厌恶感。孔子曰："人之不仁，疾之已甚。"究非人文演进一大道。而且此种轻视厌恶感，其本身亦即是不仁。马丁·路德言："纵使没有上帝，没有灵魂，没有天堂地狱，专就尘世，亦当有一番教育修为。"此可代表西方人由中古宗教独尊激起文艺复兴以下之一番波涛时之人心呼吁。在中国，则周公制礼，孔子教仁，宗教思想即不占重要地位，乃由人道来代替天道，中国史主要早已是一部人类社会之文艺史。而近人过于尊羡西化，渴盼中国亦来一番文艺复兴，此是于自己历史无真识。

宗教教人在人生以外生信仰心，哲学则教人在人生内部起疑辨心。但就西方论，一堆堆一丛丛的哲学思辨，何处起步，何处归宿，却不见一共同路程，亦不见一可赓续之共同发展。只说"我爱吾师，我尤爱真理。"但谓西方哲学家爱真理则可，谓西方哲学即是真理，则真理何其纷繁而多变？要之西方哲学亦如宗教，太远驰骛于现实人生之外。中国人则深观人心，密察人事，仅求分别君子、小人，非宗教，非哲学，只是一种深切的历史观，亦可以说是一种高明的人生观或文化观。

宗教、哲学之外有科学，乃教人于自然物质界起探求心。其先亦如宗教、哲学般，不免驰骛于人生之外。但发展所至，则为现实人生广泛使用，若于人生平添了无穷福利。但就中国人观念言，科学乃术而非道。“道”是一种指导原则，“术”是一种使用方法。科学就其在西方言，无上帝、无灵魂、无仁爱、无慈悲，不得成宗教。科学又尚专门，各就一端，如钻牛角尖，入而不出，互不相知，不得成哲学。故若人类对科学，别无一更高的指导原则，而仅知方法与利用，极其所至，将使人人尽如浮士德。科学所给予人生之满足，终将是一种永无止境的假满足。

人类有自然心，饮食男女，亦如禽兽，易得满足。但从自然心衍生出小己个我心，此心在原始人类物质生活低级要求的时代已有，但不为害。待到在人类大群文化之复杂社会中，而此心仍不断渐滋暗长，自私自利无限发展，对大群则无利有害，而且永不得真满足。于是转对当前现实人生感淡漠、感厌倦、感空虚。宗教、哲学、科学之分途进展，皆由此起，然仍不能对现实人生给予真满足。惟中国古人，于小己个我心之外，更郑重指出人类之大群团体心，如发而为仁义礼智之恻隐心、羞恶心、恭敬辞让心、是非心，乃为人类共通同然之心。人人俱有，而亦可以彼我相同。人类之生命内容由此扩大，由此延长。孟子曰：“人之异于禽兽者几希，小人去之，君子存之。”又曰：“君子以仁存心，以礼存心。”恻隐心、羞恶心、恭敬辞让心、是非心，即由人类之大我群体心中生出。此心可以反求自得，自获满足，不待向外更寻求。若使人类之自然心与文化心，小己个我心与大群团体心，身生活物质人生与心生活精神人生，两相调协，各得满足，此始是人心全体之满足。此心始是人类之全心，此人生亦是全人生。小我之与大群，以安以和，以乐以足。此乃人生终极理想所在。亦人文演进途程中之最高指标。就个人言，并可得之当前，反求自有，不必待之于久远。纵使在天地闭、贤人隐、晦盲否塞、小人道长之时代，为君子者，仍可无入而不自得，以获得其个人内心单独之满足，而为人类命脉保全生机，静待发展。此即孟子所谓“穷则独善其身，达则兼善天下”之旨。

中国人此番理论，乃从现实人生之亲切体验中得来。苟得此为指标，则宗教、哲学、科学之三者，亦未尝不可从旁为此指标作帮助。宗教偏于恻隐、慈悲，哲学与科学偏于理智，偏于向外探求。皆从人心之偏处，从人心之某一部分为出发点。至于以剥夺他心之满足为手段，以获取己心之满足为目的者，更属小我个己心为祟。而宗教、哲学、科学三者，有时亦不免为其所利用。于是人道日晦，人心日苦。至是而仍惟乞灵于宗教、哲学、科学之三者，亦将终不见有所解散。故读中国史，治世盛世，与衰世乱世，同一命脉，同一生机。贯通以求，乃知人文历史之背后，有一人道与天道之存在。不烦求之宗教、哲学、科学而昭彰在人目前，深切入人心中，此之谓中国之史学。中国史家著史论史，虽不能人人到达此标准，要之有此一标准之存在。

故中国历史精神，实际只是中国之文化精神。重在“人”，不在“事”。而尤更重在人之“心”。惟人心乃人事之主，而人心有此两大别。自然心与文化心，小我心与大群心。心见于事而谓之道，乃有所谓“君子之道”与“小人之道”之大区别。曹操乃乱世之奸雄，但亦可为治世之能臣。亦因在人文社会中，大群团体心，亦已为人人所同有，只其与个我小己之心，一为主，一为从，轻重倒置，人品斯别，如是而已。故指点此心而加以唤醒，可使小人化为君子。在文化人生中，并不妨有自然人生之存在与发达。个人人生尽可融入文化历史人生中而获得其更广大与更悠久之意义与价值。史学家责任，正贵在此现实人生之治乱兴亡、荣枯否泰之不断变动中，指点出此番人生大真理，此即中国传统文化之主要精神。傥于此不先有了解，则一部二十五史，将真有从何说起之感。

（一九七四年一月《中华学报》创刊号）

五　张晓峰中华五千年史序

中国史学，较之并世诸民族发源最早，成熟亦最先。论中国史书体例，必首及《尚书》、《春秋》与《太史公书》。《尚书》为纪事本末体，《春秋》为编年体，《太史公书》则为列传体，后世史体皆渊源于此。说者或以纪事本末体自《尚书》以后至宋袁枢《通鉴纪事本末》而始确立，此说实非确论。《国语》亦即纪事本末也。《史记》之八书，《汉书》之十志，下及唐杜佑《通典》诸书，凡属记载典章制度所谓政书类者，莫非原于《尚书》，此皆当归入纪事本末类。推此言之，史籍中有“诏令奏议”一类，亦原于书体，亦纪事本末类也。其他又有“杂史”类，或但具一事之始末，非一代之全编，或但述一时之见闻，只一家之私记，实亦纪事本末类也。

故总论史体，不外三类。一曰编年，一曰列传，而最先则曰记事。凡不入编年、列传两类者，皆记事类。史书之主要缘起本为记事，苟非有事，何来有史。故中国史书最先起者为《尚书》，即记事之体，此体递有推扩衍变，蔚为史书之大宗。记事必具本末，不俟宋袁枢书出而后始有此一体也。惟“纪事本末”四字，则由袁氏始为标出耳。

然史事必具时间绵延，有年月先后之序，故自记事之演进而有编年。必编年记事而后易近客观之真实。其事或先小而后大，或前得而后失。一朝之政，或先治而后乱。一战役之经过，或先胜而后败。凡一事之曲折，惟有编年排列，始能窥寻其真实之过程。春秋时列国即有史官，遇内外大事，随时记注，后世沿以为法。方其逐日所记，在当时若无所用心，亦若无何关系，而积久追寻，一事本末，首尾朗然。后世帝王每有不得已而追改实录者，如唐初玄武门之变。写此实录者，初非有董狐之笔，亦非能如齐史氏之守死不阿，遇事则书；初不知避忌，亦无可为避忌，是其例也。在事变之先，何从先知有此一事变，更不知事变之所极，而事后追溯，则已无可掩饰。故非贵于必遇良史之才，乃贵于有良法之可循也。苟非当时有列国史官之制，即孔子亦无所凭以成其《春秋》之作。故编年史体虽可贵，而为编年史所凭借之记注、实录之良法美意为尤可贵也。

然史之本质虽在事，而事之主动则在人。历史记载人事，而人为事主，无人亦何来有事，故记事体之演进又必归于传人，而后历史之本原及其功能始显。事非一日之事，亦非一人之事。史事成于群业，中国史书有列传体，乃将凡属参预史事之人物一一为之立传。又有分类立传者。而后每一历史事变之各方面，其原动力所在，其是非得失成败之所以然，乃无不彰显。时代之隆污，国族之荣悴，凡属历史演变最后根本所在，皆可明白昭示。此诚史学贡献之最大意义所在也。惟其列传之为体，以人为主，故兼详及其人之家世，备举其生平，及其才性之所偏，学养之所诣，无不着。此等初若在历史事变之外，而实深入历史事变之里，而成为事变深藏之底层。此等皆为编年史体所不易注意搜罗者。如编年体每载其人之卒年，而不载其生年。方其人之始生，何知其将来之有关于历史大事乎？今若分人列传，则必详其生卒始末而为之传矣。故列传一体，当实为史书中之最进步最完备，而又最得历史之真情实义者。此后中国史书遂以列传体为“正史”，其地位价值远在记事、编年两体之上，此非无故而然也。

抑且司马迁之创为《史记》，不惟发展列传一体之特长，其书又能兼采《尚书》、《春秋》两体以完成一种最完美之史书体裁。如其八“书”，即采自《尚书》。其“本纪”与“年表”，则采自《春秋》。故能使记事、编年与传人之三体错综融会，结成一体，而历史真相遂无遁形，此尤为《太史公书》所以杰出于前史之所在也。

言及列传正史，后世每兼言《史》、《汉》。此两书为体又不同。《太史公书》远起上古，下迄当代，其书实是一通史。班固作《汉书》，始是断代为史。而自陈寿、范晔以下至今有二十四史，皆断代，体袭班氏，而与司马氏之为通史者用意有别。

后世论史法者，每谓司马氏之书“疏而奇”，班氏之书“密而整”。亦有谓《史记》“圆神知来”，《书》“方智藏往”者。此等分别，固亦见两人史识、史才之不同，然亦史书体例有以限之。惟其《太史公书》本为通史，故项羽可列为“本纪”，若后人循《史记》续为一书，王莽何尝不可立本纪？而班氏断代为史，则王莽、项羽惟可入“列传”，故曰体限之也。

《史记》既为通史，故其书略于古而详于今。史公非不见《左传》、《国语》，而《左》、《国》所详，史公所载俱略。其为列传，西周独有伯夷、叔齐，特为其书列传发凡起例而已。春秋二百四十年，独有管仲、晏婴，而亦惟详其轶事，《左》、《国》所载两人大事则略。其他如司马穰苴、孙武、伍子胥，其人其事皆不详于《左氏》，故史公为之立传。其他春秋二百四十年间贤卿大夫何限，史公皆不为立传也。史公于春秋时代人物大书而特书者，惟孔子及其门弟子，又上及老聃。老子、孔子乃及孔门诸贤，在编年、纪事两体中均无法详述，缘此等人物，其主要经历，皆在当时历史事变之外，不属当时历史事变之主要人物，亦可谓非当时历史舞台上之主要角色也。果使仅从《左传》来认识孔子，则乌见孔子之真。即如伯夷、叔齐，亦何得为商、周之际历史舞台上一主要角色乎？然而此等人，影响于当时之历史者若不大，而其影响于此后历史之全进程者则实至深至远，乃至莫与伦比。故治中国史，决不能不知孔子、老子。果为中国通史，则于此诸人皆当详述。史公史识之所以卓绝千古者在此。然亦由其书体例许其如此，故能独出己见，自成为一家之言也。然则《史记》之为体虽疏，而其用可以“知来”，固不虚矣。若曰此乃史公之好奇，不知此正史公之孤见特识，超出于常人之上，而以常人之常见视之，则若为史公之好奇耳。

自班氏以下既已断代为史，则于一代史事，例有当书与不当书。而史家个人之独见，亦限于体裁，难为驰骋。此惟整理一代之记注与实录，斯成为一代之史矣。故自范晔、陈寿以下，演变所及，乃渐开集体修史之例，如唐人之修《晋书》与《隋书》，皆出群手，后人加以轻视，实亦失当。因史体既立，各就现存史料而部勒董理之，即成一代之史，其事重于“藏往”，即使责成于专家，亦将无大优劣可言耳。

故自班氏以下，中国历代正史，其实皆可谓是一代之记注之特经整理者而已，固不得预于一家之著述也。记注者，如今人言史料。无史料，使人又何凭而著史。故后人有“亡实录是亡国史”之说也。然则史料又何可轻视？就于某一时代之既存史料而为之部勒董理，成为一时代之国史，使后之治史者有所稽凭，其功不可没。盖史料之最大价值，即在其能保存历史之真相，固不贵于有作者个人独见之加入。卓越之史学家，未必时时有之，而繁积猥存之史料，则可随时依照成法编勒为史，以待不世出之史家之运用，班固断代为史之贡献乃在此。否则时无马迁，而屡经变乱，史料亦无法保存矣。

故中国史学之可贵，乃贵在其有“史法”，其法可为人人所共遵，以不断持续其保存史料与整理史料之功业，而于史法之中乃蕴有甚深之“史义”，此所以为尤可贵也。此等史法，则莫非创于先圣大贤。如《尚书》编集创自周公，《春秋》作于孔子，而《太史公书》则成于司马迁。《左传》特承于《春秋》而微变焉者，《汉书》则又承于《史记》而微变焉者。如《史》、《汉》之八“书”、十“志”，则又承于《尚书》而微变焉者也。

惟其史书体例，均有成法可循，故后世纵不能时时有卓越之大史学家接踵继起，而史业终于不坠。以三千年之积累，而我国人所拥有之历代史籍，或记事，或编年，或列传，从此三大骨干而枝叶繁疏，引展出种种史书，其数量之多，部门之广，举世各民族无堪比敌。故谓中国乃一史学国家，中国民族乃一史学民族，中国文化乃一种以人文为中心之文化，而史学尤为其主要表现，主要业绩。以此言中国之史学，固不得谓其有稍微之夸张也。

惟其如此，故史学在中国，乃成为一种鉴往知来、经世致用之大学问。不仅如此，中国史学中乃更富一种人文精神之教育意义。稍治历史，即知人物在人类历史演进中之大关系与大责任。故中国学者之传统精神，则莫不知由修己处世而循至于治国平天下之一终极理想之全过程，为其向往之目标。凡其献身社会，或从政，或垂教，或发为言论，或见之行事，苟于其当身及其后世有建树，有成就，殆可谓无不心通史学。而其人本身，亦得名垂青史而不朽，即成为历史上之一部分，又成为历史中主要之一部分。此等苟非于史学有体会，有了解，何能如此。故可谓中国已往之历史人物、政治人物、学术人物，则几莫不于史学有修养者。故言史学，当分为两大支。一为史书之编撰，后人称之为史学家。一则为史学之发挥，后人不知其亦为一史学家，然彼辈固同于史学有甚深之修养也。否则若专目历代史书之编撰而谓之是史学，专目此辈编撰者而谓之是史学家，则史学之在中国，岂固限于此一小范围中，岂惟有关于史料之编排整理，对于史事之空言高论，乃得目之为史学乎！

由于近百年来世局国运之大变，史学之在中国，乃遭遇两大难题。一则关于新史之继续编撰者。上自司马迁《史记》下迄《清史》完成，已有二十六史，今且问此后仍否尚有沿袭此项正史传统之继续编撰之必要与可能乎？其他如政书，如地方志，如家谱，如人物碑传，乃及种种旧史已成体例，又是否均有其延续与遵循之必要与可能乎？就目前学术界情形言之，则一切停顿中断，不仅无此准备，亦复无此心意。此后之中国，其将一变而为一史学荒芜乃至史籍凋零之新中国乎？若再继续此趋势五十年或至一百年之久，则中国势将成为一无史可稽之国家。即使此下继起有人有志，亦将无所凭借，无所依傍，以继续编撰此一时代之新史，以维持三千载来所发扬光大之史业，此种形势，实大值忧心也。

而尤有更要于此者。不仅继起新史，一时无延续之展望。即积存旧史，亦有沉冥否塞，索解无人之忧。此一百年来，乃为我国人急需历史知识而又最缺乏历史知识之时代。不曰自秦以来二千年，中国守旧为一专制黑暗之政府。即曰自周以来三千年，中国乃一封建顽固守旧之社会。不曰一部二十四史乃一部“帝王家谱”之与一部“相斫书”，即曰一切史籍仅存史料，不见史学。此等狂妄之言，不知其最先出于何人之口，而如响斯应，积非成是，谬种流传，几成定论。而我国先圣昔贤积数千年来所已建立之历史教育功能固已全部失去，而且生心害事，挽近世我国家社会种种祸乱，亦可谓无不依据此等谬说，以助之滋长，而用为鼓动。我国历史上每逢亡国易姓之际，必有一辈深识之士急求修史，以谋缀续此历史大传统，而期不坠不绝。夫亦曰当前之祸乱，固已不可救药，而此后历史教育功能，仍必保持而勿失，庶使拨乱反治有重见时代清明之一日也。而今日之事，则有更急于续修新史之上者。盖续修新史，其意不过为承续旧史以善尽其历史教育之功能，而今日则积存旧史，已陷于晦盲否塞之境，全部旧史方将鄙弃，循此以往，恐国将不国，而史亦何存。此又当前更大一大难题也。

故就中国目前情况言，虽已往史籍之积存独富，而在当前则特缺一部人人可读之通史，用以发挥旧史所传之真义，而善尽其历史教育之功能。此项新通史，则必能总揽旧史而又别创新体。换言之，不贵其能有班固，而望其能有司马迁。所谓“究天人之际，通古今之变，成一家之言”，使能于三千年来积存旧史中，取精用宏，提要钩玄，以会通之于当前之世局国运，求能一洗流传之谬说，阐历古之积存，以写成一新通史，拨积霾而开新光，使旧史仍传，人心复振，国运有昌，而后新史可继也。

我国人迫于此需要而试以新体写旧史者，挽近以来，亦不乏其人矣。然皆昧失于旧史之深义，而竞相模效西方史书之体裁，于是“纪事本末”一体乃独见推崇。夫此体之在中国，渊源于《尚书》，为中国史书之最先成体者，其后代有承袭，不断衍变，关于此一体史书之不朽巨著，固亦历代有之。用此体写史，亦复何可厚非。然若专用此体写史，则亦终有其缺陷。姑举其著者言之。史以记事，而不知所谓事者，由人之主观为之裁断，而始见有此事。同时此事复与彼事相牵涉相渗透，就历史真相言，其实则同为一事。又每事必有起迄，而此一事之起，同时又连缀及于别一事之迄；而此一事之迄，又同时连缀及于别一事之起。浩浩一水之流，何以分泾、渭而别江、汉，又何以别前浪与后浪。故上下古今中外，人类历史只有一大事而酝酿出种种衍变。此种种衍变，皆所谓此一大事之因缘也。若随意取舍割截，别为之题，目曰某事某事，以之连缀成书，虽若有历史之形式，实失历史之真相。今即据以为历史之真相在是，而不知其多出于治史者之主观意见。如是则意见纷歧，而历史真相终不白。我所认为中国史学最精邃之深义所存，乃在其分年分人逐年逐人之记载，初若不见有事。则亦无怪治西史者返读旧史，稍窥数页，即茫然不知其头绪之何在，而遂谓中国旧史只是一堆史料，而又未经整理矣。

且如读司马光《资治通鉴》，岂不较之读《史》、《汉》以上诸正史远为易简。然今人能通读司马氏《通鉴》全书者又能有几人。复求其简明易读，则莫如读袁枢之《通鉴纪事本末》。袁氏之书，乃就《通鉴》原书区别门目，以类排纂，每事各详起迄，自为标题，与近代西史体例甚相接近。然袁书开卷即为“秦灭六国”，次之为“豪杰亡秦”，不知此一段史事中乃包涵有无限项目，而每一项目之足以影响后世而为治史者所当留心注意者又何限。若尽如袁氏书标事分题，而其事题之分法又若是，则全部中国史将真成为一部历代帝王家谱之与相斫书矣。故知为历史标事分题，其事大不易，其间最易搀入作史者之主观意见而违失历史之真相。且如在秦灭六国之后，在豪杰亡秦之前，秦廷岂无一番措施，而其所措施，较之其灭六国与豪杰亡秦，岂不更有历史价值足资后人考镜乎？若言秦廷措施，则“焚书坑儒”一事，必先入于论秦史者之脑际。然记秦廷焚书，其事必牵涉及于秦廷之议废封建以及秦廷所特设之博士官制度。记秦廷坑儒，又必牵连及于秦皇之求神仙、炼奇药以及晚周以下学术界之流行思想。若读《通鉴》，此诸事浑融一贯，可见其在此时局下之一全相。既不分别独立各为一事，则其间之相互关涉，相互牵连，孰为因而孰为果，孰为主而孰为从，其所影响于后代者轻重久暂各如何？其复杂错综之情，在作史者惟求按年分列，初若可以无所用心，而读史者则已往史迹俱陈，如入建章宫，千门万户，内自相通，正可恣其随心游览，由此门出者由彼户入，由彼户出者由此门入，一宫之建造，则决不以一门一户为限隔。如此，乃能使读者了然于当时历史之真相。苟循此意读史，则读《通鉴》自不如读《史记》，所见所得更广而更不同。盖不仅熟记其事，抑且能熟识其人。即如论秦廷焚书，岂可不知有秦始皇帝，抑亦岂可不知有李斯？而秦始皇帝与李斯之为人为学本末表里，则为编年史体所不能详，而惟列传一体乃可委悉备载。今与其专从焚书一事而推论秦始皇帝与李斯之为人，何如先求秦始皇帝与李斯之为人而从以考求当时焚书一事之内在意义之更为近于历史情实乎！

清季学者论中国史籍，盛推宋郑樵之《通志》。此无他，因《通志》为书，亦是一部通史，而为纪事本末体，有近于当时人所认识之西史体裁。抑且郑书所分事目，不限于国家兴亡，政治隆污，而旁推广搜，及于全人类文化衍进一大体之各方面。其书诚所谓体大思精，较之近代西方史籍，不仅无逊色，抑且有远过焉者。然就中国旧史体裁作衡量，则郑氏之书自有其缺陷。此非郑氏以下元、明、清以来治史者其识皆不逮郑氏，不足以识郑书之精微广大，实乃郑书自有其不足餍众望者在也。郑书之缺，一在远离于编年史之精密，又一则于列传一体，甚少留意。既求为一通史，而于列传人物，徒袭旧史，一则无取舍之独见，又无详略之别裁，较之司马子长之为七十“列传”，可谓瞠乎其后矣。郑氏用心，殆未及此。于是读郑氏之书者，惟有专注意于其《二十略》。而《二十略》之最大缺点，乃在其有事无人。若果无人，则事亦终息。尚不如杜佑《通典》，马端临《文献通考》，于历代典章制度之沿革变迁，尚能使读者随处窥见其背后尚有人之存在。故列郑书于杜、马之间，尚见郑氏自有其别出心裁之长处，为杜、马所不能掩。若必高悬标格，谓惟郑书足以当之，而为中国前后史学家所不能及，则亦无知妄说也。自有杜、郑之书，而马端临可以依效作《通考》，自有此杜、郑、马三家之书，而后人更可蹈袭成规以续为此类之书于无穷，此又余前所论有“史法”而后史学可传之一证也。

清季康、梁昌言变法，康氏本之经学，而揭举公羊家“三世”大义，实不如梁氏本之历史著为《中国六大政治家》，更易博得社会一时之同情。梁氏此书，即余所谓挽近国人以新体写旧史之开先也。其中尤著者为《王荆公》一书。其书根据蔡上翔《荆公年谱》。然蔡、梁之书，特一意为荆公个人雪诬申冤。专就推行新法一事以论断荆公之为人，实不如先求荆公之为人，然后对其推行新法更易有深切之了解。蔡、梁之书，于此则尚有所不逮。

远在清初，即有顾栋高同时兼为荆公、温公两家《年谱》。其书内容且不论，然欲求当时变法一事之内情，与其是非得失之所在，与其专求之于荆公一人，实不如兼求之于荆公、温公之两人之更易得其情实。更进言之，与其专求之于荆公与温公之两人，实不如广求之于同时前后凡属参加此新法一案之诸人之更易得其情实矣。《宋史》书多疏谬，不足胜此，然欲求新法一案之内情，则必循此路向求之，此乃中国“史法”精义之为近人所忽，而尤不可以不为之特加点出也。

有关中国史料之积存，越后越繁。即如荆公新法一案，《宋史》以外记载及此之诸史，前于《宋史》者，既已不胜缕举，而同时又有诸家之文集及其他笔记杂说之类，沉沉伙颐，不可胜举。悉此类而平心求之，则荆公新法一案之内情及其是非得失所在，其迹终不可掩。若专求之荆公一人，则显然易陷于偏见，可不烦详论矣。今日国人不窥书，高下随心，而欲上下五千载，专辄拈举数事，标立题目，信口雌黄。古人不作，惟有恣其予夺，而史学之日趋于鲁莽灭裂，其为害于当前之人心与行事者，亦已恶果烂然，斯不可以不有人焉起而有以拯拔挽救之。此则余所谓当前史学更大一大难题也。

故在今日，乃不得不有人焉，能别出心手，以新体重写旧史，以应此时代之需要。而此新体，则宜疏不宜密。编年之体已嫌其过密，不适当前之用矣，而列传之体则更密，将更不适当前之用。惟记事一体，虽于史法中为最疏，而求以应当前之急用则最宜。然惟其法之疏，乃更贵于作者之能别出心裁，或取或舍，或详或略，皆有凭于作者之密运其心，独抒己见，而后可以不为旧史成规所束缚，而成为一部人人易读之史。故疏则必奇，所谓史公好奇，正是其别出心裁独运己见处也。当史公之创为列传一体，其法较之《尚书》记事、《春秋》编年远为密矣，而能密不妨疏，法不害奇，此史公之所以卓绝千古而莫与为匹也。今则欲求其更疏，乃欲于上下五千年之烦委史迹中，取精用宏，提要钩玄，举而尽纳之于短篇小帙之中，以冀其为人人所易读。然而又必求其无背于已往史实之真相，亦将于已往史述中，求以通天人之际，明古今之变，而成为一家之言。此其所以戛戛乎难也。

吾友张君晓峰，早岁治舆地之学，既已蜚声于全国之黉序，而居常尤心慕吾乡顾祖禹之为人。近年来心存国难，转而治史，虽身膺党国要职，每周必辟一昼一夜之暇闲，避地闭门，积数年之力成《党史》一部，又主持重修《清史稿》，其于续撰新史，固已孳孳不倦，抑亦有成绩可见。《五千年史》自定当穷十年心力以求完成。兹方其发轫之始，欲溃于成，究不知在何年何月。

以余与张君时有过从，张君屡加面督，谓余于此书不可默无一言，面督之不已，加以书翰请索，余诚无以却张君，则姑试就其书之体裁而略言之。

张君此书之体裁，乃一部纪事本末体，而编年、传人两体之精义亦已密运其间。其《远古史》第一册凡分十六章，而标人名以为章名者得十一章。其《西周史》第二册亦分十六章，而标人名以为章名者得六章。《春秋史前编》第三册亦分十六章，而标人名以为章名者得四章。三册共四十八章，而标人名以为章名者共得二十一章，几得全部之小半。其他各章标题，曰“道德礼俗”，曰“文化学术”，曰“典章文物”，曰“民生国计”，曰“国家民族之兴亡盛衰”。大要不出乎此。盖可谓能注意于人文历史演进之一大事因缘而求能扼要以抉发其精义之所在者。而张君书之可贵，乃在其能把捉及于人物之中心，而我中国三千年文化历史传统精神所在，庶亦可于张君书而得之矣。

夫历史固以记事变，而记事必兼明道。有事则必有道，有大道，有小道，有正道，有邪道，有得道，有失道。苟徒知有事，而不知道之即寓乎事，则亦何所谓事矣。若必于事而求其道，则其小者、邪者、失者姑置不论，苟凡其事之有合于道之大之正而得者，则必有人焉主持而默运之乎其中矣。故全部人类历史之演进，则莫非已往圣哲贤豪、名德大人之心血之所灌注，意气之所弥纶，精力之所撑架，而始得以成此历史也。以通天人之际，明古今之变者，夫亦从此以通之、明之而已。故治史者则必知尊人而重道。孔子所谓“人能宏道，非道宏人”。求张君之书，则诚可谓有尊人而重道之微意存其间矣。然则张君之书，论其体裁，固是取法乎马迁，而又旁通于渔仲，乃亦不忽弃于司马君实，中国古史籍中三大通史之精义，张君固已有志焉尔矣。

惟张君之书，要是取法乎疏者。而史事之演进，则由疏而渐密。以疏御疏，其事易。以疏御密，则其事难。在马迁当时，所见于中国史迹之事变则尚疏。而秦、汉以下迄于近代两千年间，每下愈密。今张君之书，仅至春秋孔子时代，此或尚其易者，递下则必递难。盖以疏御密，则必贵有作者之孤识独见运乎其中，然后始可以疏尽密，使事之密者无以逃于我法之疏之外也。然孤识独见之在当时，亦只可谓是作者一人之主观耳。著史则决不能无著史者之主观，而主观又每不易骤得他人之共信。史非一时之史，其论定则亦非一时可得。昔司马谈《论六家要指》，其子迁承父旨作《史记》，而特尊孔子为“世家”，是其父子间意见已有不同，而班固复讥史迁之书为崇黄、老，此可见孤见独识之难于骤企人人共信矣。此所以史迁有“藏之名山，传之其人”之想也。今张君书取法《史记》，乃一家之著作，非若史料之记注与整理，有成法可规，是必运其孤识独见然后乃可成书，而其书又有意于作为一部应时代急需而供人人易于阅读者，是亦非藏名山而传其人之比，则张君此书之用心，其将尤难于史迁之作《史记》，断可想矣。

抑论今日中国之史学，其病乃在于疏密之不相遇。论史则疏，务求于以一言概全史。故不曰中国二千年来乃一专制黑暗之政府，则曰中国二千年来乃一封建顽固之社会。不曰二十四史乃一部帝王家谱之与相斫书，则曰中国史籍仅有史料而不见有史学。以如此之言论而治中国史，可谓风马牛不相及。而考史之密则又出人意外。治史者方举以科学方法整理国故之口号，竟求于此上下五千年之历史中，偶拈一事一名物一枝节，穷年累月，务期考订之精详，而究其所极，亦复与此五千年来国史一大事因缘，可谓渺不相涉。考史之“密”与夫论史之“疏”，两趋极端，何时而始有会通合一之望，其事将如河清之难俟。张君之书，则正可以药此时代之病。而奈病者不自谓其有病，读张君书，持疏论者不难谓张君书多凭主观，乃其一人之意见，无当历史之情实。尚考密者则必可毛举细故，或遇所引一语出处有歧，或遇所据一字训诂有别，或其事年月有差，枝节有辨，如此之类，尽可指摘。然殆无损于张君书之体大而思精。正如《太史公书》，清儒用力之勤，即就梁玉绳一人《志疑》一书之所举，其于《史记》可资考订纠正者已多矣，然何害于《史记》博大而精深之所在。故读史必当辨其疏密，张君之书有待于枝节之考辨者必多，其可作大义之争论者，亦必不能骤趋于论定。而张君之书，则要为此一时代中极富意义之一部创作，则断无疑也。

夫著史必贵于实事而求是，固有待于考订，而著史尤贵于提要而钩玄，此则有待于取舍。《太史公书》于上古三代人物，仅传伯夷、叔齐。于春秋，仅举管仲、晏婴。此非史公之疏，亦非史公之奇，乃史公之自有其成为一家之言之所在。史公之书已多滋疑辨，张君之书，则可滋辨者必更多。历史事变愈后而愈详，而张君之书亦必愈后而愈见其取舍之独特，故读张君书者，尤贵能先识其书之结体与用意所在也。

张君书已成三册，一曰《远古史》，一曰《西周史》，一曰《春秋史》，而第四、第五册则专详孔子一人。然则孔子在秦以前中国古史中，其所占分量当越出五分之一。若张君全书共四十册，则孔子一人当占全史分量二十分之一。若张君全书有五十册，孔子一人亦当占全史分量二十五分之一。此必又滋疑辨。可见张君书不仅在取舍之间，乃又在详略之间可滋疑辨也。傥有人焉，不满于张君之书，而亦求能罗举全史，求能抉出此全史一大事因缘，求能成为一人人易读之书，纵其取舍详略与张君书全不同，无害也。事久而论定，使能有如张君之书者十部、二十部接踵并起，孰得孰失，孰是孰非，后人必有能论定之者。而发踪指示为中国此下新史学之大功臣者，必属之张君矣。

果有好为考订之学者，于张君书中所称引，无论其为一字一句，一名一物，一事一枝节，一人一细故，遇有疏失，逐一为之考订，如网在纲，如裘在领，岂不以有功于张君书者而同时亦有功于中国之史学乎？

怠者不能修，而忌者畏人修。今者，忌、怠之病弥漫于中国，必有读张君书，不深求其作意，而轻滋疑辨者。亦必有不复见之于疑辨，而若谓可以置之于不论不议之列者。余序张君书，故不惮其烦而详论中国史籍为体之异同长短，以见张君此书在中国近代史学之地位。真有志于治史学者，当不河汉于吾言。

（一九六三年七月《中国一周》六九二期）

六　中国文化传统中之文学

一

人生有其广大面，有其悠久面。有身生，有心生。人皆指此短暂百年之肉体为“我”，不知尚有“空间社会我”与“时间历史我”。“身我”若可外于社会与历史而独立存在，“心我”则必在社会与历史中完成。故人生决不限于身生，而心生更为真实而重要。

如何使此心能超越此身而日臻于广大悠久，其先乃赖语言，继之更赖文字。或说，人之异于禽兽者，赖有两手，此是历史唯物观者之所说。实则手不如口，更与人生文化有关。口能说话，乃使此心得与他心相通，于是遂有社会团体。更进而有文字，于是乃有历史生命。今天全世界人类，无不有语言，文字则或有或无。有文字，则其人文演进深。无文字，则其人文演进浅。但若为标音文字，则易为语言所限，为用不广不久。人类语音，隔数百里而变。文字既属标音，亦必随地而变。如今欧西、英、法、意、德诸邦，语言各别，文字亦各别，不易相了解。不易相沟通。人类语言又有古今之变。今日之英、法人，与数百年前英、法人语言又变，于是近代英、法人，除却专治古文字学者，每不能读其数百年前之古书。求通数百年前人之思想文学，心情感想，已有隔阂。更不论如远古之希腊、拉丁文。欧西人治历史，讨究文化来源，必远溯及于希腊、罗马。然希腊、罗马在近代欧西人心中，究是隔膜，不能从其内心深处亲切感到其相互间之成为一体。故其文化生命终不免要逐步切断，而亦减少其对于人类文化之深厚感与广大感。

只有中国文字，乃能越过语言限制，而比较获得其独立性。故中国文字，能全国统一，又使今天的中国人，能阅读中国三千年前人古书，俨若与三千年前人晤对一室，耳提面命，亲受陶淑，因此益以增进中国人内心之广大性与悠久性。既无空间、时间隔阂，使中国人之文化生命得以日扩日大，日延日久。中国文字之为功，良不可没。

中国《古诗三百首》，远在三千年前。其较后一部分，亦在两千六七百年前。但任择三百首诗中语句，可供今天略识文字之小学生阅读者，为例尚不少。如云："一日不见，如三日兮，如三岁兮，如三秋兮。"其中只一"兮"字难晓。但略去此"兮"字，仍可了解此两语内涵之情意。若知"兮"字即如今人言"啊"字，则此两语之神态，更见活跃。故一日不见如三日、如三秋，远历三千年来，成为中国社会一成语。一若古人特先得吾心，先我言之。

《诗》又云："我思古人，实获我心。"惟有中国人之文字、文学，乃使今天的中国人，若与三千年前之中国古人，成为同一心情，同一生命。而有古人实获我心之感。

又如云："哀哀父母，生我劬劳。""有子七人，母氏劳苦。有子七人，莫慰母心。"又曰："我心匪石，不可转也。""心之忧矣，其谁知之。""中心藏之，何日忘之。""日之夕矣，牛羊下来。""风雨凄凄，鸡鸣喈喈。""凤凰鸣矣，于彼高冈。梧桐生兮，于彼朝阳。"此等语句，几于随掇即是。今日一中学生，方过十四五龄，略经指点解释，可使三千年前人目所见，耳所闻，心所思，情所寄，一一如在其目前，如在其心中。则无怪我中国人心，乃特见为广大而开明。

《诗三百》之后有《楚辞》，亦距今两千数百年。其中语句，同样可一睹便晓。如云："悲莫悲兮生别离，乐莫乐兮新相知。"又如曰："袅袅兮秋风，洞庭波兮木叶下。"此中心情意境，年轻人或不易了，然其文字意义，则仍易解易知。了解其文字，自可进而领略其心情与意境。又如云："与天地兮同寿，与日月兮同光。"又曰："心不怡之长久兮，忧与愁其相接。惟天地之无穷兮，哀人生之长勤。"又曰："山萧条而无兽兮，野寂寞其无人。思旧故以想象兮，长太息而掩涕。"又曰："宁与骐骥亢轭乎，将随驽马之迹乎。宁与黄鹄比翼乎，将与鸡鹜争食乎。"又曰："沧浪之水清兮，可以濯吾缨。沧浪之水浊兮，可以濯吾足。"此等皆偶有一两字稍需解释，即可明白全句，如与古人对话。而古人之心情意境乃不期而能钻入后代人心中。中国文化之深厚性，即可由此想见。

《诗》、《楚辞》以外之其他古人诗句，如："日出而作，日入而息，凿井而饮，耕田而食，帝力于我何有哉。"又曰："今日何日兮，得与王子同舟。"又曰："风萧萧兮易水寒，壮士一去兮不复还。"又曰："大风起兮云飞扬，威加海内兮归故乡，安得猛士兮守四方。"此等歌辞，亦都在两千年前。只稍述其本事，则莫不情景栩栩，更无不解。

又如汉《乐府》："洛阳城东路，桃李生路旁。花花自相对，叶叶自相当。春风东北起，花叶自低昂。"又如："战城南，死郭北，野死不葬乌可食。为我谓乌，且为客豪。野死谅不葬，腐肉安能去子逃。""薤上露，何易晞。露晞明朝更复落，人死一去何时归。"又如云："百川东到海，何时复西归。少壮不努力，老大徒伤悲。"又如云："人生不满百，常怀千岁忧。昼短苦夜长，何不秉烛游。"又云："悲歌可以当泣，远望可以当归。"又云："离家日已远，衣带日趋缓。心思不能言，肠中车轮转。"又云："思君令人老，岁月忽已晚。弃捐勿复道，努力加餐饭。"又云："来日苦短，去日苦长。"又云："志士惜日短，愁人苦夜长。"又如云："高树多悲风，海水扬其波，利剑不在手，结交何须多。不见篱间雀，见鹞自投罗。罗家得雀喜，少年见雀悲。拔剑捎罗网，黄雀得飞飞。飞飞摩苍天，来下谢少年。"又如云："采葵莫伤根，伤根葵不生。结交莫羞贫，羞贫交不成。"又如："上山采蘼芜，下山逢故夫，长跪问故夫，新人复何如。”如此之类，应皆在一千七八百年之前。聊尔举例，未能多及。

二

要之中国文字，远在一千七八百年乃至三千年前，就其使用于文学诗歌中者，随手举例，浅显明白，可供现代中小学青少年诵读，而不觉其艰难。此诚并世诸民族创造文字一特可珍贵之奇迹。然其更值珍贵处，则不仅在其文学所使用之文字，而更在其文字中所表达之文学。请复以《诗经》为例。

《诗》有云：“昔我往矣，杨柳依依。今我来思，雨雪霏霏。”此四句十六字，为此下一千年后晋代文学名家特加欣赏。此乃西周初年中央政府慰劳远征军士凯归饮宴之诗。自春迄冬，劳苦经年，慰问者自必首先提及。然仅说自春迄冬，只说了一时间隔距。中国诗人之意，若把人生从其四围环境中，孤挖出来单独叙述，终嫌枯燥迫狭。故不说其自春迄冬，改说从一路杨柳出去到漫天雨雪归来，如此便把人生情况投入大自然中，融为一体，不仅见其时间距离，而活泼具体，有景有情，更易深入征人之心坎。抑且杨柳嫩枝，在行人肩头披拂缠绵，亦若有依依惜别与人不舍之意。物犹如此，人何以堪。而此批军人，正在此阳春佳节离家别井，此其心情，当惋怅何极。逮其远征归来，重望家门，那时该何等兴奋欢乐，却不料又逢大雪纷飞。路上增辛其劳，心中倍加抑郁。在最好的天气中出门，在最坏的天气中回家。此一年中之征人旅况，与其心情，亦大可于此征程之一首一尾中想象得之。试问在政府官僚中，能有此诗笔，唱此劳歌，其深入人心处，即在三千年后今人读之，尚为感动。当时预此饮宴之一批征人，终岁辛劳，大堪为此一歌荡涤无遗。上下融洽，欢如一家。周公以礼乐治天下，其精神深邃处，可尚在今传《诗三百》之《雅》、《颂》中寻见。故孔子告伯鱼："不学《诗》，无以言。"后人谓："温柔敦厚，《诗》教也。"一切都可从上引此四句十六字中参入。

中国古人，使语言文学化，文学人情化。一切皆以人生之真情感为主，此即是中国文化精神。不从此等处直接参入，使我心与古人心精神相通，乃借径于西方哲学式的言辨理论上阐发，终为是隔了一膜，不能使我之真实人生，亦投进此深厚的文化生命中，而不知不觉，融会成一体。此是中国文化中文学一项之主要使命。必能负起此使命，乃能成为中国传统中之真文学。

中国历史与西洋历史不同。西洋历史重在事，中国历史重在人。中国文学亦复与西洋文学不同。西洋文学亦重在"事"，如古希腊人即以史诗、戏剧为文学主干。中国文学亦复重在"人"，更重在人之内心情感。贵能直指人心，一口说出人人心中所要说的话。人之相知，贵相知心。我能把别人心中话代为说出，那是何等感动人之事。汉《乐府》之后有《古诗十九首》，前人称其"惊心动魄，一字千金"。文学所贵，正在以心感心，能直吐我心，深入别人心中，斯为文学上选。如古诗云："驱车上东门，遥望北郭墓。白杨何萧萧，松柏夹广路。下有陈死人，杳杳即长暮。潜寐黄泉下，千载永不寤。”此景人人可以想见，此情人人同所怀抱。一人说出，人人只在心中点头道好，感嗟无尽。中国文学长处在能扣紧人心弦，使能心心相绾，把古今人心搓成一线，纽做一团。后人欣赏前人之文学，不啻若自其口出。我心早已为古人说出，为古人道尽。俯仰三千年，无古无今，无我无人。

中国人的人生，在文学中只如一篇诗，唱了再唱，低徊反复，其实只是这几句话，只是这一颗心。我曾说，中国史如一首诗，西洋史如一本剧。中国文学重在诗，西洋文学则重在剧。诗须能吐出心中话，戏则在表演世上事。中国文学重心，西洋文学重事。此处便见中国文学与历史合一，亦即是人生与文化合一之真骨髓所在。

下至魏晋南北朝以迄隋、唐，《文选》诗、唐诗，人人耳熟能详。此一时期中国人之生活及其心情思想，亦尽在诗中透露表达，而其字句之明白浅显，在此可不再引。惟有一要点，当特别指出者，中国古人乃以全人生投入文学中。更要者，乃在人生中之“情意”，而非人生中之“事变”。事变可以万不同，而情意则可以历万变而如一。姑举《文选》为例。《文选》中诗，凡分补亡、述德、劝励、献诗、公燕、祖饯、咏史、百一、游仙、招隐、游览、咏怀、哀伤、赠答、行旅、军戎、郊庙、乐府、挽歌、杂歌、杂诗、杂拟等二十二目。其中只如补亡、百一等极少项目外，全体都从极普通的人事中道达极普通的心情。此等人事，乃日常事，古今同有。在此等人事中当事人所道达之心情，实亦古今同然。乃使今人读古人诗，亦如身在当时，不啻如自道己心。如曹操《乐府·短歌行》有曰："对酒当歌，人生几何。譬如朝露，去日苦多。"此十六字，既是古今人同解，亦复古今人同感。只要中国文字继续存在不加废弃，即使再隔一两千年后人读之，岂不仍属易解。更复人同此心，心同此情，不见有古今之隔。又如曰："月明星稀，乌鹊南飞，绕树三匝，何枝可依。"此十六字，亦是古今同有之景，见此景者亦可同有此情。事隔一千年，苏轼游赤壁作赋，重引曹操此诗"月明星稀"八字，在文字上既不见有古今之隔，而在意境情调上，亦复一千年前与一千年后人如水乳之融，此为中国文字文学最特出可珍贵之所在。有待吾人细为阐发，并善为承续。

其实在春秋时，列国卿大夫即以赋诗作为当时之外交辞令。借古人之诗句，道达自己之心意。故孔子曰："不学《诗》，无以言。"孟子又曰："《诗》言志。"屈原《离骚》，即以抒其内心之牢愁。于是此下中国文学有一特点，即贵在表达主体之"自我"，尤过于叙述客体之外事。如《孔雀东南飞》乃及《木兰从军》之类，在中国诗中未得为主流。尤要者，即在诗人自道一己之日常人生，亲切经验，乃使作家与作品，合成一体。每一人之诗集，即不啻是其一生之自传。魏、晋后大诗人，如陶潜，如杜甫，如苏轼，后人将其诗编年排列，即成为其人之年谱。几于每一诗人，均复如此。尤其如南宋之陆游，晚年隐居鉴湖，几于日日有诗，总不外是道达家常，抒写一己随时随事之情意所在。使读其诗者，不啻如读其当时之日记。一诗人之自身生活，即不啻是一部极佳文学作品。文学不在想象，乃在写实，而且所写即是作家自身之现实人生。既具体，亦琐屑。到此境界，所谓文学，更要者，已不在其作品上，而在此作者本人之实际人生上。故在中国，所谓文学修养，主要乃在作者自己修养其德性人品。务期此作者本身之人格不朽，生活不朽，始是其文学不朽之主要条件。

更可以另一观点说明此层。亦可谓中国文学，所重在“共相”，不在“别相”。事则为人生中之别相，此一事决非那一事，事必随人随时随地而变。事过即已，另一事又随之而起。人则为人生中之共相。每一事之后面必有人，人亦各不同，而在其各别不同之小我个人之上，更有一共相合一之大我。此人始谓是“大人”。人之所以成其大，不在其小我之高出人上，乃在其小我之潜入人人中。“大人”之所以为大，在其人之德性，乃属凡人之所以为人之德性共通处。人之可贵，亦不在其与人之别，乃在其与人之共。在人类大群中，实不重在人与人间之相互各别，而更重在人与人间之共通和合。此惟人生之内在德性可以达此。若人人仅知注重于外在之事，则种种遭遇，只以造成人生之各别。而从各别人生中，终不免多悲剧之产生。若事非特殊，此事与他事，无甚分别，则人若不成为一事。人生既以事为重，乃亦重其特殊可分别处。以其人之所有事，与他人特殊可分别，乃见其为一杰出人。西方古代如亚力山大，近代如拿破仑，此两人，虽震烁一世，傲视千古，然亦不免为人生造悲剧，但受西方人重视。中国人则看重在人生之共通处。如尧、舜、周、孔，正为其所占人生共通处特多，不仅在当时，并在其后世。圣人先得吾心所同然，尧、舜、周、孔之为人，可历千万年，永为后人作榜样。若为人必求特异别出，别于尧则不让，别于舜则不孝，别于周、孔则无礼而不仁，人道亦将随之歇绝，而其人乃至不足以为人。

中国诗人多好咏史，其所咏，亦多咏人，不咏事。如左思《咏史》有曰："披褐出阊阖，高步追许由。振衣千仞冈，濯足万里流。"又曰："当世贵不羁，遭难能解纷。功成不受赏，高节卓不群。"此两诗，一咏豪侠，一咏高隐。此等人在人群中，似若特殊，实非特殊。在中国社会中有此两流品。高隐之可贵，贵在其"振衣千仞冈，濯足万里流"。豪侠之可贵，贵在其"功成不受赏，高节卓不群"。其可贵处皆在其品德，不在其事业。中国人衡量人物，必重其"德性"，谓之"人品"。其能获古今人所当共通俱有之德性最高最富者，斯最为人之最上品，此非大圣人不能。尧、舜、周、孔之可贵，皆在其德，不在其位。其次以分数历级而降。其品降，斯其流狭。孟子曰："伊尹圣之任，伯夷圣之清，柳下惠圣之和。""任"与"清"与"和"之三德，皆为人类在人文社会中共通德性所不能缺。豪侠亦是任，高隐则是清。至于和之一德，尤为人道所贵。就三人论，柳下惠似不如伊尹、伯夷之受人重视，而孟子特并举以为三圣人。此中尤见深意。《论语》曰："礼之用，和为贵。"乐尤主和。《诗》属乐，"温柔敦厚"是《诗》教。"索隐行怪"，《中庸》所非。试读中国古今各家诗，凡其所咏，生活情趣，人生理想，志节气概，向往抱负，固亦人人各异，但几乎无不俱有一种共通风格，共通情调。或任或清，而必济之以和。故中国诗中最富人情味。不读中国诗，即不能接触到中国人生与中国文化之真实内情。

中国人追求人生，主要即在追求此人生之共通处。此共通处，在内曰"心"，在外曰"天"。 一人之心，即千万人之心。一世之心，即千万世之心。人身、人事不可常，惟此心则可常。天有晦明寒暑，若最多变，但万古只此晦明寒暑，亦最有常。人生在天之下，心之中，此最真实，亦最有常。一人如千万人，百年如千万年。财货权力，得于此则失于彼。贫富强弱，各别不齐。抑且极富极强，到头同是一死，还是无常不实。秦皇、汉武，志得意满，慕为神仙。但若真做了神仙，仍必把其财富权力一一放弃。则人生所竭力以赴，决心而争者，果为何来。此等皆属分别人生，决然无常而不实。中国诗人所咏，则端在人生之共通真实处。天在上，心在内，惟此两者，乃为中国诗人所咏之共通对象。非宗教，非哲学，而宗教、哲学之极至处，亦无以逾此。今试再举唐人诗为例。

如曰："床前明月光，疑是地上霜。举头望明月，低头思故乡。"此诗中若有事，实无事，只是一心一境。作者自述其心情，只在思故乡之一"思"字上。对故乡之思情，人人共有。所思繄何，则人人各别。诗人所咏，只重人生共通处，故只言思，不言所思之内容。一面把人之情思，避开了各别事变，不重事，只重情。一面把来安放进大自然，不使此情孤单特出。故咏思乡而又兼咏及于月。中国诗人最爱咏月，如曰："海上生明月，天涯共此时。"此与上引，同一景，同一情。异地相思，同在此明月之下。由于天上之明月，故使引起异地之相思。此是人生中真实常有，遇变而不变处。吾人今日读一千四五百年前唐人诗，此景此情，仍还如旧。恍如一千四五百年前作此诗之人之此一番情思，复活在一千四五百年后读此诗之人之心中。至于此诗人当时所咏的背后事实内容，则如烟消云散，早已不复存在。则此诗人之所咏者，实乃最真实最可常之人生所在也。

中国诗人又好咏春，春气易于逗引人之情思。唐人诗有曰："打起黄莺儿，莫教枝上啼。啼时惊妾梦，不得到辽西。"征人在外，闺中远梦，此种心情又是古今中外人生共通所有。暮春天气，更易撩人。黄莺之啼枝上，亦同为春光所撩。而此少妇，只在梦里寻欢。莺啼惊梦可恼。梦醒听莺啼，亦复可恼。若诗中描述某一对夫妇，梦中某种情节，从人生分别处着眼，像是真实，实则此种皆可一不可再，转瞬逝去，真属一梦，最为无常，亦最为空虚。如是则人生终不免成为一悲剧。当知世上种种可喜可怒可哀可乐之事，莫非如梦，转瞬即逝。而此喜怒哀乐之情，则千古常在。故凡属人事尽可淡置，而此情则大值珍重。情由事起，然事虚而情实。中国诗人，则尽量把情与事分开，却把此情移来与天地自然相亲即。明月春光，皆天地自然，亦常亦实。把人生略去了许多事，只珍重此一番情，使能与天相即。此是中国人生中大学问所在。箪食瓢饮，孔子既深喜于颜渊。而浴沂风雩，孔子亦同情于曾点。中国诗人，大体上不脱孔门回乐、点狂之气概。

三

今试再循此下述。司空图居唐末，已感世事无可为，幸有中条山别业可居，时人拟之巢、许，以诗人终。所著《诗品》，雄浑、冲淡、纤秾、沉着、高古、典雅诸类，凡此所谓“诗品”，其实亦可谓即是“人品”。人品判于心，而见于诗。其人必有雄浑、冲淡之行迹，而始有此雄浑、冲淡之诗品。亦可谓因其有雄浑、冲淡之行迹，乃见其有雄浑、冲淡之心胸。但却不可谓先有此行迹，乃有此心胸。事因心起，心为主而事为从。而人之心胸，探其本则赋于天，出于自然。此是人类生命之大通处。故人心贵能勿为事牵，而上与天通。古诗分赋、比、兴。赋者贵能赋其内情，只能因事见情，决不贵其有事而无情。亦不贵其事为主而情为客。比、兴者，乃将此情融入于大自然。即所谓“心与天通，心天合一”。而因事生情之事，则转不在可贵之列。此乃中国三千年前古诗人所传精旨。司空图《诗品》分释诸类目，亦颇富古诗人比、兴之意。如其咏雄浑有曰：“返虚入浑，积健为雄。荒荒油云，寥寥长风。”其咏冲淡有曰：“饮之太和，独鹤与飞。犹之惠风，荏苒在衣。”咏纤秾有曰：“碧桃满树，风日水滨。柳阴路曲，有莺比邻。”咏沉着有曰：“绿竹野屋，落日气清。脱巾独步，时闻鸟声。”咏高古有曰：“月出东斗，好风相从。太华夜碧，人闻清钟。”咏典雅有曰：“玉壶买春，赏雨茅屋。坐中佳士，左右修竹。”其他诸品之所咏率类此。当知司空图当时，世变已极。唐末五代，乃中国历史上之黑暗时期。不得已退身事外，尚可亲将此千古如常之天地大自然，荒荒之油云，寥寥之长风，独鹤之飞，惠风之荏苒，碧桃柳阴，绿林野屋，好风月出，清钟碧夜，沽酒赏雨，修竹左右，在极度荒乱黑暗中，尚有此等诸境，可供诗人之逃避。其表现在外，则曰避于诗。其酝蓄在内，则是避于心，避于天。世乱已极，而天则仍是此天，心则仍是此心，可以不乱而有常。此是中国人生中一大哲理，诗人乃得此哲理而成诗。

五代稍后，有大画家李成，则避于画。观李成之画，亦复内惟一心，外则天地山水大自然。而尘世之事变万状，则不入其胸中，不在其笔下。唐末五代之黑暗，乃属人生之分别面。而先有司空图之诗，后有李成之画，则获得了人生之共通面。上有千古，下有千古，真实常在。此是中国文化中所理想追求之真常人生。古人尊伯夷之清，亦正为其获得了人生共通之一面。故伯夷若是出世，而实为入世之尤。孔子教人，于志道、据德、依仁外，犹尚有游艺一目。文学、艺术，成为表现中国传统文化之两大支。此两大支，亦像是出世，而实是入世。社会虽然黑暗，尚有此两途可资隐避。司空图之诗，李成之画，亦得了伯夷之清的一面。宋代继兴，人文重光，不可不谓唐末五代之文学、艺术无其绵延传递感召影响之功。苏轼极称司空图，谓其崎岖兵乱之间，而诗文高雅，犹有承平之遗风。李成则宋以下奉为画圣。宋人画论，乃有“心画”之说。心画者，即所画乃画出了画家之自心。李成之画，不限于李成之时代，乃画出于李成之自心。孔子曰：“仁者乐山，智者乐水。”“仁”“智”乃人之最高心德，孔子即以大自然中之山水作比拟。人类心德，本亦由大自然积久启迪熏陶所成。故山居之民常静，偏近仁。水居之民常动，偏近智。寒带之民阴鸷，热带之民懒散。惟在温带，风景和煦，山水秀美，民性亦最上。中国人最喜讲风景江山之胜，其意亦在此。宋以后画，尤以山水为宗。因画家之心，以寄于山水为最适。画山水不啻画己心。山水在大自然中真常不坏，画家此心亦常不坏。此亦一种“心天合一”。此种人生，始是真常不坏之人生。亦可谓中国人实已创造了一种最科学的最合自然的人文教。此一层，大可于中国人之文学与艺术中参之。

宋代理学家好言“气象”，气象亦是一种“心天合一”之境界。故其称孟子，则曰“泰山岩岩”。称濂溪，则曰“光风霁月”。其实在魏、晋人已早开此例。人生能达此境界，此即人生之最高艺术，亦即人生之最高文学。人生能入诗境、入画境，此亦一种心天合一，此乃人生共相之最高理想所在。中国文化精神本重此“心天合一”之人生共相，故文学艺术诸种造诣，亦都同归于此一共相，以为最高境界，而莫能自外。

或疑中国诗千篇一律，陈陈相因，似乎只限在格律上争工，辞藻上斗巧。论其内容，颇少翻新特创之处。不知此正我所谓中国文学重“共相”之一例。时间、空间不同，每一人之个性又不同，会同此时、空与人之三不同，乃使人生无往而不见其相异。中国人称自然曰“造化”，正见日新日创，乃天地自然现象。人生亦莫能自外。即以诗言，唐诗自见与宋诗不同。唐代诗人中，李白、杜甫不同。宋代诗人中，苏轼、黄庭坚又是不同。其他名家莫不皆然。一家有一家之面貌，一家有一家之风格。翻新特创，亦本出于自然，可以不求而自得。所难则在异中有同，在分别中能把握到共通处。“别相”浅显，“共相”深藏。晦明寒暑之变，谁复不知，所难知者是天。喜怒哀乐谁复不知，所难知者是斯人之性情。《周易》六十四卦三百八十四爻，综合了时间、空间、人物个性之千异万变，而指出其中共通的几项大原则，加以归纳，则只有八卦。更复归纳，则只有阴、阳两爻。故曰“一阴一阳之谓道”。孔子则曰：“吾道一以贯之。”能知一贯，乃知有常。晦明寒暑，常此晦明寒暑。山水风景，常此山水风景。鸟兽草木，亦常此鸟兽草木。惟人有心，若离自然最远。正亦为惟人有心，乃能自新自创。然而多歧则亡羊。远离自然，灾亦随之。并世人类，尚有蒙昧浑沌，心智未开发，人文之演进浅，停滞在自然状态者。亦有心智开发，人文之演进已深，而违距自然日远，受自然之膺惩，反而消散以尽者。西方如埃及、罗马可以为例。小而言之，即如文学艺术，若一意求新求创，必欲反故常以为快，则如春秋佳日好天气，亦只有这般好。必欲呼风唤雨，摘星挥日，另造一番天气，纵不生灾祸，亦必成妖孽。此实非人心共通所欣赏，则又何必乃尔。

四

小说戏曲，在中国文学史上发展特迟，亦终不为中国文学之正宗。正为其重叙事胜过了其写情。重人生之分别面，胜过了人生之共通面。惟《水浒》、《红楼梦》，于小说中最为特出，因其描写人物心情，较能超出事态变幻之上，而深有得于人物之共相，犹有中国传统文学之遗意。然其描写人物，终是描写了低一级，不能描写到高一级。《水浒》中之一群好汉，终是江湖人物，而非社会人物。《红楼》十二钗，终是闺阁人物，而非家庭人物。且其反常处多于可常处，故不为治正统文学者所重。中国文学另一特质，贵在作品出于作者之自述，而施耐庵、曹雪芹则并不能直接把自己的真实人生放进其书中。读《水浒》、《红楼梦》，只见武松、林冲、宋江、李逵、宝玉、宝钗、黛玉、王熙凤，而施、曹两人自己之身世生平，渺不可见。则书中所叙若为真实，而仍不见其为真实。其所叙述，终是在外不在内。必于事变中见情思，不能使情思超越于事变之上而有其独立之存在。林冲、武松、林黛玉、贾宝玉诸人，终是困缚在其当身之事变中，而莫能自脱。终是表现了人生一“别相”，不能进入于人生之“共相”。皆无当于中国传统文化中人生理想之所寄。故在中国人传统心情中，终不认其为是文学之上乘。

中国戏剧较小说犹后起，乃颇有回向传统之趋势。空荡荡一戏台，无时间空间之布景，一切事变，只在几句道白中轻轻提过。回肠荡气，高歌入云，缠绵不尽，呜咽欲绝者，乃尽在歌唱中，却把人生种种真情实感曲折宣达。戏剧应是最具体，最重描写人事的，而在中国舞台上演来，则最空灵，最超脱。实已摆脱了人事，而所演出者专重在人情。又其人情所贵，不出忠孝节义，即人生德性之大共通所在。而又能摆脱了教训式之格套。此始可谓有得于中国传统诗人之情味。人人尽知中国戏剧内容，重忠孝节义，但其在文学艺术上之卓越成就，实乃深有得于中国文化传统中文学一门之精诣。是则虽若通俗，而仍有其超俗之存在也。

又中国戏台上人物，多用脸谱分类表出。其人一露相，便如见其肺肝然。实因广大人群中亦只有此几流品。中国戏剧，能把中国传统文化中人品分类，衡量人之内在德性之精微处把来通俗化。使无知识人，不识字人，亦能一望皆知。诸葛亮与司马懿，岳飞与秦桧，同上舞台，一正一邪，一忠一奸，只用一种图案，在脸上勾出，不烦多言。而更有意义者，凡属忠良主角，则多不开花脸。最单纯最本色的，斯为人生中之最上等。其间亦深寓有中国人传统的最高人生观。

故看中国一部小说，实不如看中国一本戏，又不如读中国一首诗，一幅画。愈精简，愈涵蕴。愈空灵，愈真实。然苟非深切了解中国传统文化，便不易欣赏中国之文学艺术。惟换言之，亦可谓从欣赏中国文学艺术入门，亦最易得直入中国传统文化之堂奥。读经、史困难，治诸子亦不易，能教人读诗、看画，听戏观剧，从文学、艺术入手，应推为教人了解中国文化一最通俗最亲切之道路，此尤为有志复兴中国文化者所应知。

德儒哥德，并不曾见中国几部好小说，但极致其欣赏之意。又谓：中国人有小说，欧西人尚在树林中掷石投鸟为生。今天的中国人，一意羡慕西化，却谓中国文学已成为死文学，如冢中之枯骨，能用白话模仿西方文学者始为新文学。又复主张废止汉字，单化汉字，一若不达到把汉字尽变成拉丁文拼音，其意终不快。此等主张，既不能深窥中国文学传统之堂奥，亦未曾望见中国文学传统之门墙。究不知彼辈于西洋文学曾有若何深沉之研寻与认识。要之，只在外面事上尽量求新求变，却于自己内在心情，缺乏一分修养。而于中国诗人所谓温柔敦厚之教，则相距尤远。此可由各人反求而得，不烦辨论，而可自见其深里也。

（一九七四年一月《中华学报》创刊号）

七　中国学术特性

一

一国家一民族之学术传统，必有其特性所在。兹篇姑取西方相比，俾以粗见中国学术之特性。

似乎西方传统偏重“专业”，而中国则尚“通学”。何谓通学，请仍本中国观念加以阐申。

依中国观念，学问应分两类，一为人人应该，亦属人人可能之学问，此即为通学，又一则只限少数人能之，亦只须少数人从事之学问，此即成专业。既属人人应该，又是人人可能之学，而有卓然杰出超类拔萃之成就，达于远非人人所能冀及之境界，此始见通学之可贵。至于专业之学，则有双重限制，内在须视各人才性所近，外在又不须人人从事，如天文历数，种植水利，医药音乐，土木建造等，非不于人生日用有关。然都由少数人专业为之，而政府社会，或公或私，各与以一分报酬。在中国古代，此等专业，胥由世袭，所谓“畴人子弟”是也。至于通学则不然。《论语》孔子曰：“弟子入则孝，出则弟，谨而信，泛爱众，而亲仁，行有余力，则以学文。”孝弟谨信爱亲，乃属行事，然亦贵学问，此之谓“德性之学”。德性实践有余力，乃始及于一切典籍文字。孔门又有言：“博学于文，约之以礼。”在幼年初学，则先约礼，后博文。及其壮年进学，则先博文，后约礼。要之学问从实践起，而仍归宿到实践。此事人人相通，乃一日常人生之共同通道，故名之曰通学。而专业则由各人分别练习，能于此，不必其能于彼。通之与专，其别在此。

二

孔门有德行、言语、政事、文学四科，此乃言孔门通学之内容，与近人所谓专业之分科不同。如颜渊居德行之首，孔子深许之，曰：“用之则行，舍之则藏，惟我与尔有是夫。”知颜渊傥出而用世，言语、政事，亦其所长，故曰“用之则行”也。颜渊问为邦，孔子告以“夏时、殷辂、周冕、《韶》舞”，必斟酌采择前古之长，是已为“博学于文”之事。是颜渊即通孔门之四科。故后人称颜渊为孔子之具体而微。是颜渊为学，即具备孔子为学之全体，惟规模有大小、境界有高下之分别而已。

如子贡列言语科，然孔子问子贡：“汝与回也孰愈？”是孔子视子贡，仅与颜渊有肩差。及孔子之死，子贡独为群弟子领袖，群弟子庐墓三年，子贡独六年。子贡在当时群弟子间，辈行最居先，得群弟子尊奉，宁得谓子贡顾无当于德行之科乎？子贡告孔子，回也闻一以知十，彼乃闻一以知二。是子贡亦能博学于文，惟较颜渊较逊。子贡又曰："夫子之文章可得而闻。"是子贡亦得列文学之科也。

又如子路、冉有列政事科，孔子晚年归鲁，彼两人仕于季氏，不能纠正季氏专擅鲁国之非，孔子深斥之。然孔子明告季子然："仲由、冉求，可谓具臣矣，然弑父与君亦不从。"是子路、冉有，亦仍当得列于德行之科。孔子又曰："千乘之国，由也可使治其赋。千室之邑，百乘之家，求也可使为之宰。"宁彼两人，独于文学无所闻知乎？

又如子游、子夏，同列文学之科。子游为武城宰，孔子往，闻弦歌之声，孔子笑其割鸡用牛刀。子游对曰："闻诸夫子，君子学道则爱人，小人学道则易使。"则子游岂顾无当于德行、政事之科乎？子夏退而老于西河之上，西河之民拟之于孔子。又为魏文侯师。其弟子有段干木、李克，段干木亦守道不仕，而李克则仕魏有政绩。则子游、子夏固不得谓其无预于德行、政事之科也。

孔门之教，主要在教人以"为人之道"。为人之道必相通，故谓此种学问为通学。为弟子时之孝弟谨信爱亲，乃学之始，此即德行之科也。及其长，当出仕宦，求有用于时。子夏曰："学而优则仕，仕而优则学。"此即迈入言语、政事之科矣。凡此三科，前必有因，后必有变。人道必通于古今，而始有历史文化可言。此则必有典籍记载。嘉言懿行，好古敏求，此即为文学之科。故此四科，其道终始一贯，孔门即以此教来学。来学之士，即以此学孔子。学而有等次，乃有“士”与“贤”与“圣”之不同。所不同者，在人不在学。实则孔门四科，皆在同一学问中，特据其为学成绩之特优而言，其弟子乃有四科之分，非谓孔门乃截然有此四种学问也。

孔子又曰：“志于道，据于德，依于仁，游于艺。”依中国人观念，人类一切学问，皆当发源于人类各自具有之内在之德性。人类德性，有其别，亦有其通。人类德性之大通，其存于心，谓之仁。其见于事，谓之道。故“德”与“道”与“仁”之三者，乃人类一切学问之共同根本，亦即人类一切学问之共同归宿。至于言语、政事、文学三者，皆属“艺”。言语指外交辞令。当孔子时，外交辞令之重要性，有过于治军、理财之政事，故言语列四科之第二。依后世言，显而在上则从政，隐而在下则治学，要之一本于德与道与仁之三者，要之皆是一种“为人之学”，此乃孔门之通学也。

三

战国以下，儒术大行，学者所以学为人之旨益显。同时虽百家争鸣，其言论有异同得失，然皆所以教人以为人之道，如墨与道，更其显者。其他如法如农之类，不过其道较狭。既教人为人，而不教人以为人之通道，斯则渐失其本旨矣。姑举当时人物言之，则其冠绝侪群，为后世所称崇者，亦莫非以通道为学。可谓皆当于儒学之大旨。如屈原，后世言文学辞章者必尊之，然屈原固不以文学辞章为专业。其仕于楚怀王，于言语、政事皆卓有表现。而其忠君爱国之深忱，宁赴湘流，以葬江鱼之腹中，列之孔门，宁得摈于德行一科之外？又如乐毅，仕燕昭王，联五诸侯伐齐，下七十余城，其在言语、政事上之表现，在当时，巍然当踞第一流。今读其《报燕惠王书》，德行、文学，不仅在战国，即在中国全部历史，亦当膺上上之选。此两人，岂不足谓之是通学乎？

下历两汉，通经致用，皆通学也。其卓然有表现者，固屈指难数。惟辞赋家言，若将渐成为专业。然如东方朔之《答客难》，司马相如之《难蜀父老》，其学固不专囿于文辞。即就晚汉、三国言，诸葛亮高卧隆中，以管、乐自比。昭烈三顾草庐之中，遂许驰驱，其在言语、政事上之表现，固已震烁千古。及其奉遗诏，侍后主，鞠躬尽瘁，死而后已，列之孔门德行一科，夫又何愧。今读其《出师表》，文章纯美，上视屈原《离骚》，乐毅《报燕惠王书》，亦诚堪当鼎足之三峙矣。是岂专务从事于文学一艺者之所知所能乎？

然诸葛用之则行，管宁舍之则藏。王船山《读通鉴论》有曰："天下不可一日废道，君子不可一日废学。管宁在辽东，专讲《诗》、《书》，习俎豆，非学者勿见。有明王起而因之，敷其大用。即不然，天下分崩，人心晦否之日，独握天枢，以争剥复，汉末三国之天下，非刘、孙、曹氏之所能持，亦非荀彧、诸葛孔明之所能持，而宁持之也。邴原持清议，而宁戒之曰：潜龙以不见成德。宁诚潜而有龙德矣。”故后人论三国人物，管幼安犹在诸葛孔明之上。船山之论，可谓深挚。就本篇之所论列，管、葛皆通学也。惟幼安无可称道，在孔门乃如颜子。孔明有所表现，言语、政事，则子贡、仲由之俦也。惟为潜龙，则人人可能，为飞龙，则有限制。故依中国观念，则尤重管幼安之为人也。

两晋以下，内囿于门第，外惑于老、释，又混之以夷狄，人物之选，邈乎无可与两汉、三国为比。然其时，亦尚以通学为通人，不务以专业为专家，则传统犹未变。故一时知名人物亦鲜以专家称。姑举其著者。如前期晋之有羊叔子，中期晋、宋之际有陶靖节，晚期宇文周之有苏绰，皆不当以一格局限之。若勉强分列之于孔门之四科，羊叔子可入德行，苏绰入政事，陶靖节入文学，此亦仅指其表现之特优者而言。乌得谓此三人之为某一专业之专家乎！

隋、唐盛运复启，人物鼎新。然其内囿于门第，外惑于老、释，又混之以夷狄，则固与两晋南北朝一脉相传，而又溺之以诗文，故其人物之选，多涉老、释方外，诗人骚客之流。然其在政事一途，气局恢宏，事功卓著，几乎驾两汉而上之。而昌黎韩愈，尤确然为唐代一通儒。后世以其“文起八代之衰”，群以古文家目之。然愈自称：“好古之文，乃好古之道。”其颂伯夷，其谏迎佛骨，其提倡师道，其言道统，以孟子上接孔子，而有意乎以有唐一代之孟子自任。其于德行一科，论其大体纵曰未醇，要之非无所见、无所志于是者。其于言语、政事，亦复卓有表现。宋儒之兴，不得谓其非受昌黎之影响，则其有志从事于通学，固是斯文大传统所在，亦乌得专一以古文家目之。

下迄宋代，儒术复兴，于是自古相传尚通学为通人之面貌精神乃益彰。即专以治学一途径言，如胡瑗、范仲淹、欧阳修、司马光、王安石、苏轼、辙兄弟，于经、史、集部，皆所兼涉，固不专务于在近人心目中所谓哲学、文学、史学之某一专业。又其为学必兼通政事，有体有用。然亦不纯为一政治家，亦不纯为一学者。抑且不论治学从政，又必有志德行。凡此诸人之为学，途径虽殊，而其遵循孔门四科，有志乎希圣希贤、志道依仁之大统则一。实则即论两晋、南北朝、隋、唐以来，学术人品，大体亦自一致。惟汉、宋两代独尊儒，无老、释之抗衡，学者又皆来自田间，与门第子弟不同，故其为学之风格气度，最足为中国学统正规。惟汉人专崇《经》，学术进步至于宋，又兼尚文史，风格更宽，气度更大，故中国学术尚通学为通人之传统，至宋代乃更见为完成。

然就另一观点言，亦可谓宋代理学家，其为学之风格气度，乃转见狭小。濂溪、横渠、二程，似乎独尊孔门四科中之德行，独尊颜渊。而如由、赐、游、夏之徒，颇多有所不屑。淡于政事，更若鄙于文学。此因当时老、释势力尚强，影响尚大，理学家一意对此方面努力，遂不期而近似于近代人所谓的哲学专家。不如汉儒"通经致用"，其意兴寄在上层政治方面。而宋代理学家，则潜心"格致诚正"，用心转向内，故亦可说其转狭小。当时洛、蜀之争，即由此起。

但自南宋朱子起，而理学之风又大变。北宋理学，可谓偏重“尊德性”，而朱子济之以“道问学”。北宋理学可谓是“尽精微”，而朱子济之以“致广大”。北宋理学可谓是“极高明”，而朱子济之以“道中庸”。朱子为学，经、史、子、集，无所不治，无所不通，可谓接近孔门游、夏文学一科。惟朱子于学，独尊濂溪、横渠、二程，而尤以伊、洛为宗，是即孔门颜、闵德行之科也。而朱子于政事，虽出仕之时日不久，而所至有政声，亦有当孔门子贡、子路言语、政事之科。故朱子之学乃显然孔门四科旧规，一面发扬北宋理学之新统，一面承袭汉、唐乃至北宋初期理学未兴以前之旧传，而集其大成。斯诚可以当中国学术传统尚通学为通人之高标上选矣。

以中国史比之西洋史，唐末五代，俨如罗马帝国之崩溃，而自宋以下，学术重兴，文化再起，迄于今千年以来，中国之为中国，依然如故，是惟宋儒之功。虽宋代积弱，骤难振作，而其功要为不可没。蒙古入主，一时儒生，群事退隐，于孔门旧传德行、言语、政事三科，皆不能不委屈退避，则文学一科，亦失其精神，故元儒之学，乃一归于书本文字之训诂解释而止。

明人有意矫元代学弊而未得其方，其学风较之汉、唐、宋为皆逊，然其尚通学为通人之大传统则幸仍在。尤其如阳明崛起，德行、政事、文学，可谓兼而有之。惟其单提“良知”，较之北宋理学为更狭。而政事、文学，皆不免为其门徒王龙溪、王心斋之辈所淡置而忽视。于是不识字，不读书，端茶童子亦可为圣人，甚至满街皆可是圣人。陆、王之学之流弊，不啻为人开了一圣人专科。是果为通学之通人乎？抑亦如专家之专业乎？是诚皆大谬而不然也。

尚通学为通人之大传统，又蔚起于清初之明遗民。如顾亭林、黄梨洲、陆桴亭、王船山，此皆魁儒硕学，惟北宋以下，庶几有其匹俦。汉、唐诸儒，无堪伦比。虽诸遗老皆遁世不仕，于政事上无表现。然其上下千古，论政明通，此亦孔子所谓“用之则行，舍之则藏”，孟子所谓“非不能也，是不为也”。此真可谓在中国学术史上大放光明之一期，较之北宋诸儒，未有愧恧。

厥后清儒治《经》，自号曰“汉学”，而实无汉儒通经致用之心。乾、嘉一时期之学术，乃若有类于近人所谓之专家。然仍亦有大儒通人崛起，如湘乡曾国藩。于当时人以学问分义理、考据、辞章三途之外，又增之以“经济”一途。是仍不忘为有体有用之学。其为《圣哲画像记》，历举中国历史圣哲三十余人，则皆所谓尚通学之通人也。专于此而窒于彼，如蛮如触，只钻牛角尖，学非通学，斯人非通人。此在中国传统中，固所不贵。

四

晚清末，国事日非，一时学者，竞思学以致用，乃颇好言诸葛亮、王阳明、曾国藩三人。从政、治军，不忘于学，而更要乃在其皆不背于孔门德行之科。乃更为清末人所爱言。然慕其人，当知慕其学。无其学，又何从得其人。而其时则西潮已盛，人人方务为西学，尚专家，则不啻与此三人背道而驰。有侯官严复，以幼童派赴英伦学海军，归后乃努力翻译西方名著，所译如穆勒《名学》，亚当·斯密《原富》，斯宾塞《群学肄言》，赫胥黎《天演论》，孟德斯鸠《法意》诸书。此皆西方专门名著，而严氏以一人之力，兼译此诸书，是证严氏尚未脱中国通学传统观之旧念。继此出国留学者，或治哲学逻辑，或治社会学、经济学、政治学、法理学，或治生物、物理诸学。各务为专家，而互不相通。较之严氏，迥以别矣。其在自然科学方面，分门别类，易见成绩。然在人文学科方面，如不通历史而高谈政治，不通政治而仅言经济。分别而观，亦莫不言之成理，持之有故。而割裂不成体统，利于此不免病于彼。即如亚当·斯密畅论自由经济，在当时亦如对症下药，立见有效。然药性各有副作用。此家方痊，他病乍起。自亚当以来，经济学理论，为变已多。而尤其是一经济专家之理论，而求推之于政治、社会、其他学术文化之各部门，则未见能推行而无弊者。

尤其如马克思，其先创为“剩余价值论”，犹是经济专家之言。继之为“阶级斗争”之共产思想，此已自经济学侵入到历史、社会、政治诸学，而不悟其有不可通之处。又继之而创为科学的“唯物史观”，则又转进到哲学。而更见其大不通。今论马克思之为人与其为学，实不脱一专家身分，专家之学只适用于专业。乃摇身一变，俨然以专业变通人，变为一领导世变之大宗师。亦若求能以明天人之际，通古今之变，以成为一家之言，此惟司马迁在中国学术传统下，乃可有此史识。此其遥情远志，乃从通学上路，不从专业起步。马克思思想之为害于当前世界人类者，岂不已与人共见乎？

又如佛洛伊特，本属一专业医生，凭其临床经验，而发明其精神分析学与潜意识论，此已侵入到人心问题。佛氏之所发现，最多亦属病理的，而非生理的，岂能以一端概全体。中国人因崇尚通学，求为通人，故于人心问题，早所注意。先秦儒、道两家，如孔、孟、老、庄，对此问题，尤为有杰出之贡献。果欲对人心作研究，此当由全部日常人生，进而从大群社会人生，乃至历史文化人生中加以寻讨。岂能凭医院病人之某些临床经验，从专门知识之一枝一节上，加以臆测推概，而谓可得人心全体真相之秘密。今即从佛洛伊特派之所推论，取与孔、孟、庄、老以及此下儒、道两家之所发挥，又兼之以佛学中国化中如天台、禅诸宗之所寻究而比较观之，亦自见通学与专业之相异矣。

五

今再就自然科学言。如近代医学之分门别类，互不相知，亦可谓已到达了一种巅峰状态，难于更进。惟百病丛生，实只萃集于一身。病虽不同，其不能越出此身则同。从病之外在言，百病之部位与症状各不同。然从病之内在言，病在此身，病虽别而身则通。一病可蔓延为他病，病在此亦可治在彼。焦头烂额，不如曲突徙薪。既可防患于未然，又可除患于其易。故医学虽一专业，而在此专业中亦贵有通学。中国医学，亦如其他学术传统，贵通尤过于贵专。凡求医病，先贵能通知病者之一身。故中国医学好言“气”，气即通于一身，流转不居，充盈于人身全体之各部位，乃亦不属于任何一部位，此乃人身之“生机”。一经解剖，即渺不见其存在。今日国人，专矜西学，故斥中医为不科学。是亦通学与专家之一争也。

人之有群，亦犹其有身。惟身属物质人生，群属人文人生，然在两者间亦有可通。群亦有生气，有生机，一如其身。其身果生气流转，生机活泼，其身亦健而无病。其群亦然。其群果生气流转，生机活泼，其群亦健而无病。中国人于所谓天人之际，古今之变，亦皆好言气。自然界之与人文界，过去世之与现在世，其间亦皆相通，中国人即指其相通处曰“气”。亦可谓有气乃有相通，有气乃有存在与生命。宇宙间任何一物之有其生存与生命亦可谓正在其与他物之相通。果使其气窒塞消散，其与他物相通之机有停滞阻碍，则此物亦当失其生命与存在。此惟通以求之乃有，使专家分别以求，将不见有所谓“气”，亦将不见有所谓“机”。皆成死局，更无生意。今使在一群中，分为政治、经济、法律、社会各事项，割裂以求，各成为一种专门知识，可以互不相关，则其群亦将不见有存在。又如过去世、现在世、未来世，亦可如此分割，此时非他时，幼年非老年，此身割裂，将不见有生命。其群亦然。亦将为无生命，亦即无历史文化可言。

中国人因言气，乃言“道”。道者即指由此至彼，由彼至此之相通道路。于是而有大道，有小道。其气由此至彼，由彼得之，斯曰“德”。德亦有大德、小德。所通所得，各有大小。就全体言，则有一潜移默运之主宰。或曰“上帝”，或曰“天”。在人身言，此一主宰曰“心”。此不指心脏，亦不指头脑。心脏、头脑，仍各是一体，而非全体。仍可解剖，仍可由专家分别求之。而此潜移默运以主宰乎此一身之心，则一经解剖便无所见。亦非专家分别所能知。必通乎其人之一身，与其自幼至老之一生，会通而观，乃始见有其存在。亦可谓心即是其身生命之主宰。群亦然，亦当有一潜移默运之主宰之存在。此主宰，既不是政治上一最高元首，更不是社会上几许强有力的巨富豪门。凡属一切人世间权位、财利、名势之所在，皆不足以主宰此一群。中国人则名此主宰曰“道”。道之所在，斯即主宰之所在。上引王船山论三国，刘、孙、曹氏之与荀彧、诸葛亮，皆不足以持此世，惟管宁可以持此世。此种论调，政治、法律、社会、经济种种专家，皆不足以知此。三国时代，分崩乱离已极，而三国以后仍有此中国，中国人之始终不失其存在，至今仍保有其文化生命而不失，谁持之使至此？王船山则曰，惟管宁能持之以致此。此非王船山一人之言，凡属中国以通学为通人者，皆知有此言。船山同时有顾亭林亦言：“有亡国，有亡天下。”亡国乃政治家责任，惟亡天下则匹夫亦预有责。刘、孙、曹氏皆亡其国，荀彧、诸葛亮皆无能为力，而管宁乃当时一匹夫。吴、蜀、魏三国皆亡，独中国人之历史文化传统终于不亡，斯即天下不亡，乃管宁独以一匹夫而能保持维系之使不亡，斯乃吾中国传统中通学、通人之通识。凡属分门别类之各项专家知识，则皆不足证成此理论。

若就今日世界各大学分院分系之各课程而论，管宁既非一政治、法律、社会、经济学家，管宁亦非一哲学、文学、史学家，然终不能谓管宁无所学。主要是管宁其人，但亦将终不为近代史学专家所了解。惟中国史学乃从通学中来，至陈寿撰为《三国志》时，史学受中国传统通学之影响已深，故管宁在陈寿书中，乃得独立有一传。若上溯至《春秋左氏传》，乃无颜渊名字。管宁亦颜渊之俦。《左氏传》后世尊之曰经，然就此等处论，乃远不如后起之诸史。司马迁为《史记》，欲以明天人之际，通古今之变，此即以通学为史学也。乃始创为列传体，而伯夷、叔齐踞其首。若以叩马之谏、首阳之饿而论，于当时史事上何关紧要。可知史迁之学，固有超史学之外者，即如顾亭林、王船山，亦岂得专谓之是一史学家。近代史学成为一项专门学问，可以从其他学问中割裂出，而有其独立自存之地位。管宁则只是在中国历史上偶然一见的对其当时历史一不甚重要之人物，亦终将不会受史学专家之注意。

亦如陶潜，岂得专谓之是一文学家。沈约撰《宋书》，陶潜入《隐逸传》。唐修《晋书》，有《文苑传》，乃不列陶潜，而亦列之《隐逸传》之末。陶潜在晋时，为镇军参军，为彭泽令，曾出仕。入宋，二十年而卒。乃《宋书》、《晋书》均列之于《隐逸》。《晋书》既传宋人，而朱子《纲目》又特于宋元嘉四年书

“晋征士陶潜卒”。从来言诗人，无不首及潜，而终不以诗人目之。不目其人曰诗人，即尊其诗之至也。若目之为诗人，则若一专家诗人矣，而潜之为人为学，则确有出乎为诗之外者。故读陶潜诗，贵能由其诗进而窥其为人与为学，乃亦庶能于其诗有了解。此即所谓通学也。

中国诗人，亦不独陶潜如是，姑举北宋如黄庭坚，能欣赏同时周濂溪之为人，而赞之曰如“光风霁月”，此四字遂永为后世传诵，言及濂溪，每同时及此四字。可知庭坚之学与其人，亦必有出乎其能诗之外者。庭坚之诗，亦即从其人与学来。不识庭坚之为人与其学，又何足读庭坚之诗。今日国人，竞尚西化，一意为专家之学。能吟诗，斯为诗人矣。又提倡以白话为诗，于古诗人作品，皆束诸高阁，并目之曰死文学。惟如《西游记》、《封神榜》、《红楼梦》、《儿女英雄传》等小说，乃至如元曲等，近似西方文学体裁，稍值一顾，而不幸其皆非中国文学之正统。就今日论，学术之传统已中断，则死去者亦岂仅止于文学。

即如史学，自司马迁、陈寿、沈约，下至欧阳修、司马光、朱子，皆曾著史，其学皆不专在史。今人则一意为史学专家，渺不得古人读史著史之用意。于是二十四史、九通，皆止当作一堆史料。方欲模仿西人史法，从此一堆材料中来创造新史，而又恨此一堆材料之多属废料而不中用，又怪中国古人不知有社会史、经济史等。不知西方专家，愈分愈歧，历史学外又有经济学、社会学，事皆晚出后起。则中国古人，宜所不知。而在中国古史中，如三国时有管宁，晋、宋间有陶潜，若与政治、社会、经济各史皆无关。乃不知此等人，正为历史上下通气，使历史得以常存。然此又岂以史学为专业者之所知。

又如孔子，若必以一大思想家目之，已为不伦。又若称之为一哲学家，则更不伦。近人好以孔子与苏格拉底相比，以朱子与康德相比。然孔子与苏格拉底两人生平行迹大不同，朱子与康德亦然。人不同，斯知其学亦不同。由孔子、朱子之学而成为孔子、朱子其人。由苏格拉底、康德之学而成为苏格拉底、康德其人。以哲学专家之目光来衡量，则其间容有相似。以通学目光视之，斯双方之不同乃大显。

中国传统重通学，西方传统重专家，具如上述。此亦殆由农村社会与工商社会之分别而来。盖农村人分别少，而工商都市人则分别多，影响及于学术，乃亦有此。然同在一群之内，终不能各别相处，更无所通。西方社会之相通，不在学术，乃在宗教。惟在西方，宗教信仰终不敌专家知识。天文学、生物学新说迭起，推翻了上帝创世之信仰。自然科学日益发展，而使上帝迷失。今日西方社会，乃惟以工商业财货经济相通，自然科学、专家知识则皆仅为之作婢使。故或为自由资本社会，或为极权共产社会，其实皆就财货着眼。要之今日人类之相通，则亦惟财货是赖。其实即专就财货言，各业专门所制造，亦同赖有一共通市场。失了共通市场，则各项专业何从成立，何从存在。今日西方各项专家之学，其实亦只成立存在于此共通市场中。即为今日人类大群潜移默运之主宰所在，亦惟在此工商市场而已。纵观于当前之世界，其实情宁非如此？

六

今若进而论人类之真主宰，除却上帝教主，除却商人财阀，除却拥有百万大军之征服者及其专制王朝，是否可从人类本身内部即人心方面，另觅一合情理可信从之主宰，而此主宰及可潜移默运以绵延至无穷，此则正待人类之学问寻求。而此项学问，则势必由通人为通学，乃可得之，而断非专业专家之各项分别知识可以胜任而愉快。中国孔子，则正是从事此项学问寻求者。其传统则为中国之儒家。

故中国儒家，乃认为人类之主宰则决然应在人之内，而不超在人之外，因此宗教信仰乃不为儒家所重。人类主宰，亦决非以富凌贫，以强凌弱之谓，故专制帝王之与豪商巨富，亦为儒家所反对而排斥。人类主宰，亦不在于分门别类之各项专业知识，彼此互不相知，而谓可以统制此全人类。人类之真主宰，仍必属于人。而厥为人类中具有通学之通人。通人所必具之德性曰“仁”，通学所追求之主要目标曰“道”。而各项专门知识专家学业，则都必于此通学中流出，其人亦必仍不失为一通人。故孔门之有四科，其流虽可派分，其源则归合一。汇而成科者为贤，合而归源者为圣。圣、贤皆一通人，学者之希圣希贤，亦希为一通人。如上述，三国时之管宁，晋、宋间之陶潜，此皆通人，惟通人乃可主宰此世运，而此则非具通学、通识者不之知。

庄子曰："道术将为天下裂。"今日之竞尚专家知识，是矣。譬之身，目司视，耳司听，五官百骸，皆各分别有其专司。心脏、头脑亦然。荀子曰："心为天官。"惟此心，乃为人身之天，为人身一主宰。然主宰此身之心，乃由学而来。曰"仁"曰"智"，乃人心所当学之主要大目标。数千年上下之心可以相通，而此心遂亦为人群历史之主宰。

今日人类大群，则乃以工商大企业为心脏，以政府为头脑，各司专门知识之学者，则如耳目之司视听而已。乃苦于群而无主，亦成为群而无道，无天，并亦无教。在小学则教之为一公民，在大学则教之为一专门知识之学者。即在教堂中，亦止教之为一上帝信徒。乃无确然教其为一人者。人由业分，不由道合，通学之急需于今世，亦据此可知矣。

七

《庄子·养生主》庖丁为文惠君解牛，告文惠君曰："臣之所好者道也，进乎技矣。""技"必进乎"道"，此为中国传统学术一重要观念。孔子以六艺教，然曰"志乎道，游乎艺"。庄子之所谓"技"，即孔子之所谓"艺"。以近代语说之，此即为通人与专家之分。必明于道，乃为通人。若擅一技，则属专家。道主合，技主分。人各以其才性所近，环境所宜，分治一艺，以维生业，是谓技。鼯鼠五技，自古所戒，故技必主分、主专。即有兼通，亦必有限。道则通乎人人。适此不适彼，适彼不适此，不足以为道。

就东西双方文化传统言，似乎西方较更重技，中国较更重道。如宗教之与哲学，信仰之与思维，本属人人应有能有之事，应归道，不归技。乃西方之宗教与哲学，亦成专业化。教会组织愈严密，僧侣专业愈固定，乃使上帝大道与社会人心间，转增一横隔膜。马丁·路德创新教，正要为冲破此横隔膜。但此横隔膜，仍亦留存于新教中。要之西方宗教，成为专业，趋于分化，则为不可争之事实。中国传统文化中，从不自创一宗教。印度佛教传入，经历中国化，主要惟盛禅、净两宗，其用意即在泯去寺院僧侣之专业化，使佛道、人心融通合一，而普遍趋于人人之日常生活中。

又如西方古希腊大哲学家柏拉图，自标其学园曰："弗通几何学者勿进。"几何学乃一专门知识，当属技，不属道。必使人人先通几何学乃得通哲学，则哲学亦成一种专门知识，亦将属技不属道。又如西方人谓通哲学当先通逻辑，逻辑亦属一种专门知识，属技不属道。厥后西方哲学尽归入专业化，自成一项学问，与其他学问分离隔别。哲学地位日高，乃其距离普通人生亦日远。在中国人观念中，凡属专门知识，皆如钻牛角尖，入而不出，则不免有蛮触之争。故西方哲学家言："我爱吾师，我尤爱真理。"然果真理，而偏于主观之自我创造，则真理亦将日趋于分歧。中国人观念则不同，真理必具共同性，不能谓我得于此，而他人绝无得于彼。纵谓我得其大，亦不能谓他人绝无得于小。孔子则曰："述而不作，信而好古"，主要在从会通中酝酿出大道观。不使分裂，使求道成为专家化。

先秦时，百家纷起，《庄子·天下篇》作者忧之，乃曰："道术将为天下裂。"术即技也。合则术即是道，裂则离道入技。先秦百家中，如墨、名、法、阴阳，乃至于如农家、纵横家，皆从一据点无限引伸，莫不自以为道，其实只如一技。故朱子《大学章句序》，称之曰"百家众技"。惟儒、道两家，其所陈说，庶可谓是道非技。老子曰："同谓之玄。玄之又玄，众妙之门。"同时墨、名、法、阴阳诸家，皆不免先自各占一据点，以自示其与人异。而不知所贵乎大道者，乃能超诸异而得一同。老子名此同曰玄。玄之又玄，即是同之上又有同，达于同之最大最极处，乃始是众妙之门。妙者是一种细微开始。一切细微开始，皆当从此门出，即谓皆从大道生也。惟道家理想，此一玄之又玄之众妙之门只是天，终不免有"尊天抑人"之病。儒家则主本于人以识天，孟子教人以尽心知性而知天，人心之同然常然处即是天，亦即是众妙之门。故就人道立场言，道家若不免就虚言之，重自然而轻人文。儒家则就实言之，即从人文来完成自然。自汉以下，中国思想只留儒、道两家，而儒尤为之主，此即中国文化学术传统，主合不主分，尚通不尚专之一明显特征也。

八

自宗教、哲学以下，复有艺术、文学，其事若当属技不属道，而中国传统观念，则仍必期其由是以达乎道。庄子书中最善言艺术。即如文惠君之庖丁解牛，固只是一小技，乃此庖丁，能由小技而通大道。其实众小技莫不从大道出。亦莫不可通于大道。《庄子》外杂篇中尤好言此等事，如痀瘘丈人之承蜩，如齐桓公堂下之斲轮老人，莫不由小技通大道。其他不胜列举。惟谓解牛、承蜩、斲轮皆可通大道，而人群中一切较大之实务转不足以通大道，此终不免言之偏激。孔子则曰："虽小道，必有可观者焉，致远恐泥。"此所谓小道，实亦即老子之所谓"妙"。但小道之妙，仍贵其能致远，泥即不通，不能致远，所以只成为小道。若宗教、若哲学，其所求应属大道之列，然苟不能致远，斯即成小道而不妙矣。此致远之"远"字涵两义，一指由一人可通之于人人。又一指由一时可通之于时时。一指"广大"，一指"悠久"。两义实亦相通。不能广大，斯不能悠久。不能悠久，斯亦不能广大。孔门好言孝弟，其实孝弟亦只是小道，然可推之广大，垂之悠久，故使小道成大道。孝弟本于幼稚，行之家庭，斯亦老子之所谓"妙"，即微小之开端。就文字言，少女为妙。然少女，可以为妇、为母，斯成为人道之大矣。苟不能成人道之大，斯又何妙之有。余尝谓道家所言，乃一种艺术人生，儒家则为道德人生，其实儒家言道德，即是人生之一种最高艺术也。

文学亦是一种艺术，而中国传统文学则必主文以明道、载道、传道。中国文学中精义，亦皆从儒、道两家来。其他如墨、名、法、阴阳诸家，皆不能展衍出文学。故此诸家，虽各自以为大道在我，而其道并不能落实贯通到文学上去，则岂不是大道而不能通小技。既不广大，何能悠久，又何当于老子之所谓妙。当知少女，不能专一为少女，必当长大为妇、为母。少女只如一专家，为妇、为母，乃始为通人。中国传统学术文化精义乃在此。

《古诗三百首》，乃儒家所崇。屈原《离骚》以及《楚辞》，多羼进道家义。然皆文以寓道，有文、道贯通之境界。汉赋只属纵横家言，转为宫廷文学。扬雄晚而悔之，曰："雕虫小技，壮夫不为。"建安新文学起，即如魏文帝《典论·论文》，亦已求因文而进乎道。刘勰撰为《文心雕龙》，其时佛、老盛行，刘勰又亲为僧侣，然其论文，首主宗经明道，斯可见中国文学传统精神所谓"文以载道"之旨，决不待韩愈始。近人慕西化，尚专家，认为治文学，只求成一文学专家。至于论道传道，乃属宗教家、哲学家事，何烦文学家之越俎代谋。于是韩愈遂大为近人所诟病。不知诗文虽属一技，正贵能由技而进乎道。韩愈论文，亦从陈子昂、李白、杜甫之论诗来。杜甫诗有曰："文章本小技，于道未为尊。"显与韩愈见解后先一致。旁观太白、柳州，又何尝不同抱此文、道贯通一致之见解。亦可谋上自《诗》、《骚》，下迄晚清，亦皆同此见解，何得于韩愈一人而轻肆菲薄乎。

余尝为《艺术与理学》一文，详征历代诸家论画，亦皆抱艺、道一致之观念，正亦如文学中之主张文、道一贯。惟画家理论较后起。艺、道一致之理论，下迄宋代，乃臻成熟。元结诗："至人技进不名技，游戏亦复通其灵。"不论诗文字画，皆贵能游戏通灵，此即技而进乎道矣。人各就己性之所近而专擅于诗文字画，此属技。能由己之性灵以旁通乎人之性灵，此属道。从专家观念言之，若宗教哲学偏近道，文学艺术偏近技。其实道之与技，皆从人性中来，人性上本于天，人贵能从本源上求通求合，不贵从人事兴起后之枝派上求分求专。人人贵能有一番信仰及思维。思维之与信仰，皆贵能合能通。宗教与哲学分，已属人事之分裂。文学、艺术之创作，又与宗教、哲学分，则尤属分裂之益甚。不知宗教、哲学、文学、艺术一切皆亦从人类性灵之大本大源上展出。即论文学、艺术，纵不能人人有创作，亦贵于人人能欣赏。其真在文学、艺术上成专家者，亦贵其人能成为人群中一通人。则其文学、艺术，亦贵于通学中得基本。否则使其人在人群中而不得成为一通人，则其在文学、艺术圈中之成为专家，纵曰无害，亦非理想上乘之选。

中国人于艺术、文学中皆鄙言"匠"，匠则是一专业小技而已。然中国人又言天匠，言化匠，言哲匠，言大匠。可见匠非可鄙。人群中有专擅一技以为匠者，亦有本此一技以上通乎天地造化，下通乎人伦大道以为匠者。仅以匠为专业，斯为小匠。由匠而进乎道，斯成天工大匠，何复可鄙。今若把人群中宗教、哲学、文学、艺术一一专业化，皆使成一专家小匠，如各滴水皆从同一泉源出，而分散横溢，不成大流，则其涸可立而待。必当使各滴水从同一泉源出，而仍然汇成一大流，不论宗教、哲学、文学、艺术，各各成为通人大匠，而后此一大流乃可安然以达于海。中国文化学术主要传统精神之所寄望者乃在此。

九

文学、艺术既必归于道，则必更重有共通性与传统性，其间乃有一时间性，非可自我作古，由我一人而有此创造。古人已有此技，既已传之人而垂于今，斯即其技中有道之存在。我学其技，主要即在学此技中之道。惟其谓之是道，即当通之人人，非可专属之于我。故人之学一技，首贵能“忘我”，而惟技之重。但其学而成，则终是成于我，非可谓是成于人。故中国文化学术之传统精神，乃贵能从“忘我”中获成其“我”，而终亦不自认其为我，乃始得之。

孟子曰：“大匠能与人以规矩，不能与人以巧。”规矩即此技中之道也。惟规矩乃有其共通性与传统性。使我学为一匠人，则必遵守前人规矩，不得轻肆己巧。贵能从前人规矩中获得己巧。遵守前人规矩者乃是我，但我既已没入此规矩中，使我心与此规矩相通合一，乃若不复有我之存在，此即是一种忘我、无我境界。然此规矩，则并不排除我于外。我遵守学习此规矩，既久且熟，乃于规矩中生巧，此巧则属于我，不属于规矩。然我此巧，亦终非违背了前人之规矩。“规矩”乃是一种“道德精神”，“巧”则是一种“艺术精神”。两者相通而合一，既非“有人无我”，亦非“有我无人”。

今亦可谓规矩乃属于天地大自然，惟天地大自然有此规矩，而并不拒绝人之各自有其巧。更进一层言之，亦可谓在天地大自然之中，实亦并不见有如人类之所想象，有此真方真圆之规矩之存在。规矩方圆，其实已属在人文界中所形成。亦可说：规矩形成，已即是人类之大巧。惟在人群中，既先有大巧，成此规矩在前，自不能谓更无大巧，继起续创规矩在后。惟人类更伟大之聪明，则在不认由人类中有某几人之巧能创造此规矩，而必认在天造地设之规矩中，而始有人之不断之巧之出现。中国文化学术传统，则更重视此一分辨。故每一成就，决不归之于某某专家私人之所创，而必纳之于有一共同范畴之通学。故重道尤甚于重技，即不许人之各肆其小巧。

再论艺术与文学，亦都该要规矩。此规矩亦称“法”。如钟繇、王羲之书，即称钟、王之书法。然在未有钟、王以前已有书，亦已有法。如史籀有史籀之书法，李斯有李斯之书法。后人意欲成为一书家，则必模仿前代名家之书法。但如唐代有褚、虞、颜、柳，宋代有苏、黄、米、蔡，在书中亦各自名家，亦各自有法。即各家有各家之巧妙。但认此巧妙终不背于传统的法与规矩。巧妙只出于各家之私与专，而规矩法度，则成为此道之通与公。文学亦然。如唐代诗家，李白之外不害有杜甫。古文家韩愈之外不害有柳宗元。但不论李、杜、韩、柳，皆必学于古，皆必从于古人传习的一套规矩。如是说之，则在艺术与文学之自身亦皆有一“道”，此即说自古到今之艺术、文学，皆必有一条共同遵行之路。走在此一条共同遵行之大路上者才始得各自成家。虽说各家有其巧妙不同，而其守规矩而遵大道之共同条件，则并无二致。而其更高更深一层，则又必于艺术、文学之本身之外，尚有一共同遵行之“大道”。

但此亦只似中国人想法，西方人似乎不如此。西方人似乎更重视各自之巧妙，而不太重视在各家巧妙以上之共同规矩。就我上论，即是西方人似乎看重了艺术与文学之属于“技”的一层，而在技之上之更有“道”的一层，则颇不为西方所重视。此乃西方人重专家更胜于重通人之一风气之所由来。

再就中国人对于“学”的一观念看，中国人认为学所以学为人，此一观念甚重要。故中国人重其人，更重于其人之所学，西方人则似乎重其学，更重于其学者之为人。余尝谓中国人似乎认为须其人先具备了文学家条件，乃始得有其理想的文学作品。而西方人则似乎认为因他有了文学作品即成为一文学家。亦可谓中国人认为要先象样作此人，乃始成此学。西方人则似乎认为成学之前并无先做人的特种条件之存在。因此西方人看重在学，重在所学之各别分异处。中国人看重在人，重在其做人之共通合一处。中国人认为，一切学，皆从人之性灵来，人之性灵，出于天地大自然，故必该有其共通合一处。当然其所学亦尽可有分别各异，但仍当还向其共通合一处作归宿。再言之，既言为人之道，则不该有了自己便没有了他人，亦不该只重现代，而忽视了前代与后代。故中国人衡量学术则必重其共同性与传统性。

今论宗教、哲学、文学、艺术皆从人性中流出，而层次有不同。而近代之自然科学，则属另外一层次。自然科学之对象在于物，必因于物以为学。物既各异，而自然科学之分门别类，亦自随之而各异。在门类与门类之间，亦可以互不相通。但循此为研究，甚至如医学，根本只限于人之一身，而眼耳口鼻，胃肠肝肺，亦加分别研究，各成专家。病在身，而医家视之，则一身之内，即成千差万别。医家治病，可以只见其病，不见其身。换言之，乃是只注意其病之症象，而不注意其病之本源。故学医必先学解剖，先把人身解剖成非人身。其他一切自然科学皆如此。把天地大自然及人类社会，亦不啻一一作解剖，至于不见有此天地大自然与此人类社会，只就枝节处作研究，乃始成为一专家。

朱子《大学格物补传》，其所陈义，骤读之，若与近代自然科学精神有相似，然亦有大不同之处。朱子曰："即凡天下之物，莫不因其已知之理而益穷之，以求至乎其极。一旦豁然贯通。"此即与近代科学宗趣大异。近代科学，乃即就凡天下之物而穷之益细，益专，决不先悬一"一旦豁然贯通"之理想。朱子此一理想，亦可以庄子释之。庖丁为文惠君解牛，而悟得养生主，此即因一物之理而益穷之，而循至于其他之理之一旦豁然贯通也。

故中国人所重，乃在整体中寻求此一物之理，乃使此一物之理之能贯通于整体。非此亦不得成为理。中国人之为人理想，亦贵在群体中为人，贵由各一人之私而通于人类之全整体，非贵其能外于人之全整体而为人。则亦不能外于全整体而为学。今若由人人各各分别为学，分别为人，则人道日歧，学亦无当。当前人类，其所由仍得成为一体者，积极乃因功利之诱引，消极则为法律之制裁，但此皆非出于人性之本然。人既违其性以为人，乃竞呼自由、解放。人类所最不自由者，即在功利、法律之约束其本性。若果如近人所想象之自由、解放，乃欲违于本性以求自由，则群将不群，而人亦迷失其所以为人矣。

中国人因于人文传统中各项学术距离共通人性本源有层次之不同，而分别其阶级。孔门四科，一曰德行，二与三曰言语、政事，四曰文学。后世所谓文学艺术乃及种种自然科学，其在孔门，当归入“文学”一科中，宗教与哲学之在孔门，则当归入“德行”一科中。惟孔门之德行，必兼“学”与“行”而相通合一以成。后人又分学、行而为二。则专学不成德，专行亦不足以成德，专以德行为学而不兼此下言语、政事、文学之三科而通之，亦不足以成德。如专学在宗教，就孔门意义言，宜不足以胜传道之任。专学在哲学，亦不足以胜明道之任。道则必兼技，德则必兼行，形上必兼形下，贯通必兼专别。

兹再分言之。德行可以小我个己为本，言语、政事则必以大群为本，而文学则又必兼往古前世以为本。故孔门四科先德行，次言语、政事，最后始为文学。反而言之，文学必当能应用在言语、政事上，而言语、政事，又必归本于小我个己之德行上。此一为学之大系统，能胜其任者，应在通人，不在专家。今人乃群目政治外交为专家之业，果以孔门理想言，其人当上通德行，先知个我小己所以为人之道。又当下通文学，即往古前世一切嘉言懿行，历史文化之传统，乃及天地间万物之共通原则。必期其人先知自然与人文之大纲宗所在，然后始能为一理想从政者。《大学》举格物、致知、诚意、正心、修身、齐家、治国、平天下八条目，而在平天下一条目下乃曰："断断兮无他技，人之有技，若己有之。"因治平乃是人类整全体一大道，断非某几个少数人之一专业。今人乃视此等人类公共大事，谓皆可由专家之学作为一专业来处理，一若其事，亦犹人之治稼穑、医药然，可以从人类共通大道中分别划出，则其人之为政，乃可以上不知有德行，下不知有文学，则其政果将为何等之政乎？

一〇

中国古人言“天地君亲师”。又曰，“作之君，作之师。”君管“治统”，师管“道统”。君之与师，皆必由通学为通人，始能胜其任。又且君道必通于师道，师道亦必通于君道。中国古代历史上有文王、周公，是即以君道通师道者。孔子、孟子，则是以师道通君道者。自汉以下，五经之学，定为百官群僚从政之阶梯，五经即中国传统中之通学也。宋、元以下，又增之以四书。百官从政，必先通四书以及五经，斯即不通德行、文学，即不足以从政。惟国君一位定为世袭，然自其为太子，及其登极为君，皆有学。其学亦与百官群僚所得以从政之所学同。五经、四书皆不得谓其是一套政治学，而乃人人学为人之通学，而为君为相者，亦无以异之。法家者流，如申不害、韩非书，乃始视为君为专业，其所主乃是技而非道，为后代学人所鄙视。在西方若惟宗教，乃为人人之通学，然耶稣已言，凯撒之事由凯撒去管，则已排除政事在宗教之外。故不仅政治成为一专业，即宗教亦成为一专业，皆有专学，由专家为之。专家日旺，通人日衰，则诚人道一大可忧叹之点也。

今日西方之民主政治，一国政治元首，皆由民选。然多数民众既不属专家，亦不属通人。则多数亦何遽可信。最多可以防弊，然不足以兴利。且其如宗教、哲学、文学、艺术乃及各部门自然科学家，皆须由学术培养，不由选举。何以一国政治元首，独必由选举。而自元首以下之从政人才，皆出专家。此等人皆是各擅一技，未闻其共认一道。是则人人各擅一项技巧，乃至于奇技淫巧，互不相通，其弊可知。其所以犹得相处以共成一政府，主要乃在法律，不关德行。固亦有不世出之领袖，崛起其间，然如西方上古希腊马其顿之亚历山大，罗马之凯撒，近代法国之拿破仑，德国之希脱勒，为大群祸福所系，然皆出于天纵，非由教养。人类若漫不以教养领袖为事，所争乃曰个人自由。其对领袖则惟以法律钳制为能事。中国传统文化，则重道义教养，更要为君、师之道，君、师得其教养，则人群共通有自由。不争共通自由而争个人自由，则所重仍在个别之专，不在共同之通。不知一通可以容百专，百专不能成一通。专愈细，斯通愈室。群道之坏端在此。

今论人性有异复有同，有同亦复有异。从其异而教之，则成专家专业。从其同而教之，则为通德通人。人人各具一专业，其事易，专业中出一专家，其事难。人人各具一通德，其事易。而在通德中成一通人，事则更难。慈孝乃家庭中通德，然慈父孝子，未必皆为一通人。必如舜与周公之大孝，乃得为通人。在专家专业中而使各备通德，其事亦易，求于专家专业中而出一通人，事则更难。如舜之为君，在其朝廷中，契司教，稷司稼，禹司治水，皋陶司刑，夔司乐，皆以专业而为通人，斯始为一至高无上之理想政府。中国古代诚有此政府否，可勿遽论。要之中国古人确已有此一理想，则证之《尚书·尧典》之篇而可知。

中国自秦以下，常有一大一统政府，如汉高祖刘邦，明太祖朱元璋，皆崛起草野，出自天纵。然相从创业者，如萧何、张良、刘基、宋濂之徒，皆不得谓其绝不知“政道合一”之传统大义。他如东汉光武帝，唐太宗，其于传统政道合一之大义，则必更多所闻。其守成之君，如西汉文帝、宣帝，东汉明帝、章帝，唐宪宗，宋仁宗、神宗，南宋孝宗，乃至如满清以异族入主，慕效汉化，如康熙，皆能黾勉于政道合一之大义。至于政府百官，上自宰相，下至乡邑小吏，能上备德行，下通文学，确符于历古相传政道合一的理想。政府下之卿僚人选，在一部二十五史中，几乎每代每朝，中外上下，每处皆有。固不能谓自秦以下之中国传统政治，已足当此政道合一之大理想而无愧。

要之能绵延两千年，一体相承，广土众民，凝而不涣，久而益坚。较之并世其他民族，专就政治成绩言，其恢宏安定之成就，殆无可匹。斯固不得不谓其乃由重合不重分，重通不重专，得自政道合一之理想之所赐。

中国传统政治理想，治国以上有平天下。世界大同本于人道之相通。将使"天下如一家，中国如一人"。此为中国政治理想之极致。

西方人视政治，亦如一技，似不认其是一道。希腊哲人柏拉图著《理想国》一书，全国受"哲人王"统治。其下民众，一脱母胎，即归公育，不得有家庭父母之私。各就性近，加之教养，或农或工，或兵或商，全经指定。毕生各专一职，绝不能有丝毫之自由。此等理想，其视政治为一技，抑为一道，抑为技而进乎道，由中国人观念读其书，自感其格格不相入。纵认其亦是一道，然只可谓是专在"政道"。有"政道"，无"人道"。政治与人生，仍见其分，不见其合。亦幸而其书终为一"乌托邦"，一悬空之理想，未能实施。然尚不断为西方人所想慕。果使其书理想一旦实现，此一哲人王，较之近代莫索里尼、希脱勒、列宁、史太林，惨酷暴烈，殆远过无不及，在罗马时代有教育家昆提连，主张培养政治人才，先从语言教育，使成为一大演说家，是亦一种专门技术而已。近代西方政治，率重宣传，重说服，重视大会演说与公开辩论。然不问其宣传演说之固是一技、抑是一道乎！是政治仍是一专家专业，一入政治，便当遵循政治一条路上前进。人生中各业各条路，分划得太清楚，故近代西方之大学制度，分院分系分课，各尚专攻，其势将只见专家，不遇通人。尽成小道，更无大道。惟有宗教信仰死后上天堂，始是共通人生大道，而又不幸上帝迷失，并此死后一条共通大道而亦将失其存在。今日之西方社会，岂不如是？

依中国人观念，一切人事皆各有道，而尤贵有一宏通之大道。故曰“人能弘道”。可见道由人立。又曰有“三达道”。又曰“大哉圣人之道”。惟圣人之道，乃可通于人人以为道。庄子曰：“曲士不足以语道。”今日之所谓专家，自庄子言之，亦一“曲士”。惟《中庸》则曰“致曲”。人生各有一曲，惟贵能推致其曲，以成“大方之家”，斯专家亦为通人矣。故依中国儒家观念，专家非不可贵，但必期专家进而为通人，非欲毁专家而求通人。故孔子曰：“执御乎，执射乎，我执御矣。”御之为技，视射为尤下。执御、执射，各守一专门之业，斯亦人道之常。惟求其相互间之通。道家尊天抑人，惟恐人道展衍而害天道，惟恐其由专而害通，故于人道常持悲观消极态度。儒家则主本于天道以展衍出人道，又复本于人道以参赞于天道，故于人道持积极乐观态度。此为儒、道两家之所分。而儒家之道，则终于中国传统占优势。居今日而言世道隆替，此一辨，似不当不加以深切之讨论也。

（一九七六年一月《中华学报》三卷一期）

八　泛论学术与师道

一

今天讲题是“泛论学术与师道”，且先讲有关学问之道与术。

“道”、“术”二字联用，乃是同义词，犹云路。《庄子·天下篇》有云：“古之所谓道术者”，又曰：“道术将为天下裂”，皆指学问行为言，此即合用之例。若分别用，则义训有别。道指义理，术训方法。凡有关从事学问之方向，及其所应到达之目标等，应属“道”，即凡论该做何等样学问，或论学问之意义与价值等，皆属之。但依此方向，达此目标，亦非简单一步可冀。此中尽有层次、步骤、曲折、艰难，此属方法问题，是即学问之“术”。简言之，该做何等学问是道，应如何去做是术。

道，试举一浅显之例，如明王阳明先生幼年读书，塾师勉其为第一等人。问：“何为第一等人？”塾师答以应科举，中状元。阳明答谓恐做圣贤始是第一等。此所辩论即属道。但如何去应举中状元，如何去做一圣人，亦必有方法与步骤，是即所谓术。可见道固当重，术亦不可轻。凡属讨论或指导学问，最高应是道、术兼尽。其次不免各有偏倚，或偏道，或偏术。

自古论学，惟孔子能道、术兼尽，孟、荀以下，便不免各有偏重。孟子似偏重道，荀子似偏重术。我们若根据此一看法，来寻求古人讨论或指点学问之异同，何者偏于道？何者偏于术？分别而观，必能使我们对治学门路，有更深之了解。

二

何以谓孔子教人能道术兼尽？试举《论语》为例：颜渊喟然叹曰："仰之弥高，钻之弥坚，瞻之在前，忽焉在后。"此四句即指道。颜渊自述所了解于孔子之道者，亦可谓即颜渊所了解于孔子之为人与其学者。下云："夫子循循然善诱人，博我以文，约我以礼。"此三句乃指术。"循循善诱"乃是依着层次、步骤、浅深、曲折来教人。"博我以文，约我以礼。"具体讲，亦属总括讲。孔门以六艺教人，凡见之于文字、书籍，或社会、行事、政治、礼乐各方面者，皆文一方面事。礼，体也，履也，指躬行实践。学问是一大体、一客观体，做学问必求能落实到学者个人方面来，此即约我以礼也。此下又云："欲罢不能，既竭吾才，如有所立卓尔。"所谓所立卓尔者，即指孔子之道，亦可谓指孔子之学与人。下又云："虽欲从之，末由也已。"此又指术。

颜渊说：已虽欲罢而不能，然心力已尽，本领已穷，而孔子之为人与其学，仍似卓立在前，可望而不可即。此见孔子之道之高，颜渊欲从末由，无法再前。孔子弟子惟颜渊对孔子之教体悟为最深，故此番述说亦最亲切。吾人即据颜渊此章，可证孔子教人乃是道、术兼尽者。

惟其孔子教人能道、术兼尽，故能因材设教，使各有入门，各有成就。试观孔门弟子问仁、问孝、问政、问学，所问同，而孔子所答各不同，此即孔子循循善诱之一例。又孔门有德行、言语、政事、文学四科。孔门弟子各因材性所近，分科成才，此见孔子之道大，而又能善尽其教人之术，故其成就有如此。四科中，文学、政事、言语皆易见，惟德行一科最难讲。此非不能文学、不能政事、言语，而独成为德行之一科。德行应是学问中一最高境界，应能会通此三科而又超而上之。颜渊为德行之首，后人称颜渊于孔子“具体而微”。此言颜渊与孔子仅是份量上不同，而非体质上有别。正犹如阳明所云同是黄金，成色相同，而仅是轻重不同而已。

然则孔子纵善教，孔子门下则更未能再有一孔子，无怪子贡要说孔子“犹如天之不可阶而升矣”。但子贡之赞孔子，终不如上引颜渊“喟然”一章之亲切。孔子亦自云：“下学而上达，知我者其天乎！”当知孔子仍由下学，下学即是“术”，上达乃是“道”。欲求上达，必自下学。而从事下学，必求上达。如此始是道、术兼尽，方可到达最高境界。下学开始，应是人人可同。上达之极，始是各有境界。下学是尽人事，上达是尽天赋。

人事已竭，而天不可几，此亦无法。故子贡又说孔子“固天纵之将圣”。然则我们从事学问，纵不能尽求如孔子之上达于道，却不能不依循孔子所教之术而下学，庶期能各有所至，其义至显。我们若依此观点去读《论语》，即可明孔子教人之道、术兼尽处。

《中庸》云：“行远必自迩，登高必自卑。”行远、登高是目标，属于道。自迩、自卑则是方法，属于术。《中庸》又云：“君子之道，费而隐。夫妇之愚，可以与知焉。及其至也，虽圣人亦有所不知焉。夫妇之不肖，可以能行焉。及其至也，虽圣人亦有所不能焉。”此处正是说明下学尽人可同，上达则止境难求。从事学问，当从最卑、最近处，一夫一妇可知可行处入门下手。若论最高境界，即圣人亦有所不知不能，在我们则只有“虽不能至，心向往之”而已。

三

现在讲到孟子。孟子教人，似乎偏重在道，而不免忽略于术。孟子有云：“耳目之官，不思而蔽于物。物交物，则引之而已矣。心之官则思，思则得之，不思则不得也。”此等处，似乎只在原理上讲，只教人去思，却不教人如何思。孟子又曰：“此天之所与我者，先立乎其大者，则其小者弗能夺也，此为大人而已矣。”此亦从原理上讲。但如何先立其大，孟子亦不详说。

孟子又云：“人皆可以为尧、舜。”为尧、舜自然是学问之道已到了最高处。但孟子又云："力不能胜一匹雏，则为无力人矣。今曰举百钧，则为有力人矣。然则举乌获之任，是亦为乌获而已矣。夫人岂以不胜为患哉？弗为耳。徐行后长者谓之弟，疾行先长者谓之不弟，夫徐行者，岂人所不能哉？所不为也。"孟子以非不能乃不为责备人。此种责备，在原则上讲，当然叫人只有俯首接受。但若真依孟子言去做，直从徐行后长者做到尧、舜境界，那一段路程，却并不简单，中间大有步骤、层次、曲折、艰难。固不能因有步骤、层次、曲折、艰难，便谓孟子话错了。

其实孟子话并不错，仍只是《中庸》"行远自迩，登高自卑"之意。孟子只鼓舞人向前。"行千里者，起于足下。"近自足下，岂不可远达千里？然又有说"行百里者半九十"，此话也不错。上引颜渊"喟然"一章，正因那后面十里极难走，故有终不能达者。可知上一句是论道，就原理言。下一句是辨术，就事实言。既是各有所指，我们大可不必在此上起争辩，主要应予分别的了解。

孟子又云："道若大路然，岂难知哉？人病不求耳。子归而求之，有余师。"孟子教人回家靠自己，不必出外求师。此语也不错。试问：此世若无孔、孟，难道便成无人、无道了吗？陆象山也曾说："尧、舜以前曾读何书来？"此语也不错。可是我们不能专听孟子、象山说，便不去从师读书。

孟子又云："弈之为数，小数也；不专心致志，则不得也。弈秋，通国之善弈者也。使弈秋诲二人弈，其一人专心致志，惟弈秋之为听。一人虽听之，一心以为有鸿鹄将至，思援弓缴而射之。虽与之俱学，弗若之矣。为是其智弗若与？曰：非然也。”孟子责备人不要一心以为有鸿鹄将至，孟子鼓励人该专心致志，此并不错。但即论弈道，虽遇国手传授，虽尽专心致志，其人却不必即成国手，此亦是事实。孟子又云：“有为者譬若掘井，掘井九仞而不及泉，犹为弃井也。”掘井必须掘到泉，做人则必须为尧、舜。孟子高悬此一目标，教人要立志、有勇气、坚决向前。孟子教人，可谓句句鞭辟入里。但若与孔子《论语》中教人语相比，终似多讲在高处。

孟子又云：“君子深造之以道，欲其自得之也。自得之，则居之安。居之安，则资之深。资之深，则取之左右逢其原。故君子欲其自得之也。”道要我们自得，此语颠扑不破。纵有名师，仍待自得，做学问永远不能舍却“自得”而有得。可是如何而能有自得，此一境界却仍有步骤、层次、曲折、艰难，孟子在此处也似不曾细讲。

孟子弟子公孙丑尝问：“道则高矣、美矣，宜若登天然，似不可及也。何不使彼为可几及，而日孳孳也？”公孙丑此问，正盼孟子肯俯就学者，循循善诱之意。但孟子则答曰：“大匠不为拙工改废绳墨，羿不为拙射变其彀率。君子引而不发，跃如也。中道而立，能者从之。”此谓不因学者之不能，而改变教者之原则与标准。君子立在大道上，能从者自来。故孟子又说：“梓匠轮舆，能与人规矩，不能使人巧。”规矩是道，教者只指示人此道。至于如何能成方圆，必有巧，此即所谓术，则是学者自己的事。故孟子又云："大匠诲人，必以规矩。学者亦必以规矩。"此皆孟子教人偏重道、不及术之证。孟子只从最先立志上，最后标准上，提撕激励。至于中间一段应有之层次步骤、方法技巧，孟子不甚多及。孟子只教人向前，要人自得。孟子重在原理原则上提撕激励人，可使百世之下闻者兴起。

宋人叶水心评孟子，谓其："开德广，语治骤。"此语亦有理。所谓开德广，如孟子语"齐王好色、好货"之类。所谓语治骤，如孟子谓"不嗜杀人，可以一天下"之类。秦、楚之坚甲利兵，在孟子意想中，似乎摧之甚易。但此中亦尽有曲折、步骤，孟子则略而不论。故公孙丑谓其高矣、美矣，而若登天之不可及也。

四

现再讲荀子。韩昌黎有言："孟子醇乎其醇，荀子大醇而小疵。"荀子论道，实未能如孟子之高明。但荀子在论学问之"术"处，却多可取。《论语》开首"学而时习之"一章，此乃指示人以一生治学之三阶段。荀子首篇即为《劝学》，亦有许多指导人做学问、关于方法方面的话。孟子首章"何必曰利，亦有仁义而已矣"，则专在"道"上讲。《论》、《孟》、《荀》三书篇章次第，固由后人编集，但由此亦可窥三家讲学，确有不同。

孟子距杨、墨，只说："杨氏为我，是无君也。墨氏兼爱，是无父也。无父无君，是禽兽也。……杨、墨之道不息，孔子之道不着。是邪说诬民，充塞仁义也。仁义充塞，则率兽食人。人将相食，吾为此惧。……我亦欲正人心，息邪说，距诐行，放淫辞。……予岂好辩哉？予不得已也。能言距杨、墨者，圣人之徒也。”其语爽朗高越，正是泰山岩岩气象。但《荀子·解蔽篇》批评当时各家学问，一一指出其病在何处，病从何来，所论极深刻细密。从儒家立场言，荀子为功亦不小。又如《荀子》有《议兵篇》，将当时各国军事利病，作一番详细的分析与比较，当下可以指示人一种整军经武之入门下手处。又有《富国篇》，所论委析，亦非如孟子所谓：“五亩之宅，树之以桑，五十者可以衣帛矣。鸡豚狗彘之畜，无失其时，七十者可以食肉矣。百亩之田，勿夺其时，八口之家可以无饥矣。”那样的简单。

我们似乎可以说，孟子所讲只重在基本工夫与最高目标上，而忽略了中间之步骤与曲折。而荀子所长，则正在此中间一段。学问途径甚遥，曲折甚多，中间一段亦不可不注意。但若只在方法上用心，只逗留在那中间一段，而使基址渐圮，目标昧失，为病正是不小。惟荀子论学，究亦有其长处，则不可不知。

孟子弟子为后世知名者，除公孙丑、万章数人外，几无高手。但荀子门下则成材甚多。汉儒传《经》，渊源多自荀子。似乎孟子讲话甚高，但其弟子在学问上不见有切实立足点。因此孟子之功，在激发人，在大处立高论，在“先立乎其大者”，在能以颜渊所叹“如有所立卓尔”之一番精神境界，明白揭示。孟子之有功于学术界，在远处大处。而荀子则似卑之无甚高论，但亦有其贡献，不能一笔抹杀。

在《周官》书中，本有“师”“儒”之分。今若比读孟、荀两家书，孟子显以“师道”自尊，而荀子则以“儒术”自负。若就后代人观念言，孟子可谓是一“人师”，而荀子则只是一“经师”。后人所谓“经师易得，人师难求”。似乎人师更可贵。依照孟子一路，能提出一篇大道理，讲到“虽不识一字，亦可堂堂地做一人”，此是人师标的。但大道理固该讲，读书为学，切实方法亦不该忽。即如我们从师求学，所从岂不多是经师，所求亦只在方法上。教你如何识字，如何读书，把这些文字书本学问曲折，一代代传下，此事终不可废。亦可谓，孟子教人偏重在“做人”，而荀子教人则偏重在“做学问”。此后历代大师指导人，便未免依此两路各有所偏。要如孔子之“道、术兼尽”，则难之尤难。此层我们又不可不知。

五

两汉经学，大体渊源自荀子，虽无大义发见，然训诂、章句，使六经犹获保存，流传至于今日，其功正不可没。魏、晋清谈，所重转在讲庄、老。实则庄、老教人，亦是偏重在做人方面，故分别出“至人”、“真人”、“大人”、“神人”诸色人等，教人有一趋向。又称“绝学无忧”，读书所得，只是古人之糟粕。可见庄、老教人重做人，不重为学。做人则贵有原则，必偏重于讲道。做学问则不得不注意到细节目上去，并有层次步骤。

陶渊明曾云："读书不求甚解。"此一态度，偏在道的一面讲是对的。读书得其大意，可为做人之用。若论做学问，一字即是一字，一句即是一句，却不宜不求解。但一意逐字逐句解下，便应是经师，不得为人师。我们若从此一分别讲来，则魏、晋清谈，大体却是近在孟子一边。

六

下面谈及佛教东来。佛教本是外来的，因此与中国固有传统，有其不同处。如先秦孔、孟、庄、老，都重在教人如何做人。法家、兵家、纵横家等，则教人如何应事。讲做人，其道尚简，因在原则上应是大家一般。讲应事，其道繁，因在实际上贵乎因时因地而制宜。佛家教义既不教人做人，亦不教人应事。佛家主要乃教人"出世"。教人出世，应讲一所以应出世之道，其语则繁。至于如何出世，及出世后如何，其事则简。因此初期佛家经典翻译来中国，所重多偏在讲"道"，即讲究一所以应出世之道。此道决非片言只语可尽，因此一切经典皆极繁委详析。而初期僧人亦多注重在义解上，要究明阐释人类所以要出世之理之所在。迨至隋、唐之际，中国人自己传统精神进入佛家思想之内，而佛家内容所重亦因此有变。此下所重乃在如何成一佛。此则转变成为一种方法论，即偏在"术"的一边去。

达摩东来，言成佛有"理入"、"行入"二大法门。我将借此两语来说明中国的佛学。我认为，唐以后之佛学中国化，乃是重“行入”者。而从前之印度佛学与经典翻译，则多重于“理入”。亦可说前尚义解，后重修持。天台宗最先引发此趋向，智者大师言：“教理既明，非观行无以复性。”于是提出他的“一心三观”之主要方法，将佛家从来所讨论之“空”、“假”、“中”三派大道理会归合一。只用“观”的方法，亦兼用“止”的方法。所谓止与观只是实际修持，亦即是行入。所以说：“此乃别教之行相”，又说：“亦即圆教之行相”。

佛家本讲“戒”、“定”、“慧”。但从前所讲是由戒得定，由定得慧。“禅定”固是一种方法，但仅属次要。必待由定得慧，才能对佛法有真知解。当南北朝时，一辈义学僧人，主要在讲通佛经中理论即属于道之一边。而定则仅是一方法、一阶梯，属第二级。坐禅入定，在求得慧，必待得慧以后，才可有知解，才能理入，理入始是第一级。不幸而佛理愈讲愈繁琐，分派愈多，究竟莫衷一是。从孔子教法来讲，那时所重，只在“博学于文”，但忽略了“约之以礼”。

由天台宗开始及唐代禅宗兴起，他们乃转讲“定慧不二”。定在慧中，即慧之时定在慧；慧亦在定中，即定之时慧在定。乃有所谓“寂寂惺惺”、“惺惺寂寂”。寂寂是定，惺惺是慧。如此讲来，理入、行入，始打归一门。华严宗提出“理事不二”，其实也是此意。总而言之，是由“理”入门转向“行”入门，亦可说是由博文转向到约礼。惟禅宗对此倾向更为鲜明，而推衍所及，学佛人竟可不读佛经，不必打坐入定，只须“见性”

即得。此在佛家经典中亦有依据，如《涅槃经》云："一切众生皆有佛性。"《法华经》云："一切众生悉皆成佛。"佛经到中国人手里，尽削枝叶，独寻根本，认为只凭此两语即得。

若问如何见性？则"直指人心"即是。六祖以下之禅宗，主要只是要见性，乃由"静定禅"转入"见性禅"。不论坐与不坐，动静合一，知行双修。行、住、坐、卧，语、默、动、静都是禅，皆可于此见性。于是"平常心"即是道，只求在日用光中物物头头上现前而无间隙。此岂不即是华严之"事事无碍"，主要则在自己一心善观即得。如此一来，遂为佛法开了无穷法门。

因此说佛教到了天台、禅、华严三宗，即已着重在修持及方法方面。而禅宗，则达到了运用方法之极巅。其后禅、净合流，方法归于简化，要之是行入。若远溯到达摩，则达摩实主苦行，并不主顿悟。六祖种种说法，还应上溯到竺道生。定、慧齐修，止、观双运，此是中国传统进入了佛学。故禅宗有些处极近孟子。但孟子所讲重在"道"，而禅宗所讲重在"术"，此则其不同。

七

今就上述，再开放一步略说之。似乎中国人讲道，因其贵"同"贵"常"，故若无多话可说。而中国人讲术，讲方法，实较西方人为细密。此处所谓西方，可兼指印度与近代西方言。

即举经济学为例，西欧经济思想如亚当·斯密之《原富》，主张“自由经济”。马克思之《资本论》，主张“阶级斗争”。皆在理论处即论道方面用力。一到实际践行方面，反而简单。而在中国，则向无专门之经济学及经济学家，造不出一套繁复详密之经济理论。在中国人看来，若讲理论，简单几句话即可。实际方面，则须因时因地，斟情酌理，变动不居，决非几句话可了。此亦是中西文化一不同点。

佛学从印度东来，亦如西欧般，理论繁而实行简。禅宗虽若繁变，其实亦是无多话可说。主要在予人一“巧”，使人得“悟”。“棒喝”与“参话头”等等，皆重在行为上教人悟入。其实这些多属方法，无甚义理可讲。故说南北朝佛学是理入，唐代禅宗以下是行入。因此佛教自印度东来，讲道则细密，讲实践则易简。在此处，正与中国传统相反。于是佛教遂称为“教”，而禅宗则称为“宗”，谓之“教外别传”。“教”则必在理论上成一系统，思想细密，逐步深入，逐步开展。若言“宗”，则只跟随一人，从之修入，此一人即是禅宗祖师，所宗即宗此祖师。如此岂不变成依人不依法？我们必明白得此一层，方可讲到此下宋人之“理学”。

八

宋代理学即承禅宗来，但宋代理学明是中国传统。论宋儒思想入微，应自程明道始。明道讲学直指内心，近似孟子。其

《识仁篇》云："学者须先识仁，……识得此理，以诚敬存之而已。"整个作圣成贤之大道，由明道说来，只此两句已尽。又云："此理至约，惟患不能守。"又续云："既能体之而乐，亦不患不能守也。"此正是孟子"是不为也，非不能也"之真传统。但究竟如何样去识仁？明道并未细言，只说"《西铭》备言此体。只以此意存之，更有何事？"故从学于明道者，多只授读《大学》与《西铭》两篇，其易简可知。

其后朱子与吕东莱合撰《近思录》，不收明道之《识仁篇》。朱子以为此篇乃"地位高者之事"。朱子只承认："诚敬存之四字，自是中道而立。"当知诚敬存之已近术一边，故朱子特取此四字。但朱子又说："诚敬为力，乃是无着力处。"则朱子对于明道之《识仁篇》，到底未感满意。主要应在嫌其对方法方面太疏了。故朱子又云："明道说话浑沦，然太高，学者难看。程门高弟如谢上蔡、游定夫、杨龟山等，下梢皆逃入禅学去。必是程先生当初说得高了，他们只睥见上一截，少下面着实工夫，故流弊如此。"可见朱子批评明道，正在其说话尽高，而少下面着实工夫。就本篇讲演之用语，亦可谓明道所讲重在"道"，而所缺则在"术"。故我谓明道近孟子，亦由此着眼。

但上面说过，宋儒理学承禅宗来，又说禅宗偏在术，此刻何以又谓明道所缺正在术？此亦有说。应知禅宗所讲乃在出世成佛。理学家不主张出世，要在世做圣人，做一淑世之圣人，则自然在方法上更宜有一套落实入细之处。所以朱子要批评明道说话少下面着实工夫了。后来黄梨洲说："引而不发，以俟能者。若必鱼筌兔迹，以俟学人，则匠羿有时而改变绳墨彀率矣。朱子得力于伊川，故于明道之学，未必尽其传。”此处可见偏道偏术，双方确有异同。

近人喜把西方哲学来治宋儒之理学，但西方哲学重批判、重逻辑、重思辩、重理智，正是繁在理论方面，而极少谈实践工夫。此则与明道、朱子均不合。故知中国人讲学，有些处究不宜与西方哲学同类等视。

近人又每说：“大胆假设，小心求证。”认为此是科学方法。亦有人说假设不必要大胆，而求证当然宜小心。其实一科学家提出假设，乃是其科学修养已到高深处始能。上面讲过：“行百步者半九十。”在科学上能提出一假设，譬之是已行了九十步，而后才有此能力。哪里能一开始即从假设入门。若由假设入门，则必为科学一门外汉，尽有假设，无法求证。此等假设，亦只是门外之假设而已。此是说近人论学亦有重视方法，而却未得真方法。因此其流弊亦不浅。但却不能因噎废食，即谓从事学问不必有方法。

明道又云：“圣人千言万语，只须收回已放之心，约之使反复入身来，自能寻向上去，下学而上达也。自洒扫应对上，便到了圣人事。洒扫应对，便是形而上者，理无大小故也。”此一番话，极似禅宗，亦可谓即是孟子“徐行后长者，可以为尧、舜”之说之嫡传。由做人言，自可有此理，但不必有此事。若偏向实践方面，如论政事、语言、文学，以及修、齐、治、平，种种事为，皆须专门知识、实际措施，岂能如此简易，一语括尽。程子以“理无大小”四字，把一切人事全涵盖了，谓“洒扫应对，即是下学上达”。固不能说他话错了。但朱子年轻时，在延平山中即尝为此一番话深思，彻夜不寐，静听杜鹃啼。此后朱子并屡在此问题上思索，自言每听杜鹃啼，即回忆到往年延平山中深夜情况。朱子对明道此一番话，似乎也不十分信受。这正如说从二加二等于四直寻上去，便可到爱因斯坦之相对论。此语亦无可批评，但中间许多层次、步骤、艰难、曲折，终是缺了。若一一要人去自得，谓自能寻向上去，此事谈何容易。

程子又云：“大抵学不求而自得者，乃自得也。有安排布置者，皆非自得。”此处提“自得”二字，也是孟子传统。但要不求而自得，又要没有安排布置，此又教人无着力处。程子又说：“吾学虽有所受授，天理二字却是自家体贴出来。”此亦仍是说自得。学问能由自心体贴出天理，此在宋儒言，可谓已是登峰造极。但明道这些话终似太高，没有明白指示人着力处。

其弟伊川说话则颇想兼顾及两面，他说：“涵养须用敬，进学则在致知。”此两语，为后来又另辟了一条新路。伊川在教人致知上，曾说了许多话。朱子格物穷理之教，即承伊川来。故朱子说：“明道宏大，伊川亲切。”宏大指其论道，亲切则指其辨术。但陆象山则只佩服明道，对伊川颇有异议。这里便见朱、陆之异同。

九

现在讲到朱子。朱子做学问似乎有意要能“道、术兼尽”。朱子并重二程，即见其欲道术兼尽之意。朱子论道有甚多处承续二程，但其指示人从事学问之方法方面，即在学问之术的一面，似乎较伊川更详细、更亲切。象山自言其学谓：“乃读《孟子》而自得之。”又主张孟子之“先立乎其大”。所谓读《孟子》而自得之，显然更重在“自得”。读《孟子》只是教人自得一方便法门。朱子则教人如何穷经、论史、学文，如何读书穷理，几乎细大不捐，直可谓他教人之话嫌过多了。故说陆偏于“尊德性”，朱偏于“道问学”。朱子弟子陈北溪尝云：“先生平日教人，尊德性、道问学固不偏废，而着力处，却多在道问学上。”亦可谓尊德性是约之以礼，道问学是博学于文。尊德性是宗旨、是道，道问学是方法、是术。在孔子教法之下，朱、陆像是各偏在一边，而朱子则比较能兼顾到两边。

当时二程不尚著书，伊川尚有一部《易传》，明道除上举《识仁篇》外，几乎连整篇文字也少见。如其《定性书》，则只是一信札，其余尽是些语录。朱子年轻时师事李延平。延平亦系二程传统，平日屏居山间，不著书，不作文，好像一田夫野老。终日无疾言遽色，正襟危坐，而神采精明。寻常人去近处必徐行，出远处行稍急。延平无远近皆从容缓步，安详不变。延平常教人默坐澄心。大抵二程传统，还是承袭明道多过承袭伊川，自谢上蔡、杨龟山下迄李延平皆是。朱子初对李延平极表敬佩，后来却认为没有关着门不做事的圣人，乃云："李先生不出仕，故做得此工夫，若是仕宦，须出来理会事。"此一段话，乃朱子学问之大转变处。亦可说，若要理会事，则不得看轻了知识。要多知识，则不得不博学于文。不能把"理无大小"四字包括净尽。朱子后来成就后学最多，其学术之流衍与展布亦极大极广，绵延亦最久。若专就这一面讲，朱子虽论道尊孟子，而论术则似近于荀子。

因此朱子虽讲格物穷理，但不似明道，不大爱讲理无大小，而多讲"理一分殊"。所谓穷理，即是穷此分殊之理。佛家主出世，不须理会事，因此重理一，不重分殊。儒家于人事贵无不尽，有修、齐、治、平种种责任，故理虽简，而行则多方。不学无术，道不虚行。一切人事都该注意，有落实用力之处。这是朱子讲学，多着力在道问学上之用意所在。

一〇

现在讲到王阳明。阳明承象山学统，与朱子路径有别。但细看阳明成学经过，在他年十五时，曾出塞逐胡儿驰射，慨然有经略四方之志，深慕建功立业，作豪杰行径。二十一岁时，志为圣贤。依朱子格物说，试格庭前竹子。历七日，卒卧病，未能格通，爽然自失，遂又转治辞章文学。二十六岁感于边警，留心武事，尽读兵家秘书。二十七岁厌倦于辞章艺能，烦闷致病，乃转谈养生。三十一岁习导引术，持守静默，一洗历年沈郁。已至可以预知之境。杂念尽消，只不能忘其祖母与父，此心一时终不能放下。阳明忽尔大悟，奋然曰："此念生自孩提，此念可去，是断灭种性矣。"明年乃又跳脱静境，重在入世功业上致力。三十七岁远谪至贵州龙场驿，备尝艰险。世间得失荣辱，至此皆已一一超脱。惟生死一念未除。遂自卧石椁中，端居静默，以求净化。忽一日豁然贯通，中夜大悟。呼跃而起，从者皆惊。自此乃提倡彼之"良知学"与其"格物致知"的新说。

后人言宋、明儒学，皆以陆、王与程、朱对立。今试观阳明成学前一番经历，岂不是今日格一物，明日格一物，一旦豁然贯通，仍是朱子《大学格物补传》之路径？阳明亦尝语其弟子云："某于此良知之说，从百死千难中得来，不得已与人一口说尽。只恐学者得之容易，把作一种光景玩弄，不落实用功，负此知耳。"阳明提倡良知，可谓是偏在道一边。但要人落实用功，则一步步脚踏实地，便须有许多层次步骤、曲折艰难，那就转上术的一边了。

我们也可以说，阳明还是博学于文、约之以礼，两面经尝的。龙场一悟，可谓是阳明之由博返约。但阳明门下，终是偏重其师龙场悟后之一段，而把阳明早年经尝之百死千难忽略了。

一一

现在讲到清儒。顾亭林提出"博学于文，行己有耻"两语。

黄梨洲则云："读书不多，无以证斯理之变化。多而不求于心，则为俗学。"他们似乎又转回身来提倡孔子博学于文之教。从博学再切就己身，即是约礼。亭林重行己，梨洲重求于心，皆是。我们亦可说亭林、梨洲皆承朱子，乃求道、术兼尽者。但此下则终不免仍偏重在一边。讲方法，略宗旨。尚博文，忽约礼。其流弊成为书本纸片上学问，有术而无道。

戴东原出，他虽为一考据大师，但他并未全忽了道的一边。他说："训诂明，而后义理明。"可见所重仍在义理。因此他著《孟子字义疏证》，专在义理方面发抒己见，可见戴氏还是懂得要由术明道。同时章实斋讲史学经世，其论学颇讲方法。而实斋所讲之治学方法，尤能不限于训诂、考据、校勘，而更求博大会通，读其《文史通义》自可见。我们若把戴、章两人作比，东原似乎还是板着面孔，有经学家气味。实斋则似更亲切，他指示的方面较广，门路亦较宽，可以让人各就自己才性所近，各自孳孳以求成业。实斋尝说，戴学承自朱子，而他自己则沿袭阳明。

其实戴、章二人之异同，就我此讲之立场言，亦可谓东原单标直指，有些近陆、王。而实斋广开门径，反而融通，较近朱子。因此我们也可以说清儒学术，实际是受朱子影响者更大。因朱子指示为学门径方法，易为多数人取法。但讲学虽不可忽略了方法，却不能以此为已足。此层则仍须再三提揭。

一二

今试再略论到最近之学术界。若就本讲思路，则可谓最近学术界乃是重于明道，而疏于辨术。即如五四以来之“打倒孔家店”、“以科学方法整理国故”、“中国本位文化”，及“全盘西化”等意见，所争皆在宗旨与目标上，所提出的尽是些理论，亦可说其所争者乃是“道”。但大家并不曾有一套方法来亲切指导人，使人注意到落实用力之一面，因此只是徒争门面，绝少内容。竟可说尽是提出意见，却无真实的学问成绩。即所谓“科学方法”，亦只是一句口号。换言之，科学方法四字亦成为一“道”。凡他所不喜欢的，都可说其不合科学方法，犹如昔人言“离经叛道”。凭此来打倒人，却很少真在此方面落实用力的。记得我在旧著《中国近三百年学术史》一书中，曾有过一段预言，说晚清以下中国学术界将会走上“新陆王学”之路上去。即是说，讲学者将只标宗旨，不用真工夫，目标纵高，却不指点人道路。甚至连自己也并无道路可循。那是近代学术界一大病。

若论近代人论学，能有亲切指点者，在前清有湘乡曾氏。近人多只目曾氏仅是一文学家。其实曾氏于教人做学问方面，主张义理、考据、辞章、经济四面兼顾，道路尽开阔。又能做人、治学并重，经师、人师，不偏倚在一边。在其《家书》、《家训》中，有不少方法指点。虽若卑之无高论，却极亲切。即如曾氏说："治学贵有恒"，"一本书必须从头到尾通体读"。此语岂不只是老生常谈，似不成为一种学术专家之指示。其实读书若不能一书从头到尾通体读，无论是讲科学方法也好，提倡本位文化也好，总之是空论，非实学。

民国以来，我认为梁任公讲学，亦尚有些亲切指点语。任公本人之学所成就，在此不多论。但彼颇有亲切近人语，可以开示后学，却并非专唱高调，讲大道理，发大意见者可比。目前学风多不喜此，不肯落实用功。尽喜讲大理论，争大道理，却不认真向学，把起码入门上路的小地方都忽略了。

任公论学，纵有粗疏处，但其对于做人治学，亦常有浅近明白之指导。即如其劝人学曾文正、王阳明便是。虽然曾治程、朱，梁主陆、王，似乎学术路径不同。但此无甚关系，要之他们所言，都还能领人走上一条路，此一影响却可甚大。我曾在所著《学篇》一书中有《近百年来诸儒论读书》一篇，讲及此层，诸位可参读。

一三

鞭策人、鼓励人、讲大话、发高论，此亦有其作用。如龚定庵所云："但开风气不为师。"开风气亦是一大事，但总得有真为人师者，无论经师、人师皆不可缺。教人治学固贵指示一大道，亦贵有方法。方法有高有低，有深有浅。有志治学，更不宜看轻其低处、浅处。近人每云："不要给人家牵着鼻子走。"我想，初学人还是应循规蹈矩，姑先让人牵着鼻子走一段，能入门上路了再说也不迟。但我并非专来讲传统，要束缚人走一条路。宋儒邵康节临终，程伊川往探之，伊川问："从此永诀，更有见告乎？"康节举两手示之。伊川曰："何谓也？"曰："面前路径须令宽，路窄则自无着身处，况能使人行也？"邵氏虽非理学中正统，但此番话极开通，并落实。人人能处处为异时异地别人留余地，这便是路径宽。须知学问乃大家公共事，非放宽路径，则一家之言，成就终有限。

就今日在座诸位言，可能有上智，但大部分恐只是中人。我们从事学问，立志固要高，但路径要亲切落实。又须知，并非只此一路。若只讲道、不辨术，一则容易有门户之见，二则不能希望有甚多人各能在一事、一职、一套学问上，各有贡献。当知学问之事，或大或小，或广或狭，皆须有门径、有方法。一条条路平放在前，非一家一派一条路所能包办，所能囊括而无遗。

今天我所讲，乃分别说明学问方面有"道"与"术"之两部分。中国人讲道尚简易，讲术却谨严。此乃中国学问之高明处。因此中国人对实际事物能活看，能圆通不固执。若懂得此意，来治中国学术史，应可另有一番新体会。

（一九六二年五月新亚研究所学术演讲，原题为《有关学问之道与术》，载《新亚生活》双周刊五卷五期。）

九 有关学问之系统

一

今天的讲题是："有关学问之系统"。所谓学问，并非将一堆零碎知识拼凑即成。只要成为一门学问，或一个人之专家之学，皆必有一系统。今且讲：什么是学问之系统，次说：如何完成一学问之系统。此下所讲，乃根据中国人之旧传统、旧观念，将中国学术史上之各项学术系统，作一扼要的叙述。然后再拿来和现代观念，即承袭自西方人对学问系统的观念作一比较。

"系统"二字亦是一新名词。若把中国传统旧观念来说，中国人常讲"体系"及"体统"。故此"系统"二字，实可用中国人常讲的一个"体"字来加以说明。我们也可说，学问成体，即指其学问系统之完成。"体"应可分为三大类：

一、自然体。中国旧讲法，有所谓金、木、水、火、土五行。但火既非体，严格言之，金、木、水、土亦均不成体，只当称之为“质”。但如矿物有结晶，此即成了体，因其有结构。近代物理学研究到原子、核子阶段，始知凡属物质，分析至最后，都确有体。但在今日之科学界则称之为“能”。此处也正合中国人旧观念，因凡体必有用，用即是能。由于上述，可说凡成一体，必有结构，也必有用、有能。至于中国人诗文画家中之山水一体，多属艺术上之一种想象体，其间寓有人的意象经营，又与自然实在体微有不同。

二、生命体。此乃自然体中之一部分。凡属生物，如植物、动物、人类，每一生命必有一体。就生物学所研究，每一生命体之结构之每一部分，则必有其特定之用与能。此种用与能，则均属于生命意义者。

三、创作体。全由人类创造所成。与自然体及生命体属于自然所创造者不同。远自石器时代以至今日，一切器物、一切机械，皆属此类。此类诸器物，亦各有结构，并亦各有其用与能。此种用与能，则皆属于人生实用者。

由于上述，“体”字应涵有两意义：一是其结构，亦称为“组织”。另一为其作用，亦称为“功能”。每一体必各有其作用，一切体之构造皆由此作用为前提，亦皆以此作用为中心。即如眼前桌、椅、电扇、电灯诸物，莫不各有作用。其所以有如此之结构者，则为显现此作用，完成此作用，故作用亦可称为属于此体内涵之意义。

二

今再论此结构与作用之来历。根据上述，可知一则来自自然，一则来自人的意志。此意志亦可称“创造意志”。如每一“生命体”之背后，即有一生命之创造意志存在，此一创造意志，即成为此体之“领导作用”，亦可称为此体之“创造原则”。如一桌、一椅，在其创始时，必有创造此桌此椅之某种意志为之发动。直至近代如火箭、人造卫星等种种新发明，其背后，亦必先有一创造意志作领导。生命体之创造，乃由生命意志作领导而渐臻于完成。此在生物学上已大体阐发，可无疑义。

至于“自然体”，由宗教家言，则一切来自上帝，上帝有此创造意志而后创造出此宇宙。此一说法可信否，且勿论。我们不妨姑如此说：在一切创造之背后则各有一意志。先有“天心”，后有“人意”。天心创造出自然与生命，生命则显是有意志者。亦可说生命本身即是一意志，由此一意志而形成此种种“体”，故生命体乃系一有计划者。

但此中亦有甚多条件限制。如做一张桌子，不能以水做，只能以木做，此即是限制。说到创造原则、领导作用，是指其积极方面言，而限制条件则指其消极方面言。人类之创造诸物，固是出于人类之智慧。但人智亦必与天工相配合，先有此创造意志，再配上自然方面之种种限制条件，方可真实形成一新体。然纵使外面一切条件具备，而无此创造意志、领导原则，则仍必无成。

三

我在上次曾讲过“有关学问之道与术”（该文题名改为《泛论学术与师道》，已收入本书。）一题，今将此讲与前讲配合，则此讲所谓之创造意志与领导原则，即约略相当于上讲中之“道”。此创造意志配合上外面种种限制条件则有所谓“术”。

学问亦是一种创作体，要学问成一系统，即应有结构，即组织。有作用，即意义。先由创造意志来作领导原则而决定其“形成计划”，此即是求学之志与为学之方。若仅在讲堂或图书馆中听讲、读书，而自己心中并没有浮现或成立一意志，此即没有了领导之原则。无原则就无方法可言。有了志向，才有方法。方法只是针对于外面种种限制条件而起，如读一书，必有许多限制条件存在。此等限制条件，一面须能避免，一面须能运用。必先打开此限制，始能有创造。故任何一门学问，一面要有组织、有意义。此原自学者之创造意志。又必配合上外在的条件限制，而后始有实际的形成计划。学问系统即由此而完成。

四

依照中国传统，应说学问有三大系统。因其创造意志有不同，故其形成计划亦不同。

第一系统是“人统”。其系统中心是一人。中国人说：“学者所以学为人也。”一切学问，主要用意在学如何做一人，如何做一理想有价值的人。此乃吾人从事学问之一种创造意志与领导原则。因此，其所成之学问，亦以如何做人为中心，为系统。换言之，即是以此学者个人自身之完成为中心为系统。此种学问之目标即在人。此种学问之结构，亦即在从事此学之人。忽略了此人，即不见此人之学问之目标与其结构。故说：此种学问，乃是以人为统者。

第二系统是“事统”。即以事业为其学问系统之中心者。此即所谓“学以致用”。人之本身，必然期有用。吾人之所以从事于学，学为人，其主要动机及其终极意义，乃在对社会人群有用，有贡献。故其所完成之学问，以人生为中心者，必连带及于事业。惟事业之范围甚广，而人之才性有异，智力有限，机缘亦别。有专于某一项或某几项事业有兴趣、有抱负，而从事于学者，遂成为学问之第二系统。因其为学之中心在事业，故亦惟就其事业，始能见其学问之大体。

第三系统是“学统”。此即以学问本身为系统者。近代中国人常讲“为学问而学问”，即属此系统。如治史学、治哲学，好像每一套学问，各有其客观的外在，在于人之完成与社会人群事业之实际应用之外，而别有此一套学问体系之存在。于是学问遂若与人与事分离而自成一系统。此与前两系统之分别，一在由人来做出此学问，而此则是学问本身超然于人之外，乃由学问而来产生出学人。但学问亦是一事业，任何一项学问之在人群社会中，亦各有其贡献。因此，第三系统在人统、事统之意义上言，则仍是一贯递下，可认为是事统之一分支。

五

上面将学问分成如是的三系统，恰与中国人一向传述的所谓:“立德、立功、立言”三不朽相呼应。有志立德，自然走上第一系统。有志立功，则走上第二系统。有志立言，以著述文章传世，则走上第三系统。

但此三系统亦只是姑为之分类而已。在中国学术史上的开始阶段，似乎中国人只看重了第一、第二系统。在中国人之观念中，似乎并不曾很早便认为有一种客观外在之学术系统之存在。

孔子尝说:“古之学者为己，今之学者为人。”由我想来，孔子说的“为己”，是指第一系统之学而言。孔子说的“为人”，是指第二系统之学而言。孔门学分四科:“德行”有颜渊、闵子骞、冉伯牛、仲弓等，此属第一系统。“言语”有宰我、子贡，“政事”有冉有、季路，此皆专注重在政治社会之实际应用上，所学必求为人用。此项学问乃似为人而有，故称之为“为人”之学。第四“文学”一科，有子游、子夏。就近代观念言，似乎此一科近于为学问而学问。但在孔门当时实无此想法，文学只是“博学于文”，在学问意义上，则只似一项准备工夫。论其究极用意，则仍还在立德或立功上。当然孔子所讲的立德，决非是一种无用之德，决非是不能为用于人。所以说：“用之则行，舍之则藏。”可见第二系统亦已包括在第一系统之内。而子路、子贡诸人，其所学问之背后，皆有一理想人格在作主。因此，儒家讲学则必然是注重在第一、第二系统者。《论语》开首第一句话即曰：“学而时习之。”此一“学”字可谓是只指第一、第二系统之学言，并不如现代人观念中所谓之为学问而学问之学，即我所谓之第三系统。

我们也可说孔子为学之创造意志乃是“仁”，其形成计划乃是“智”。中国人传统观念中之理想人格即是“圣”，圣之一目标，主要在求完成自己所具之德。所谓“内圣外王”，自可由其所学而发挥出大作用。至孔子所云“好古敏求”，其所好所求之对象，虽必穿过典章文籍，即孔门所谓之“文学”，而善下其博文工夫。但其所好所求之最终目标，则仍不出于为己、为人，即立德与立功之两途。显然是属于上述之第一、第二系统者。故可说在当时，实无一种为学问而学问之想法。换言之，学问则只是一工具，其本身不成一目标。

六

现在我想试依曾国藩《圣哲画像记》中所列举之三十二人，来分别指出其学问之系统。就曾氏此文之题目言，“圣”、“哲”二字，即属第一系统。可见曾氏此文之主要意义重要在此三十二个人，其次才是此三十二人之所学。我们做学问之主要目标，则在由其学以企其人。此三十二人是："文、周、孔、孟，班、马、左、庄，葛、陆、范、马，周、程、朱、张，韩、柳、欧、曾，李、杜、苏、黄，许、郑、杜、马，顾、秦、姚、王。"

文、周、孔、孟，显属第一系统。孔子曰："甚矣，吾衰也，久矣吾不复梦见周公。"又曰："文王既殁，文不在兹乎？"可见孔子平日之好古敏求，其心目中必常有文王、周公二人，因其人而及其道。孔子之求行道于天下，亦求如文王、周公之行道于天下而已。我们若用体用观念来述说，亦可谓，做人是体，行道是用。为学则由第一系统以达于第二系统。在孟子心目中则是一孔子，故曰："乃我所愿，则学孔子。"若非其人，其道亦即无所依存。而且深言之，则是由其人而始创此道。故学贵重道，尤贵重人。第二系统之学重在用世，用世自必重道。然正因学者本身的人格力量不足，故由人而见之道，亦必有限。故古人为学则必以第一系统为之立本。

其次班、马、左、庄。就今日言之，史学、文学、哲学，都已各成为一项专门学问，此似应属第三类。但司马子长作《史记》，其意实欲学孔子，上绍《春秋》。彼所谓："通天人之际，明古今之变，成一家之言。"此绝非纯然为史学而史学。彼意所在，至少应属第二系统。故讲中国人之史学，其最先之创造意志，乃在道，更在人。如司马氏之作《史记》，乃在学孔子之明道救世，其主要目标仍在求用。而第二系统之学之本原所在，则仍须上溯及于第一系统。故司马氏《孔子世家赞》有谓："高山仰止，景行行之，虽不能至，心向往之。"可见司马氏心中仍是向往孔子其人。惟力不能至，则成就其为第二系统之学而已。

庄子就今日言，彼乃先秦诸家中之一家。先秦诸家中最显要者，儒家以外应推道、墨两家。其实，此两家之学，都应归入第一、二系统之内。因在彼辈心中，决非想要发现一套真理，发明一套哲学，如今人所想象之为哲学而哲学而止。在彼辈心中，主要问题，亦只在如何做一人。如老子书中，随处见其有一理想之圣人。庄子则更显然。《庄子》一书，主要仍只在教人如何做一人，如何做一理想人，如天人、至人、真人等。即墨子亦然，试读《墨子》书，主要仍是在教人做人，做一"兼爱"之士，做一像大禹般的人。中国人所以一向看重此三家，在当时此三家所以得最为显学者，正因其所学乃属于第一系统之故。

至于法家，只讲如何治国。名家，只重在求正名，辨名实。余如农家、纵横家、阴阳家等，此等皆当归入第二系统。在彼辈心中，亦全有一套治平理想，全有一项学以致用之观念。但不能如前三家之广大而深邃，不大注重到自己如何做人，教人如何做人，因此只陷在第二系统中。此下子学流变，如《四库》子部所收，包括有天文、医学、农、工各科，初一看之，像甚杂碎，与先秦诸子之学有不同。其实此等亦皆可归入第二系统中，因其皆所以求致用者。故后人收之入子部，亦寓此意。子夏所谓："虽小道，必有可观。"中国后代都把子部之学认为是小道，其故亦由此。若如近代人观念，专把先秦诸子当作哲学或思想家看，则此下《四库》中子部所收即无法讲通。此乃一种古今观念之变。在中国古人所以把天文、医药、农、工诸类全归入子部者，亦自有其一套想法。惟与我们近代人所想有其不同而已。

再说葛、陆、范、马此四人，显然在第二系统中。诸葛年轻时高卧隆中，即自比管、乐。范仲淹为秀才时，即以天下为己任。后来他又说："先天下之忧而忧，后天下之乐而乐。"可见彼二人之学问皆从有志用世来，因此即走上了第二系统。如陆贽，只看他的奏议，自然见他乃是一极有学问之人。但他为学之主要目的，自然是偏在政治实用上。又如司马光著《资治通鉴》，虽是一部史学书，而加上"资治"二字，岂不亦是一种学以致用之观念之明白表示吗？但此四人，人品光洁，大节皎然。其学问境界必然能上透到第一系统，亦是无疑。

再说周、程、朱、张，无疑应属第一系统。彼辈之学，主要在教人如何做人，此是他们的学问中心。我们若求明了孔、孟、程、朱之学问，则断然应从"人"之中心而着眼，断然应从"做人"的大体作研究。若不知孔、孟、程、朱其人，焉能懂得孔、孟、程、朱之学！若我们改从西方哲学观点来寻求，对此诸家之学，总嫌有不恰当处。不仅如此，而且必然把此诸家为学之最吃紧、最重要、最真实处忽略了。如孔子断不能仅称其为某一部门之学者，或一思想家，或说他的一套学问是哲学。周、程、朱、张亦然。我此所讲，虽不过只是大体上作此分别，但此一分别却甚不可忽。

周濂溪、程明道二人，更显然应属第一系统之下。周濂溪尝教二程"寻孔颜乐处"，又曰："志伊尹之所志，学颜渊之所学。”可见他指导人为学，其主要目标，其中心对象，都是一个人。如孔子，如颜渊，如伊尹。二程即受濂溪影响。同时张横渠则稍有不同，彼著《正蒙》，用思深刻，似乎是有意在著述上。彼之思想亦甚有组织。比较说来，比濂溪、二程，他似乎更近似一哲学家，可说他正是有一些近似于为学问而学问的气味。故二程有时批评横渠，说他学非自得。所谓“自得”，则正指其学问必从其自身真实生活中出发而完成；这样的学问，始是活的，所谓活泼泼地，亦即是所谓有德之言，此皆从第一系统来。而横渠则好像根据一题目，加以不断思索推演而得；这样的学问，便会移至生活之外面，向外寻求，因此其所得也不称之为自得。此处二程意见，当知并不在批评横渠的哲学思想，乃是批评其治学方法。

至于朱子，他的学问，不仅和二程有不同，也和横渠有不同。他对一切学问都有兴趣、都理会。虽论其大系统，仍和周、张、二程一路；但朱子在孔门，似乎像更多接近子游、子夏文学的一科。他在“博学于文”那一条路上，像是走得更认真。因此同时陆象山要起来反对他，说他“支离”。象山之学，吃紧在专讲做人，故他说：“我虽不识一字，亦可堂堂地做一人。”象山显然是注重第一系统的。他不仅反对朱子，有时也反对伊川，他只认许了濂溪和明道。其异同处正在此。

但象山也只能反对伊川与朱子之学问方面，却不能反对到伊川与朱子之做人方面。大体言之，宋代理学家都可归入第一系统。我们要了解宋人之理学，必要先了解宋人理学之创造意志，必须能对他们的实际生活、实际做人方面去求体悟。现代中国人对待传统文化常喜欢用一种予取予求的态度，截取古人枝节来自立新解。对于古人原来做学问的整个体系，与夫其创造此一套学问之血脉精神，却都忽略不理会。譬如讲宋、明理学，也都举出一两个论点，只作一项哲学问题来衡量、来探讨。这正如将一桌子劈了作柴烧，可惜那桌子却为他破坏不复存在了。

此下“韩、柳、欧、曾、李、杜、苏、黄、许、郑、杜、马、顾、秦、姚、王”十六人，似乎都应归入第三系统。如杜佑、马端临考据历史制度，许慎、郑玄讲求经籍训诂，顾亭林、秦蕙田（撰《五礼通考》）亦都是考据之学，但他们也可说都从第二系统转入。经史之学，原本都重在用世。又如韩昌黎主以文明道，他自谓：“好古之文，乃好古之道也。”又每以孟子自比。杜工部则心慕稷、契，而欲致君尧、舜。我们也可说韩志在传道，杜志在致治。虽然后人都把他两人奉为诗古文之大师，但他们之为学，亦还是从第一第二系统转来。清儒如姚鼐，专治古文，但也说为学必义理、考据、辞章三者兼顾。王引之专精小学，而其所撰之《经传释词》，在训诂范围之内又专一注意来讲一些虚字，此可谓是专门之尤专门者。此书极受当时人推崇。如此为学，像可谓真是为学问而学问，确然成其为专家之学的了。但论王引之著书本意，则仍在教人读经、读传，其心中所重视的应仍在第一系统。只其做出来的成绩，则显属第三系统而已。

我们根据上述，可见中国人学术传统实在是始终逃不出第一、第二系统之精神渊源。即如上引曾氏之《圣哲画像记》，也只是佩服此三十二位哲人和圣人，其主要目标仍在人，仍从第一系统来。若如近代人治学，接受西方观点，似乎学问自有系统，可以与人无关，乃把第三系统视为学问之正宗，这和中国以前旧观念大不同，故此提出，好教大家注意。

七

倘若我们除上举三十二人外，要再另找例证，则如：战国时屈原，他本是一政治家，忠君爱国，所志不遂，最后才写了一篇《离骚》。《离骚》虽为后来文学界推崇，然在屈原当时，他本人并非专是有志于文学，想要作一文学家。后人重其作品，但同样重此作者。我们读他的作品，并可知其学问之广博。他对中原文化、周、孔传统，致力实深，可见他的学问，决非第三系统文学一门可限。惟如汉代之司马相如，自以为其所作赋乃上承《雅》、《颂》，好像也要把自己作品归入第二系统之内。但他实在只是一文人，除却他的文章外，其余无足取。如彼乃可说是“为文学而文学”之一位地道文人。他如贾谊、晁错，他们治学，显属第二系统。贾谊虽通《经》，但时人评其“不得为醇儒”。这就是说，他不得列入德行之科，并异于孔、孟之第一系统的学问了。若依此看法，西汉一般经学家，自伏生、申公以下，都不过是第二系统。故“通经致用”四字，特为西汉人所重。

至东汉，跑出郭林宗一流新人物来，他们似乎较看轻经学，而更讲究做人，这乃自第二系统要翻回到第一系统去的一种运动。此项新风气，直下到魏晋南北朝人讲庄、老，其实一般动机乃在学庄、老之做人，仍是注重讲人生，仍当属第一系统。不过他们的生活环境实与庄、老不同。所以魏、晋清谈人物自成一格，不能与先秦庄、老相比。此下转入佛教，佛教之主要精神，自然也在教人做人。但只是教人如何做一出家人而已。其后禅宗大兴，把此一条路走得最澈底，把如何做一出家人转成为如何成佛。就大体言之，彼辈所讲亦可谓是第一系统者。

隋末王通在河、汾讲学，所讲则只是一套治平之学，其意欲学孔子；惟所学之对象则重在第二系统。北周苏绰亦通经学、佛学，为北周兴起制度；其学亦当列入第二系统中。唐初如房玄龄、杜如晦、魏征诸人，皆是学者；此诸人可谓与诸葛亮等相近，均偏在学以致用方面，都应归入第二系统。惟后人论学，却把此一类人忽略了。治史的，则只重其人物与功业。论学的，则把他们搁置一旁。其实如诸葛，如苏绰，如唐初诸贤，苟其无学，如何能成此人物、建此功业？这正如宋儒以下论孔门人物，都忽略了子路、子贡等人一般。若如此，则孔门四科，岂不只有德行、文学两科堪称学问吗？此与本题所讲着眼不同，请大家注意。

至如宋儒讲理学，其实受禅宗影响甚大。禅宗与理学皆应归入第一系统。惟宋儒除理学家外，第二、第三系统之学问亦甚发达。元、明人治学，亦以第二、三系统者为多。惟陈白沙、王阳明一般理学家，仍属第一系统。

八

入清以后，顾亭林提出“行己有耻，博学于文”之口号。其所为《日知录》，自谓“以待王者兴”，则其治学精神，显然渊源于第一系统而应列入第二系统者。此外如黄梨洲、王船山，皆不能专目之为史学家或哲学家。彼等心中皆各有一做人标准，并各有一番“淑世”精神，仍与亭林一般，出入在第一、第二系统之间。其后汉学家辈出，当时人做学问遂似明显地走上了为学问而学问之途径。清儒之经学与考据，乃显然成为应属第三系统方面之学问。在清代学术中，才始更透出了我们今天所看重的专家分科精神。在他们的学问上，各自有一套严肃之方法与态度。故近人谓清学近似于西方之科学方法，此语自亦有理。即如王引之撰《经传释词》，又如段玉裁穷毕生之力为《说文解字》一书作注。可见在学问上之专家分科精神，到清儒手里，是更见完成了。

惟近人喜称清学是一种“故纸堆中之学问”。此种批评，却有不公平处。其实在当时汉学正统如苏州惠派，相传其家中有一联云：“六经师许、郑，百行法程、朱。”可见在他们心中，仍不失中国传统精神，仍还是看重在做人上，并未割断了第一系统之血脉。他们所谓“训诂明而后义理明”，何尝撇弃了义理来专治训诂。若我们单从清儒的做人方面，就其日常生活及私人道德方面来平心审察，清儒要为不失前人榘矱。即如江藩《汉学师承记》一书，虽其叙述重在各人之治学，但亦时时提及他们的私人道德，其中不少值得我们仰敬。可知清儒并不曾把此传统一路放弃不管。在我旧著《近三百年学术史》一书中，曾特地提出如毛西河、阎百诗诸人而批评其人格之缺欠处；但终不能以此少数人为代表，而全部把清儒之人品立德方面一概抹杀了。如戴东原，就其私人道德言，或不无可议。然如钱竹汀，则为人光洁平实，殊属无隙可击。

其实清儒并非只钻故纸堆，只讲考据名物训诂，只着重做一专家学者。他们亦还不失旧传统，仍讲究做人。至少他们能一生安心为学，相尚以朴学为号召，不希荣遇，不务闻达，确然皆有以自守。即此便是受传统之赐。尤其如高邮王氏父子，虽为高官，而敦品修行，始终不脱书生本色。段玉裁仅任一县令。钱竹汀中年即弃官不就，专任一书院山长，把毕生精力尽贡献于学术。清儒中负不朽盛业的，皆不在政治上求进显；而在政治上得意的，又多能不忘学问，不仅其自身有成就，而对同时学术界，尤能尽其奖拔诱进之能事。直到晚清如陈兰甫等，其学脉精神，均显然与我上说第一系统有渊源，有血脉相通。

大体说来，在中国学术史上之一辈学者们，都和我们此刻所想象之所谓专家学者、为学问而学问之纯然应入第三系统者有其不同。此层极属重要，姑在此提出。但恨不能精细详说了。

九

现在试根据上述，再来和近代渊源于西方的学术观点作一约略的对比。

似乎西方人一向认为学问乃有一外面客观的存在，有其本身自有之疆境与范围。所谓学问，则止是探究此客观之外在，而又宜各分疆界范围以为探究。如讲宗教，主要对象乃是上帝与天国，即客观外在者。宗教之信仰，即信仰此外在。宗教徒所研寻，亦即研寻此外在。又如云“凯撒之事由凯撒管”，则把人世社会事另划出一范围，宗教家避不过问。而政治社会上一切事，在西方人看来，仍像是一种外面的客观存在，只是其范围对象各不同而已。西方哲学家则想综合此一切外面存在，而会通研寻此一外在之整体，或此一综合之真理。此一整体之与真理，实是超越于人群社会种种事态之外者。故此一存在，可称之为“超越的存在”。超越的存在，则必然是抽象的。西方的宗教、哲学与自然科学所研寻者都属在外，都先应超越于人事。此处不具论。即在西方之人文学方面，亦复分门别类，如政治、经济、法律等，都是各有疆域，各有范围，皆可各别研寻。甚至如文学、史学、艺术等，就西方学术观念言，亦颇似各有一客观外在之学问疆域，仍可各别研寻。在此向外研寻中，获得了一理论，再回头来在人生实务中求实现。故西方人做学问，主要在寻求真理。而寻求真理，事先即抱一超然事外之心情，因此其学问遂走向分科专门化之路。而每一门学问，则必要到达一超越抽象之境界。

即如当年马克思在伦敦研究他的经济学，发现了资本家之利润所得，乃来自劳动剩余价值。由此发展，造成他一番超越抽象之理论，成为他自己的一套历史哲学。此套哲学之最高原理，即是“由存在决定了意识”，讲历史依循着“阶级斗争”之必然法则而前进。然后马克思及其信徒，把他那一套最高真理要求落实，表现在实际社会上；则此社会必须“革命”，成为无可避免之事。其实不仅马克思一家学说为然，即如亚当·斯密之自由经济理论何莫不然。又如在政治学上，如孟德斯鸠之《法意》、鲁索之《民约论》等亦然。彼等都能在学问疆界中建立起一个抽象超越而概括性的理论，于是回过头来，要求社会现实与之配合，则自然会引起法国大革命。西方人此种研究学问的态度，在中国传统中比较很少见。

固然此种研究，亦为人类社会开辟了许多的境界，提供了许多新意见；但也可说有两项易见之弊。一则各自分道扬镳，把实际人生勉强地划开了。如研究经济的可不问政治，研究文学的可不问历史等。第二，各别的研寻，尽量推衍引申，在各自的系统上好像言之成理、持之有故，但到底则每一项学问，其本身之系统愈完密，其脱离人生现实亦将愈显著。如此一来，再要把各项学问研寻所得来在人生实际社会上应用，自然会有很多困难和不可预防的病害之出现。因此我们可把中西方学术系统之建立，分作如下的分别。中国人乃是先有了一“用”的观念，而始形成其学术上种种之“体”者。西方人则似先肯定了此种种之“体”，而后始求其发为种种之“用”者。实因“明体”与“达用”之两种创造意志之不同，而始有循此以下之分歧。

若把西方学问的大体来和中国传统相比，似乎西方人最缺乏中国传统中之第一系统，即他们并不注意到如何做人这一门学问。在西方人做人的理想中，似乎只想到如何做一宗教信徒，如何做一国家公民。做学问的，则只问如何做一学者，如哲学家、文学家等。其他则如做一政治家、律师、医生，及各种行业中的人物等，他们却似乎没有一个共通的做人理想。除却此种种分别外，是否有一做人的共通大原则、共通大道理，他们似乎没有像中国传统如上述学问的第一系统之所注意而讨究。因此，中国学问都自第一系统递进而至第二、第三系统。而西方则似正相反，可谓乃是以第三系统为主，乃自第三系统而逆归至于第二、第一系统者。

在中国传统学术中只有佛学，其先本自印度传入，比较和中国原有传统有不同。但到隋、唐时代，天台、华严、禅宗中国化的佛学出现，佛学精神也便逐步接近了中国旧传统。尤其可见者是禅宗。此层已在上提及。

惟其中国学问传统有如此一特点，所以中国人讲学问常说：“道不远人”，“理即事见”，不太远超越了实际人事来向外研寻，不重在学问自身来寻求系统。若如在中国出了一个马克思，他看到当时资本主义之流弊，他必会提出许多实际改革方案，来求在人事上逐步矫正，其学即走入第二系统。却不致因此推寻愈远，发挥出一套距离现实太远的阶级斗争与唯物史观的理论来。这因中国人做学问，主要在求如何做人、做事，即在现实人事中来寻求其合理改进之可能。不像西方般，先在人事之外来寻求一项终极最高真理，再把这一项真理来衡量一切人事。如是，则只有革命一途。革命则是根据真理来改造事实。而真理则是超越于事实而外在者。此一观念，在中国学术史上很少发挥。

到今天，西方各门学问演进到几乎难以综合的地步。而人事也不能时时处处要革命。其实革命也本不是一理想，只是一不得已。而且在落后社会中要求发生革命尚较易，待此国家社会进步到某一阶段，到那时再求革命，实很难。而且革命所得，其实也往往不如革命前的理想所期望。尤其是如当前的共产革命，其贻祸人类之烈，岂不已为人所共见？今天的西方学问似乎已无可会通。而革命改造在他们的现实状况下，也无法痛快实现。于是乃至陷入一种进退维谷、一筹莫展之困境。于是在此境况下，要求有能推倒一世豪杰、开拓万古心胸的大哲学家、大文学家出现，也已不可能。然而这又何尝定是人类文化前途一种可悲观的消息。说不定在这里，正是西方学术文化新生一契机所在呀！

一〇

中国人做学问，主要既在讲做人，尤其主要在求改进他自己，所谓：“三人行，必有我师焉，择其善者而从之，其不善者而改之。”此乃是一种极具体、极现实、逐步向前、人尽可行的大道，决非一种超越抽象之谈。自做人之共通理想进一步，遂有所谓“道”。道亦指人生实事言。人生实事之改进，则亦是极现实，极具体，自近及远，自卑登高，惟求其逐步向前，而无所谓彻底改造。故曰：“天理不外人情”、“忠恕为道不远”。忠恕是中国人所讲人生共通一大道。但若真讲忠恕，则此社会便很难有革命。因此中国人讲人道，注重在“教育”与“教化”，尤贵“尽其在我”。君子思不出其位，虽若是各就自己个人分内尽力，但也有一共同目标、共同方向、共同步骤。在这里，人人能知能行，而又不易出大毛病。此即是中国人之所谓“道”。学问主要目的，正在明道行道。而道亦可以变，可以进。但其变其进，却不必要革命。

今天要来讲明中国学问之传统精神，此事实不易。因其非可自书本上作研求，更非短篇演讲所能尽意。诸位应先各自具有一番创造意志，自此创造意志来决定自己学问之形成计划。今天的中国社会，已是近一百年来深受西方影响，而日趋于现代化的社会。换言之，中国社会早已走上了西方路子。际此形势之下，我们应如何以古学为今人，即是如何把中国自己传统精神与现实需要相配合，这一层却大可有研究。我想我们且莫放大步，倡言革新。我们且不妨跟从清代学人入手。因清代学术实际上已发展完成了我上述之第三系统，其学问方法与其规模较近现代化，较可与西方学术接近。若越此而上，时代愈远，和我们今天的社会愈不一样，愈难追寻。轻言学术传统，谈何容易。探本穷源，心知其意，此一境界，实难骤企。诸位且不如先从事一门专家之学，求其可与现代社会相融洽。然后由此上溯，希望能接受到中国之旧传统。而循此往下，亦并不违背世界之新潮流。将来如何把此传统与新潮流汇会合一，则在诸位此下之努力。

（一九六二年九月新亚研究所第二十四次学术演讲，载《新亚生活》双周刊五卷十三期。）

十　学术与风气

一

今天的讲题是："学术与风气"。首先讲"风气"二字。湘乡曾文正有《原才》篇，大意说，人才来自风气，而风气则源自心术。往往由于一二人心之所向而形成为一时之风气，而陶铸出一时之人才。虽是短短一小篇，而涵义却极为深宏。在历史上常可看到某一时期人才蜂起，而某一时期则人才寥落。各时期所出人才，其规模格局亦各不同。此皆风气使然。孟子说："非天之降才尔殊。"人才应是时时有之，处处有之。而且各式各样的人才，该是无所不有。其成才与不成才，则全赖于风气之陶冶。风气必由少数人提倡，得多数人响应，逮于众之所趋，势之所归，蔚然成风，乃莫知其所以然，而靡然争归，而终至于不可御。一切人才皆由此出，学术人才自不例外。

“学术”亦随“风气”而变。章实斋《文史通义》关于此方面，特有发挥。试就学术史注意，亦可见有时学术兴盛，人才辈起；有时则极萧条寂寞，无学术、无人才。此一关键，亦系于当时的风气。章氏谓：学术上有开风气之人，亦有追随风气、主持风气之人。但风气积久，必见弊害，因此又必有矫风气之人。但当知，矫风气不一定即是开风气。实斋在当时，亦只有志矫风气。只因当时学风皆趋向经学，过分注重古经典之训诂与考订。彼力主研治史学，注重近代，提出“经世致用”之新观点，用以补偏救弊。但当时经学既成风气，并未发生根本摇动。继此后起之今文学派，实是跟随章氏主张而产生。故实斋对晚清学术界影响贡献实甚大。曾文正提倡于义理、考据、辞章三者之外，再加上“经济”一项，学问应由此四方配合，以冀造成一种新风气。除章、曾二人外，稍后如陈兰甫，主张汉、宋兼采，亦是一种矫风气。此三人皆非仅是追随风气之人，因此在学术上各有一番成就，值得我们注意。但此三人亦皆未能开风气，对当时学风未能有一番大振起，因而不能在学术界开一新局面。

龚定庵在晚清学术界被目为一怪杰，梁启超喻之为当时一彗星。龚氏颇有意开风气，其诗有云：“但开风气不为师。”可见其意义与抱负。然定庵之今文经学，实从章实斋史学转来。此层我在旧著《近三百年学术史》中已详细指出。若论真对学术界有贡献，则定庵实较章、曾、陈三人为逊。可见有志开风气，未必即比仅在矫风气上用心者贡献成就为大，此层我们亦该注意。

再远溯到晚明诸大儒如顾亭林、黄梨洲，应可谓是开风气者。此下清代学术，即由晚明诸大儒开出。清学至乾、嘉时期，已臻鼎盛。而流弊亦曝者，不能不求改进。章、曾、陈三氏，皆欲矫此风气之偏颇。然他们亦仍在当时学术传统牢笼之下，终未能真开出一番新风气。比较说来，实斋之学，接近有开风气之可能。然此下如龚定庵、魏默深诸人，依然仍在经学圈子中，只稍微采用章氏一些看法，略有变动，并未能真开出一派新学术。下到康有为，今文学派已走到极端尽头处。此下则必然将变，再不能依循此三百年来之一条老路。此层我亦在旧着《近三百年学术史》中明白提过。

二

风气既是随时代而变，现在我来讲学术风气，自然该先定一时代之限断。此下所讲乃是从清代道光二十二年即公元一八四二年开始，直到目前中华民国五十一年即公元一九六二年。此段期间，恰是一百二十年。中国人向来以三十年为一世，因每人通常至三十岁时多已娶妻生子，有了第二代。而每人自向学到老，论他的学问寿命，亦不过六十年左右。如此算来，一百二十年间，所谓学人恰已换了一代。故此一百二十年，应可分为两个时代加以述说。

我此讲为何要自一八四二年开始？因是年《南京条约》签订，中国国运正式走进一新时代。前一年正是龚定庵之卒年。

龚氏在当时学术界，亦可说是一极具眼光的人，彼已预料到此后中国时运必变，彼又有意为学术界开风气。自有龚定庵，确乎清代学术也可说走上一新路。故我此刻，暂把他死后之一年，作为此两个六十年之开始。但自五口通商至清代之亡，近七十年，中华民国成立到今始过五十年。我们暂时把民国以前的作为前一期，民国以来作为后一期。我们要讲民国以来之学术风气，自然不能不提前看一看前一代之学者。

此处又须作另一交代，如我此刻所讲曾文正、陈兰甫诸人，彼等著作之完成，多仍在民国前一时期中。但他们之成学基础，则应在更前一时期，故将不列在此一百二十年中讨论。我所著《近三百年学术史》，其中正式可认为此一时期之人物者，则只有康有为一章。故此一时期，亦可认为是学术史上一段寂寞冷落的时期。

在我《近三百年学术史》书后有一附表，表中将我们前一时期之学者，虽非专章论列，而亦举其姓名及其生卒年。其卒年已到民国以后者，则仅列生年。此诸学者，似乎无甚可讲。依中国全部学术史论，此诸学者，亦可认其无何大成就，无重要地位可言。但若专就此一百二十年论，则此诸学者，仍有值得我们注意推重之处。即如王先谦，诚然不是一位在学术上有重要地位之学者，但其所著如《汉书补注》、《后汉书集解》、《水经注集注》、《荀子集解》与夫《续古文辞类纂》等书，若以与民国以下此五十年来之学术成绩相比，岂不仍见其卓越！又如郭庆藩有《庄子集释》，陶方琦著《说文通释》，朱一新有《无邪堂答问》，在史学方面颇能辟一新路。黄遵宪之新体诗，仍为此一时代人所传诵推许。其所撰《日本国志》，在今日虽不受重视，但五十年来，出使和留学外国的虽多，无论在亚、欧、美、非大国小国，但没有人能把他所到国家的国情和历史来作著作对象，遂使黄遵宪这部《日本国志》，在此五十年中成为《广陵散》，更无嗣响。毋怪梁任公要对黄遵宪甚加推崇。又如孙诒让，可谓是清代考据学一位最后殿军大师，所著《墨子间诂》及《周礼正义》，体大思精，卓然不朽。皮锡瑞著《经学历史》与《经学通论》，这是他晚年在湖南中等学校任教时的两本教科书。但此五十年来一般大学教授自撰教本，殊恐难与相拟。柯凤荪著《新元史》，现已列入二十五史。此书极为日本人重视，特赠博士学位。沈曾植著作虽不多，但其学精博，多创辟；在同时及民初学者，几乎无人不加以崇敬。简竹居与康南海同门并称，其著作数量之巨，亦为不可及。至康有为在今文经学方面之甚多见解，多得自川人廖平。林纾介绍西方文学，翻译小说不下一、二百种，对当时影响极大。其文笔，即今读之，亦一样会受其感兴。若文言文暂不绝迹，林译仍将于文学界流传。严复译西方学术著作，在当时中国产生巨大影响。所译如：《天演论》、《原富》、《群学肄言》、《自由论》、穆勒《名学》、孟德斯鸠《法意》、《社会通诠》等，皆极雅正谨严，采用一字，往往有考虑经年者。民国以下，大家争推西洋文化，然在哲学、文学上，能如严、林两人之翻译成绩者，实无几人。范当世、易顺鼎之诗，自提倡白话诗后，彼辈遭受排斥，自属当然。然平心论之，彼二人诗之造诣，实亦非我们这一代提倡作白话诗者所能与之相提并论。又如康有为、章炳麟、梁启超、王国维、刘师培等，皆在入民国后为大师，然彼等之成学阶段则仍在前一时期。若如我上述曾文正、陈兰甫诸人不作上一时期之学术人才论，则康、章诸人，亦不得归入民国以下之一时期。

我们平常总说清代学术至乾嘉以后即盛极转衰，鸦片战争太平天国以下，更如由高峰迤逦下达平地，学术衰落，无甚足言。就有清一代学术之高标准言，自可如此说。若转换一立场，就民国以下之五十年与此一时期相比，则不仅相形见绌，且属瞠乎其后。由我们此一时期回视他们那一时期，正犹如峨眉天半，使人有急切无可攀登之感。试问：在我们此一时期，谁复有此功力来写一部像《汉书补注》那样的书？谁复有此规模来写一部像《新元史》那样的书？更何人有此精力来写一部像《墨子间诂》或《周礼正义》那样的书？

只要我们真实在做学问，真实肯平心静气讲公道话，便知鸦片战争、太平天国以下这一段时期，实在比我们这一段时期，在学问成就方面强得多。我们应再问，晚清一段时期的人才和功力，何以此五十年来竟再看不见？我们不妨自问，我们这一时代，在学术上究竟有几许成绩，能与前一时代人相比？我们今天提倡西方文学已久，赴国外学西方文学的多如过江之鲫，但如《莎士比亚集》，何人能通体译出？在五四时代以下，尽有人在指摘林译之错误，但不可否认，林纾译笔，至今只要有人肯读，仍会手不忍释。《莎士比亚集》结果总算有人译出了，但我们尽加忽视，尽不当是一成绩贡献看。又如五四以下尽力提倡西方文化，但又有几人能像严复般忠实地做翻译工作，把西方大著作、大理论，肯如从前南北朝时代一辈高僧般，诚恳介绍与忠实传播？那样的人也非全没有，但只是些住上海亭子间，埋头翻译马克思一派“唯物史观”理论的。我们尽可不承认他们在学术界有地位，但他们究竟在社会上发生了影响。

而且我上所举，亦只就生于此一时代之学者言。若如我上所分析，尚有生在此一时代前十五年以下者，其成学全在此一时代，照理当列入此时代中。今再自一八二八年起，就我《近三百年学术史》附表摘录其姓名，如：黄以周、李慈铭、谭献、王闿运、李文田、陆心源、吴大澂、戴望、黎庶昌、杨文会、薛福成、刘寿曾、洪钧、杨守敬、萧穆、吴汝纶等，此辈人在学术上之成就及其著作，亦当归入为此一时代之业绩。

而且我《近三百年学术史》的附表，关于晚清一段学术人才尚多未经提及的，如屠寄撰《蒙兀儿史记》，此书贡献或尚在《新元史》之上。姚振宗著《隋书经籍志考证》、吴士鉴著《晋书斠注》，最后如卢弼之《三国志集解》，我在附表中都未列。又如辜鸿铭，民国以下此五十年中，论到博通西方学术文化的人，恐很少能及。又如王半塘、朱古微、况夔笙诸人在词的方面之造诣与贡献。又如陈三立以诗名，马其昶以古文鸣。黄节办《国粹学报》，欧阳竟无创设支那内学院，乃至佛界高僧，如印光、虚云、太虚等，皆当归属前一时代。此外我一时遗漏未及者必还多。然即此已可知我们此五十年来就学问成绩论，确不能与上一时期相比。清末这一时代之学术界，较诸今日实是高高在上。至少我们此一时代人，万不应对他们有轻视。

三

今要问，为何前一时期中学问上还能有如此多的人才和贡献，而近五十年来竟至无人才、无成就？至少那些人才和成就，已不能与前一期相比，而且相差很远。此非我故意抑扬。诸位真做学问，一进图书馆，前一时代人之书，便知不可不理会。他们的著作，恰如当道而立，只要我们走上路，便会遇到他们。我们尽可率意批评，恣情诬蔑，说他们全是过时代落伍了，老朽无价值。但我们这一时代中，究竟连那样的人才和成就也没有。纵有，也少得可怜。真可谓萧条已极，寂寞太甚。此前一期人才，固不能与干、嘉时代诸大师相比，他们不过承乾、嘉之绪余，循规蹈矩，无所创新。然究竟他们还是高出在我们之上。即如康有为、章太炎、梁启超、刘师培、王国维诸人，岂不是我们这一时代之大师！但实由前一时代所培植。我们这一时代，若无此数人，将会更感黯淡，更无光采。

我在前清时代，尚属年幼无知，然已听到康、梁、章、刘诸人之名字，已开始读到他们的文章。我认为他们是古人，稍后才出乎意外，知他们还在人世，还是和我是同一时代的人。我总想，我们此一时代，实是向他们借光不少。但稍后，却听人说，此数人都落伍了。甚至有人说，章炳麟如一头死老虎，不值得再打，打虎该打活的。然章炳麟在学术界究竟是一头老虎，此刻那老虎真死了，但他的著作、他的学术地位，依然存在，他仍是一头老虎。至于不屑打那死老虎的人，在学术地位上论，实也够不上能来打那虎。我这许多话，只要大家且莫看轻前一时代之学人，不妨平心静气将近五十年来学术界人物，与前一时代人作一比较，自知谁高谁下。我们一开口便说要开风气，其实此种只要开风气、不问真成就的风气，却值得我们再检讨。

我并不反对开风气。我们为要使下一时代之学术界真能创辟新路，创造新学术，兴起新时代，故乃回溯到上一代，来对我们自身这一代作比较，好让我们得一些反省。或许我们此一时代之缺憾，正在于我们的学术风气上。或许诸位会说，此时代之学术凋丧，乃受时代动乱之影响。此实不尽然。如南宋末与明末此两时代，动乱已极，较之鸦片战争、太平天国所给与我们之动乱，有过之而无不及。其时动乱之剧烈与深广，还远在我们此一时代之上。然宋末有如王应麟、吴澄、马端临、胡三省，明末有如顾亭林、黄梨洲、王船山、陆桴亭，人才辈出，学术坚久。我们实不能把时代动乱作借口，有时时代动乱反可促进学术开创。

今再将清末乃及我们此一时代与宋、明之末的学术界作一比较。当知元初、清初，许多学者都能在中国自己学术传统里找寻新出路。在他们手里，旧传统并未放失，只因时代刺激，内心苦闷，以及当时各种问题，在在促使他们作深细的研求，切实的解答。又因他们自知生路已绝，更难向外活动，故皆闭户蛰居，毕生腐心于学问。此所谓闭户，也不如字面上或想象中那般清闲自在。如顾亭林下半生即周行四方，在骡车上、在旅店中，随地治学。王船山之著述文稿，皆书于草纸上。此种颠沛艰苦，此一时代的人似乎并未遇到。我们此一时代之学者，处心积虑所要做的，一是反传统，旧的全不要。因此学问失去本原，只有向外国去寻求。此一层，我也不反对。但无论如何，种子应栽在自己园地上，要使其能在中国社会生长成熟。二是我们的学者们，仅一味讲国家，讲民族，讲革命，讲新文化等等大题目，似乎一心想要经世致用，现吃现卖，而并无一种沉潜埋头的治学精神。在思想理论上，在政治社会事功上，只想立刻有表现、有进取。在其内心深处，实似并不看得起学问。至少是自己民族的文化传统，一切都遭吐弃。因此我们此一时代，提起学人，总要提到康有为、章炳麟、梁启超。实则此三人也非埋头沉潜治学的人。但他们在前一时代中，至少已接受有中国自己传统，在学问上总还有一原本。但继起的却更不成。

与康、梁同时有张之洞，他是一官僚，但他也还有《书目答问》一书。一时学人，案头几乎无不有此书。虽有人说此书由他人代撰，但此五十年来从事政治的达官贵人中，更无有像此类能嘱人代撰学术上有价值书之事出现了。而且张氏在当时曾提出“中学为体，西学为用”一口号。此一口号，至今仍为人争论。在此一时代之官僚中，可知要觅一张之洞，亦复不易。至如柯凤荪、王国维诸人，他们上承乾、嘉学风，关门埋头做学问，不理会外面事。然柯、王等实际并不为我们此一时代所重。我们此一时代人所衷心想望者，其实不在此辈学术界中人。一切学术评价，亦都依附于他们的向外活动作衡量。

如康有为、章炳麟、梁启超，正因他们能在政治圈子里有活动，故犹能引起此一时代人仰慕。至于他们是否有真实学问，则很少人理会。但他们究还能讲一些中国学术传统。但即此已为五四以下人不满，认为他们已陈旧落伍了。其实如康氏所著《大同书》，较之今日共产党主张尤远为偏激。此等意见，可以引起“革命”，却不能凭此“救时”。章炳麟早年著《訄言》，有《订孔》篇，首开此一时代人批评孔子之先声。章氏晚年，始将该文删去。然在其《检论》一书中，仍然保留许多痕迹。他还讲刘歆贤于孔子。又说东汉出一王充，可为中国学术界雪耻。其实章氏也是一革命人物，并非一救时人物。他在学术上固自有贡献，而其所影响于社会者，则转在此等偏激意见上。章氏早年排孔，或是激于康氏之尊孔而起。此两人政治意见不同，一主保王，一主革命。因在政治问题上争意气，而影响到在学术问题上争意气，则实是要不得。康氏为要尊孔，讲出他一套今文经学之新考据，如《孔子改制考》、《新学伪经考》等，在考据学上皆是极端谬误之论。然则首坏此一学术时代之风气者，援《春秋》“责备贤者”之义，康、章诸人亦不得辞其咎。

四

自清末至最近此五十年来之最大问题，厥为如何救国。政治上之救国运动，分成康、梁之维新派，与孙中山先生之革命派。不幸革命党人中颇少学者。当国民革命军北伐成功，奠都南京，当时立法院院长胡汉民召开立法会议，吴稚晖、蔡孑民诸人皆预。会中首先讨论婚姻法，夫妇结合是否应定一期限，应否以三年为期，到第四年或离或否，再订新约。此项会议纪录，载在当时上海各大报纸。此后潘光旦曾将此资料收入其所著某书中，至今尚可检出。此诸人皆当时党国元老，在定都之初，首先急切讨论者，乃为此类问题。举此一端，可见当时党内之无人。

若说学术可以影响政治，则当时之政治前途，自可想象。在革命时期，本不觉得有学术需要。但革命完成，要在政治上求建设，便不能无学术。而当时国民党内部，正苦无此准备。胡、蔡、吴诸人，所以会提起此项婚姻法之讨论，无疑是受了康氏《大同书》影响。康、梁保皇党在政治上失败了，但他们的学术影响却仍大。不仅如上举，即五四以下之疑古运动，实亦受康氏《新学伪经考》影响。至于影响之好坏，则是另一事。

我们读历史，每逢改朝换代，当政者必然会尽力罗致一辈老儒宿学，使其参预政治。当时北洋军阀如袁世凯也懂得此，他曾延致王闿运、柯凤荪、梁启超，乃至洪宪六君子等。但仅求利用，反成摧残。而国民政府高唱革命，忽视学术界，则亦是一事实。

政府高唱革命与学术界脱节。而在学术界中则追随政府，另起了两种革命呼号。一是文化革命，一是社会革命。皆由五四运动开其端。由于五四运动而惊醒了当时的国民党，他们亦注意到争取青年，争取社会大众。于是政治界与学术界遂混成一流，而大家都以革命为号召。革命必有对象。国民革命之对象，为满洲政权乃及君主政体。文化革命之对象，则转移到中国五千年来之文化传统。社会革命之对象，则为当前整个中国社会，当时则称之为封建社会。革命又须有徒众，徒众又必有组织。社会革命阵线不久即组成共产党，与国民党对立。文化革命阵线虽未组成政党，但亦同样有类似于党的运用，有人称之为"学阀"。他们的口号是"废止汉字"，"打倒孔家店"，乃及"全盘西化"等。他们的地盘则在几所大学，渐次推扩到研究院。他们的宣传机关，则为各种期刊与报章。此三方面所求争取之共同对象，则同为青年与群众。于是学术政客化，学术大众化，"党同伐异"与"哗众取宠"，成为这一时代学术界之新风气。

讨论文学，有所谓"《选》学妖孽"与"桐城谬种"。讨论哲学，有所谓"打倒玄学鬼"与"哲学关门"。宣扬学术之能事，只在推翻与打倒。学术界中人相互谈论，只讲某一人之思想，不问某一人之学问。只争有思想，可以无学问。纵使有学问，若思想态度不同，不仅不被重视，而且也必在打倒推翻之列。

因此当时的学术界，至少并不看重读书。乃有“读死书、死读书，与读书死”之嘲讽。“冢中枯骨”之喻，较之庄周之言糟粕，尤为激昂。党国元老如吴稚晖，有“线装书当扔毛厕”之名言，一时传诵，群目为思想界之前进。其实当时人不仅不读中国书，即外国书亦然。因此只叫全盘西化，却没有人肯埋头翻译介绍。

当时学术界所重在自我表现，在从头创造。报章杂志，以及种种小册子，乃是表现此种新思想与激荡此种新风气之惟一新园地。报纸一日一刊行，杂志或是双日刊，或是周刊，或是月报与季刊。小册子亦指日可成。一切都是速成与短命。只求向社会暂时传布，并不要积年累月在图书馆化真功夫，亦不想作传世久远之想。因此大家认为学术必是短命的，只听人说某人思想已过时，已落伍，死老虎不再打，冢中枯骨不值再留恋。至于新思想之价值，则以能获得同时多数人拥护为衡量的标准。所谓多数，则只在青年与群众，尽是暂时的，引致学术通俗化、速成化、浅薄化、轻狂化。只求能争取到一时人之拥护，其人即为一代之大师。成为大师的，其下必须有徒党，常为之揄扬，常加以拥护，以求达到争取青年与大众之目标。此种学风，用来革命，确可有推翻与打倒的一时之效。所惜是不能凭此来建立一个真的新学术界。

五

上面说过，近代学术界，最先激于心切救时，因此早不免趋向于“功利化”。由于救时而要求革命，由于革命而要求向内有组织，向外有宣传。但此等究不是学术界的事。真是心切救时，有志实际从事革命活动的青年与群众，到底不免于菲薄学问，另有趋向。

今再综此三方面言之。国民党最先提出革命口号，但到后则最右倾、最保守。文化革命派言论意态激烈得多，而活动能力比较最薄弱。他们的活动表现，只限在学术圈子中排除异己，说不上能真救时、真革命。因此凡受文化革命思想熏陶的人，都会转入社会革命的一面去。留下的只是些有气无力，专一于疑古、考古，乃及以科学方法整理国故，模效西方所谓的汉学家，困守于大学及研究院之残垒中。其实他们渐已脱离群众，甚至脱离了青年。他们的最后残垒，所以犹能固守，则仍赖于有党的结合与夫其向政治实力之投靠与依附。但他们之号召，则仍然为文化革命。他们以一种挟恐见破之私心，排除异己，高自位置，下结徒党，上推领袖，仍从青年及群众身上着意活动。而学问著作，仅成为门面之装点。于是学术另有一正统，他们封闭于门户私见之内，蔑视旧传统，尊崇新正统。而新正统之保持，则惟赖阴谋倾轧，以排除异己为能事。

若我们真求学术界在社会上能起领导作用，在传统上起革命作用，首要急务，则该先振起学风。在学问以外之种种活动须求有节限，心境须求能纯洁宁静，须求在学术上有真深入。如是，则暂时不能不从社会实际活动中抽身远离，然后才能返身来领导此社会。暂时不能不在传统中潜心，始能回头来改进此传统。学术界必该真成一学术界，而此学术界也该是千门万户，不能只此一家。尽可群璧争秀，却不能存心定依附谁来打倒谁。此种打倒之风，极浅薄也极可怕。就我所接触，在此五十年中，并非没有埋头潜心在学术上有成就及可望有成就的；但全受派系排斥打倒。此等人在学术界似乎可有可无，若存若亡。今天的学术界，则只有门户，别无标准。排挤斗争，厥为今天学术界惟一风气。打倒了别人，而终于建立不起他自己来。

即言西方，远的如康德、黑格尔，他们一生，岂不仅在大学讲堂中讲学，退则著书立说。此是西方型的学者；直到近代，也如此。学术传统，究与政治传统有不同。学问事业，究与社会事业有不同。我们学术界若真要刻意西化，至少该学到这一点。又该懂得分工合作。在学术圈子外，尽有活动、有事业，不能由学术界一手包办。在学术圈子内，也可各有研寻、各有成就，不能由一个人作唯一的领导，也不能由一个派系作惟一的霸占。

六

此五十年来，由于政治社会不断变动，把学术风气冲散了。但也因学术界变动，而增添了不少社会政治上之变动。若我们真要为学术界开新风气，此事谈何容易！让我们且退一步来矫风气，且使学术界能在学术圈子里安下心来。能深知从事学术不比从事政治，更不比从事革命。能开放门户，解淡斗争。莫太看重地盘与声势，莫太认真交结与排挤。让学术界真成一学术界，让从事学问的，可以埋头潜心，可以平流竞进，可以孤芳自赏，亦可以抱残守缺。在各求猛进中，对别人抱宽容，务使学术界空气稍宁静，天地较宽阔。这是今天最低限度一要求。

在我们学术界，若能自我安定，至少可以不增添政治社会上之不安。至于如何使学术影响政治、影响社会，须有真功实力，亦须有外面机缘，种种条件配合，始可有此期望。否则空言学术救时，学术革命，究不能如开银行支票般立时兑现。让我们且把那些救时革命的大担子卸下，大呼号停止，真跑进学术界。等待学术界新风气出现，才可有新人才、新学术。到那时，不愁它对社会国家不发生新作用。

我此番演讲，不在存心攻击人，我实无攻击任何一人之存心。我也非对当前学术界抱消极意态，我实无丝毫消极意态之存在。此刻诸位进入大学，立刻即有数十位教授环绕。当知古人为学，获从一师尚难。诸位即此一节，已占尽了便宜。其次，过去学者欲得一本书，亦复艰难之极。今日每一学校必有一颇具规模之图书馆，诸位可以恣意翻寻。而且今日世界大通，空间缩小了，诸位大可放开心胸与国际学术界求接触、有比较。又没有像过去一般的科举考试束缚人。至于国运艰难，社会困穷，那些正可激发诸位远大的志趣。诸位应是下一时代的人物了。我们此一时代已过去，我望诸位莫再追随此一时代之习尚与风气。孟子说："待文王而后兴者，庶民也。豪杰之士，虽无文王犹兴。"诸位应为下一时代学术界中之豪杰。当知依草附木要不得，不甘寂寞同样要不得。诸位至少应懂得“守先待后”。学术自有传统，旧的且莫丢弃，假以时日，将来自有新成就。诸位要能“信道笃而自知明”，各用数十年精力工夫，埋头潜心，使旧传统能与新时代相配合。诸位固不可闭门自守，但亦不能开着门尽在十字街头去徘徊。我只盼此下六十年能有一番新风气出来，此责任则在今天诸位身上。

我在上次演讲中，曾劝诸位不要看轻清代的学人。今天又劝诸位不要轻视清末同、光以下，似乎调子愈唱愈低。但诸位应知：“行远自迩，登高自卑。”退可以守，而后进可以战。若短视只看当前此五十年代，作为自己的标准，怕前途未可乐观。当然，连我自身在内，都是此五十年代中人物，实无足为诸位取法之处。我在此也没有什么大提倡、大创见。高视阔步，放言高论，到头一无真实成就，这是此五十年来一大病痛，亦是此五十年来一坏风气。我此举出，盼诸君各自警惕！这是我此番讲演之宗旨。

（一九六二年十一月新亚研究所第三十九次学术演讲，载《新亚生活》双周刊五卷十八期。）

十一　关于学问方面之智慧与功力

一

今天所讲的题目，在我平日上课时，也常讲及，并非有什么新意见。只因近两年来我上课较少，且以前所讲多是零碎穿插，今次稍为作成系统，此可谓是我自己做学问的方法论，但大部分亦是古人治学之经验。

做学问第一要有“智慧”，第二要有“功力”。二者在学问上究竟孰轻孰重？普通当我们欣赏或批评一个人之学问成就时，多赞誉其智慧，但对于从事学问之后进，则率勉励其努力。如子贡称孔子“固天纵之将圣”,则是在天分上赞美。如《荀子·劝学篇》云:“驽马十驾，功在不舍。”又如《中庸》所言:“人一能之己百之，人十能之己千之。”则是在功力上奖劝。总之，对于已成功的大学者，每不会推崇其功夫。但对于后进年轻人，亦不会只夸其智慧。这里面，导扬学术，实有一番深意存在。

一般人之意见，每谓智慧乃属天赋，功力则应是自己所勉。若谓从事学问，只要自尽己力即可，而天赋则不能强求。实则此事并非如此简单。每一人之天赋智慧，往往甚难自知。譬如欲知一山中有无矿藏，并非一望可知。须经专家勘测，又须有方法采发。采发以后，尚须有方法锻炼。我们每一人之天才，固然出之天赋，但亦须有方法勘测、采掘、锻炼，方能成才。而此事较之开发矿藏尤为艰难。

抑且智能有广度，又有深度。每一人之聪明，不一定仅限于一方面。如能文学，不必即不能于历史、哲学或艺术等方面有成就。又其成就究可到达何等境界，亦甚难限量。因此，做学问人要能尽性尽才、天人兼尽，其事甚不易。但若不能尽性尽才、天人兼尽，而把天赋智慧埋没浪费了，不能尽量发展，那岂不很可惜！

因此，做学问之伟大处，主要在能教人自我发现智慧，并从而发扬光大之，使能达于尽性尽才、天人兼尽之境。如台湾阿里山有神木，年寿多逾一两千年以上，至今仍生命健旺。但此等神木，亦须有良好条件护持。我觉得人也应可成为神人，但每一人率常埋没了自己的天赋与智慧。每一人之成就，很少能达到尽性尽才、天人兼尽之境。因此我说能发现与完成各自之智慧与天赋，而到达其可能之顶点者，乃是做学问人之最大目的所在。

讲到功力。譬如山中矿藏，非懂矿学即难发现。抑且但懂煤矿者，仅可发现有煤矿，其他矿藏，彼仍不知。且以采发煤矿之方法采掘石油，仍将毫无用处。可知我们之智慧固需以功力培养，而我们之功力亦需以智慧指导。《论语》上曾说：“学而不思则罔，思而不学则殆。”我姑把“学”当作功力说，“思”当作智慧说。学而不思，等于仅知用功，却无智慧，到底脱不了是一种糊涂。如我们以研究文学方法来用功研究史学，亦将仍无用处。思而不学，则如仅凭智慧而不下功力，到底靠不住。因此，智慧与功力，二者须循环相辅前进。说至此，则请问究将如何去下手?

我今天的题目是：“关于学问方面之智慧与功力”。“学问”二字，本应作动词讲。今试问我们向那个人去学？向那个人去问？又学些什么与问些什么？此应在外面有一对象。因此做学问同时必有两方面。一方面是自己，即学者与问者。另一方面则在外，一定有一个对象。学问必有师、弟子两方，必有先进与后进，前辈与后辈。从事学问，须先懂得“从师”与“受业”。学者自己则犹如一个孩童，一切不能自主自立，先须依随人。因此学者自称为弟子，对方即是一长者，即学问上之前辈、先进，如此才算是在做学问。因此从事学问，贵能常保持一种子弟心情。最伟大之学者，正为其能毕生问学，永远不失其一分子弟心情之纯洁与诚挚。孟子说：“大人者，不失其赤子之心者也。”也可借来此处作说明。惟其永远在从师与受业之心情与景况中，故其学问无止境。若我们专以“学问”二字当作一名词，如说你能这门学问，我能那门学问，则学问已成一死东西，再无进步可望。此是做学问的最先第一义，我们必先深切体会与了解。

二

现在再讲到以功力来培养智慧，与以智慧来指导功力之两方面。我想分为三阶段、六项目来讲。

第一阶段做学问要先求能“入门”，不致成为一门外汉。于此则必先要能从师与受业。如诸位进入学校读书，此亦是从师受业，但究属有限。我此所讲之学问，则不尽于此。因此我之所谓从师，亦非必当面觌对之师。诸位从事学问，要能自得师，要能上师古人，当知读书即就如从师。

诸位应懂得，“由前人之智慧来指导自己之功力”。因学问必有一传统，每一项学问皆是从古到今，不断承续而来。断不能说此项学问由我开始。诸位当知，从前人在此项学问上，早加上不少功力了。从前人既已成学成业，即可证其有可信之智慧。正为如此，所以从前人之智慧，可以来指导我自己之功力。接着第二层则是：“由从前人之功力来培养我自己之智慧”。此因从前人之智慧，亦是由其功力所培养而成。故可借前人功力来培养自己智慧。此两层乃是学问之入门工夫。

现在先讲第一层：即我开始学问，功力应向何处用？最简单讲，第一步，诸位应懂得读书，又必读人人必读之书。换言之，即是去读学术传统方面所公认的第一流之书。此乃前人智慧之结晶，有作者，有述者，乃学问大传统所在。我们既不该随俗，亦不可自信，当知此皆非从事学问之正道。我自己且当先认为是一盲目人，只有依随此传统智慧之结晶而用我之功力，我则依墙摸壁，跟着人向前。如《论语》，二千五百年来任何一有智慧人，在学问上有成就者，皆曾读此书。《论语》既是孔子智慧之结晶，亦可说是经过了二千五百年来有智慧人所公认，成为儒学一大传统。自孟子、荀子、董仲舒、扬子云以来，皆曾读《论语》。因此我们今天也得读。此事决不能说是盲从。而且学问之第一步，也可谓正从盲从开始。我已在先说过，从事学问，第一步应先自己具有一子弟之心情来从师受业，来亲师向学。此师即是在学问传统上已证明为一有智慧之前人。自己则犹如一盲者，犹如一不能特立独行之婴孩，我们定得跟随人，定得依墙附壁，一步步来锻炼我们自己的智慧。我们的功力之最先一步，则应自此处用。

从前人提出读书法，要在“存大体、玩经文”。此六字即是初学读书一好指导。任何一书之正文，可说即是经文。我们要能懂得其大体，也就够了。如此，用心不杂，不旁骛，一部一部地读去，可以教我们轻松上路，不觉太费力。凡你所读书中一字、一句，训诂义解，即成为你自己之知识。做学问首先要有知识，无知无识，做何学问！从前人如何讲、如何说，我即应知。但其中也须有选择。我自己无智慧，好在从前有智慧人，已不断在此中选择过，我只依随着前人，遵此道路行去。读了一部又一部，求能多学而识。先要知得，又要记得。读后常置心中，即是“存”。读了再读，即是“玩”。此是初学入门工夫，万万不宜忽略。

每一人之聪明，不仅自己不易知，即为师者，亦未必能知。惟其人之天赋智慧不易知，故初学入门，最好读一书后，又读一书。学一项后，再学一项。所谓“转益多师是我师”，从此可以发现自己才性所近。却莫早就自作聪明，反先把自己聪明窒塞了。如今大学制度，尽教人修习专门之学。一入了史学系，便尽向史学方面钻。但自己智慧不一定只在这方面。先把自己智慧宽度隔限了，自己智慧之深度，也将有害。不向更广大的基础上用力，常不易有更崇高之树立。这在学问上是最值得注意的。我们该先涉猎，先筑广大基础，先知学问之大体系与大格局。而能在此中发现自己智慧，此事更属重要。

三

我个人自幼读书幸而没有犯上随俗与自信之病。我最先只懂读文章，但不读俗陋的，如《古文观止》之类，而只依随着文学传统所重，读姚惜抱所选《古文辞类纂》。但我并不能懂得姚选妙处，我想应扩大范围，读他所未选的，才能知其所选之用意。我乃转读唐、宋八家全集，乃于《王荆公集》中发现有很多好文章为我所喜，而姚氏未选。因此悟得所谓“文人之文”与“学者之文”之分别。我遂知姚氏所选重文不重学，我自己性近或是在学不在文。我遂由荆公转下读朱子与阳明两家，又上溯群经诸子。其时尚受桐城派诸家之影响，不懂得注意清儒考据。但读至《墨子》，又发觉有许多可疑及难通处，乃知参读清末人孙诒让之《墨子间诂》。从此起，再翻读清儒对其他诸子之训释校订。在此以前，我虽知姚、曾两人都主张义理、辞章、考据三者不可偏废之说，但我心中一向看不起训诂考据，认为一字经考证而衍成为三数百字，可谓繁琐之甚，故不加措意。至此才知我自己性之所好，不仅在文章，即义理、考据方面，粗亦能窥其门径，识其意趣。我之聪明，虽不敢自谓于义理、考据、辞章三者皆能，但我至少于此三方面皆已能有所涉猎。若读书不多，仅限于一方面，仅限于几部书，则只能单线直前，在其他方面之智能即不能开发。并且单线直前，太窄太艰难。有时也会走不通。因此，初学入门，“涉猎”工夫是重要的。但涉猎非粗疏之谓，只是读了一书又一书，走了这边又那边，且莫呆滞在一点上。

《论语》上孔子说：“十室之邑，必有忠信如丘者焉，不如丘之好学也。”此处“好学”一语，我们必须深细体会。自己的天赋聪明，切莫太自信，但亦不要太自怯。须知做学问应先有一广大基础，须从多方面涉猎，务使自己能心智开广。若一意研究史学，而先把文学方面忽略了。又若一意研究文学，而先把史学方面忽略了。又若一意研究思想，而不知历史，不通文章。如此又何能成得学？其实只是自己薄待了自己，开头先把自己限了。学与问，不一定便知、便能。何况自己决心不学不问，那有自知、自能之理！

故知我们从事学问，开头定要放开脚步，教自己能眼光远大，心智开广。当知一切学问，并未如我们的想法，好像文学、史学、哲学，一切界限分明，可以互不相犯，或竟说互有抵触。当知从事学问，必该于各方面皆先有涉猎，如是才能懂得学问之大体。

四

继此，我们将讲到“专精”与“兼通”。此两者间，正须更迭互进，却非有何冲突。如我们专心读一书，此即是专精。读完《论语》，再读《左传》，此即是兼通。先读《经》是专精，再治史是兼通。经学中先读《诗》，是专精，又读《春秋》，是兼通。如此两方面更迭而进，如治经学当兼通五经，兼通“十三经”，又当兼通汉、宋，兼通义理与考据，兼通今、古文学派。治史学当兼通如制度、地理、经济、法律、社会、学术思想、宗教信仰、四裔民族等。治文学当兼通诗、赋、词、曲、骈文、散文等。又如兼通文史，兼通经史，兼通经子等。学问入门，正该从各方面都有一番探究。正因各人自己聪明天赋谁也不能自知，应先由自己尽量探测。广度愈开阔，然后深度愈迈进。少一分功力，即少一分启悟。对自己将来远大前程，是一种大损失。

我们为学首先要“多学而识”，已如上述。次之即要懂得“一以贯之”。粗言之，如读《论语》、《孟子》后，要自问《论语》、《孟子》中所讲为何？读杜诗、韩文后，亦应自问杜诗、韩文其精采在何处？诸位万勿忘却学问中之一“问”字。能在心中常常如此一问，便自有许多长进。此一步工夫决不可少。做学问定要一部一部书的读，在每一书之背后，应知其有一个个的“人”存在着。每一部书是一番“业”，每一个人是一位“师”。读书即是从师受业。又应问师如何成此业？这一问便开了我自己学的路。若诸位不肯如此用心，一意只想要写一专题，把自己学问早有所表现，如写唐代文学为题，则便把杜诗、韩文东窃西剽，一时像有成就，实在是无成就。纵多表现，像是自己学问，其实永不能成学问。固然初学人也须有表现，而此等表现，则只当看作是我工夫之练习。练习则贵在暗处，不贵在亮处。此是初学人用心最该自反处。

诸位真要从事学问，则先不可自高自大，应自居为子弟身分。要懂得如何从师受业，并要亲师、尊师，又贵能从师那一面照见出自身来。若连自己都不知，如何学得成！若真要完成自己，先应从多方面作探测观察，把自己内性可能尽量发掘。莫先以为自己智慧已是现成着，只把自己智慧来指导自己功力，便能自创自造。若如此，便走上了错路。因此，我们的用功方法主要应虚心读书，读了一部再一部，接触了一人再一人。又须懂得挑选第一流著作，即传统公认最大名家之著作，虚心阅读。如是入门，总不会错。

五

在第一阶段中之第二层工夫，乃是“以前人之功力来培养自己之智慧”。如《论语》，从古到今，训诂义理，各家发挥尽有不同，即如宋、清两代人所讲，考据、义理，显有相异。诸位当知，接触一家讲法，即可开展自己一分智慧。如此致力，自己智慧即可逐步开展。所谓“出我意外”、“入我心中”，诸位时时得此境界，便会心中暗自欢喜。自己智慧即自此逐步工夫中透出，所谓“温故而知新”，从前人数千年来智慧积累，一一由我承受，那是何等痛快事。

如象山讲《论语》便与朱子不同，王船山讲来又不同，从此处即可启我聪明。多见异说，自己心智便会不断开广。又如读《史记》，若专从《史记》读《史记》，则有时自己智慧不够，将感困难。如初学先读《史记菁华录》，便易引起兴趣。自此再进读归、方评点《史记》，便觉与《菁华录》不同。接触到更高一步之智慧，便像自己智慧也随着高一步。又若再进而读刘知几《史通》与章实斋《文史通义》，便觉眼前境界更高，又与读归、方诸家之圈点批注不同。再又如读清儒之《二十二史考异》、《十七史商榷》、《二十二史劄记》诸书有关《史记》部分，以及如梁玉绳之《史记志疑》之类，我的智慧又开一门路，走向考据一方面去。但如我们在读此诸书之后，再读如吕东莱之《古史》，便会眼前豁然又另开一新境界，懂得所谓史学家之智慧，看他能如何样的用心去体会古人，认识古代，然后乃知治史学应有史识，论史又与考史不同。吕东莱的《古史》，好像只就《史记》原文挑出寥寥数语，轻轻下笔，却能予人以一种极鲜明深刻之印象，使我们对当时史事有一番真切开悟。由他数句话，即可启发我甚大智慧。若我们尽读《史记》，不读他人读《史记》的书，也可能在我文学、史学各方面之聪明，老闷着不开。试问我有此一份天赋智慧，而让其窒塞埋没，永不发现，岂不甚可惜？

我上面所以提出要读人人必读之书，正因此等书已由许多人集中心力聪明研钻过。前人化上莫大功力，我只一翻阅，便可长我许多智能。又如读《史记·贾谊传》，又读如苏东坡之《贾谊论》，也易引起一番心智开发。但若又读到王荆公咏贾谊的七绝诗，虽只短短二十八字，但荆公意见议论，又较东坡深入而允惬。如此读书，我之智慧自能逐步开广而深入。

当知智慧非经挖掘，不易发现。非经锻炼，不易长进。学人大病，即在自作聪明，不多读书，便要想出一番自己道理来与他人争胜，却不肯虚心跟人学习。如此，终是断港绝潢，决非做学问之正道。诸位循此方向去读书，读一书自然会像又走到另一新境界，心智日开。如此读书，自能意味深长，乐此不疲。这是从来做学问人的入门正道，诸位须好好认取。

以上所讲入门之学，却非专为初学人讲。当知此一番入门之学，可以毕生行之。学问本是千门万户，入了此一门还得入那一门，入门工夫随时运用，自己学问基础自然会愈广大、愈笃实、愈高明。

六

现在继续讲第二阶段之第一步，乃“由自己之智慧来体会前人之功力”。

上述第一阶段是借着前人引路来指导自己功力，培养自己智慧。现在是自己有智慧了，再回头来体会前人功力。起先是跟着别人，大家读此书，我亦读此书。现在是读了此书，要进一步懂得前人如何般用功而成得此书。以前读书是不自觉的，至此可渐渐看出学问之深浅与甘苦来。从前人说：“鸳鸯绣出持君看，莫把金针度与人。”每一部大著作，每一种大学问，尽是前人绣出的鸳鸯。我们要体会他鸳鸯绣成以前之针线，即要学得那金针之刺法。又如吕纯阳点石成金的故事，那丐者不以获得其点成之金块为满足，却要吕纯阳那点石成金之指。此一故事，用来说明做学问工夫，大有意思。我们要像此乞丐，要注意到吕纯阳那指。否则学问浩如烟海，自己头出头没，将永远随人脚跟，永远做不出自己学问来。

孟子曾说：“大匠能与人以规矩，不能与人以巧。”学问第一步要依随前人“规矩”。现在进入第二步，则要研究前人之“巧”。譬如黄梨洲作《明儒学案》，诸位读后，应知用心看其如何写成此书，要设想到他未写成书以前之一切。若你不懂得前人如何写书，试问你自己又如何忽然能写书？学著书先须了解前人著书之苦心。如顾亭林著《日知录》，彼自云一年中只写得二三条。试问缘何如此艰难？人人读《日知录》，但能懂得顾亭林如何写《日知录》的，实无几人。我们在此处，当懂得上窥古人用心。如你读《日知录》，又读《困学纪闻》、《黄氏日钞》诸书，便可看出《日知录》成书之体例与来源。又如读《明儒学案》，又读《理学宗传》、《圣学宗传》诸书，便知《明儒学案》之体例与来源。当知前人成学，亦各有来源，著书亦各有规矩。只是精益求精，逐步向前。如我们不读棋谱，只知自己下，则棋艺将无法得进。此所谓“思而不学则殆”。但此项工夫不易下，须能“心领神会”，却不能具体指点。

诸位当知做学问自然免不了要读书，读书的第一步，只是依随其书从头读下，此乃是“受业”阶段。但读书的进一步工夫，应懂得著书人之艰难困苦。又须体会到著书人之经营部署，匠心独运处。若懂得到此，便可谓乃与著书人成为“同道”，即是说自己能懂得与前人同样用功，走上同一道路了。如此读书，始成为一内行人，不复是一门外汉。做学问到此境界，自然对从前著书人之深浅、高下、曲折、精粗，在自己心下有一路数。当知学问则必然有一传统，决非每一学者尽在自我创造。若不明得此中深浅、高下、曲折、精粗，你自己又如何能下笔著书，自成学问！

七

以上是讲凭自己智慧来窥探前人功力，待于前人功力有体悟，自己功力便可又进一步使用。现在再讲第二阶段之第二步，乃“以自己之功力来体会前人之智慧”。

功力易见，智慧难窥。今欲再进一步看了前人功力之后，再来看前人之智慧，此非下大工夫不可。昔二程讲学，常教来学者不可只听我说话，此语极当注意。诸位当知听人说话易，但听人说话，贵在能了解此说话人之智慧。诸位今天面对长年相处之先生们，上堂受课，依然还只是听说话。他所讲我好像都懂了，但对面那讲话的人，其实在我是并无所知。试问对当面人尚是如此，将如何能凭读书来了解几百千年前人之智慧？但我若不了解其人，只听他讲话，试问有何用处？我们要从读韩、柳文章去体会了解韩、柳之智慧，去体会了解韩、柳之内心。

当知学问都从活人做出，学问之背后则必然有其人之存在。但人不易知，各人有各人的天赋不同，智慧不同，境界不同，性格不同。如司马迁与班固同是大史学家，章实斋论彼两人有云：一是“圆而神”，一是“方以智”。此乃讲到彼二人之智慧聪明不同，天赋性格不同。此等处骤听像是玄虚，但细参却是实事。又如欧阳修与司马光两人同是北宋大史学家，因其人之不同，而史学上之造诣与精神亦不同。诸位治史学，不懂得所谓史学家其人，试问如何做得一史学家？

读古人书，须能如面对亲觌，心知其人。懂得了古人，像活生生地在我面前，我才能走进此学术园地。此所谓“把臂入林”，至少在我自己要感得是如此。也只有如此，才能了解到古人之血脉精神，以及他们间学问之传统源流。自己才能参加进此队伍，随着向前。否则读书虽多，所得仅为一堆材料，只增长了自己一些意见。古人是古人，传统是传统，与我全不相干。如此般做学问，尔为尔，我为我，各自拿到一堆材料，各自发挥一套意见，在人与人间，则绝无关系，绝无内在精神之传递与贯澈，交流与影响。此种学问，其实全是假的，并非真学问。诸位今日治学，多蹈此弊，在学术传统上尚无知识可言，而尽忙着找材料，创意见，想自己出锋头。那实在要不得！

讲学问则必讲其源流承接，此中有人与人之精神血脉，务要臻于“意气相投”之境，此是学问入门后之事。徒知读书，只如听说话。听人说话，却不知那说话的人。读人所著书，却不知那著书的人，如此则仅成为死学问，死知识，只是一堆材料。如欧阳永叔与王荆公，其文皆学自韩昌黎，但欧、王两家文字精神意趣各不同。我们读韩、欧、王三家文，应能分别出此三家之异在何处，同在何处。欧、王两家之学韩，各由何处入，又各由何处出。应能从此三家文字“想见其为人”。应使韩、欧、王三家之精神笑貌、意兴情趣，历历如在目前。虽在我口里说不出，却要在我心里深深确有此想象。又如读晚明三大儒著作，也须从其著作透过去了解其为人。于此三家之面目精神各不同处，须能活泼如呈现在我目前。当知学术有血脉，人物有个性，一家是一家，一人是一人。若不能明白分辨出，即证对彼无所知。学问到此境界，始能与古人神交于千载之上。否则交臂失之，当面不相识，只听人闲说话，哪里是学问！

我们的先一步是从别人之心来启发自己之心，此即上面所讲“从前人之功力来启发我之智慧”之一项。现在所讲则是要以自己之心来证发前人之心，即是“以自己之功力来体会前人之智慧”之一步。此一步工夫较难，必须沉潜反复，密意追寻。诸位当知，一本书之背后，有此一个人。一门学问之背后，有此一位专门名家之学者。学问倘至此步，始可谓懂得了做学问。到此已是“升堂”境界，已能神交古人，恰如与古人周旋揖让于一堂之上，宾主晤对，情意相接，那是何等的欢乐愉快呀！上述第一步是“从师治学”，现在第二步是“升堂”了，乃是“从学得师”。如此，才能说有了师承，才不是跟着前人走，而是与前人同道而行。诸位今日一心只是要创造，却不在想从师受学，从学得师。也不是要与人同道，只是想前无古人，别创一格。如此用心，则决非所谓学问之道。

八

此后，我们才能讲到学问之第三阶段。此一阶段，不仅升堂，抑且“入室”，亦即是“成学”阶段了。至此阶段，学问始真为我有，我已为主而不为客，学问成为我之安宅，我可以自立门户，自成一家。于学问中到此才是自有地位，自有创造。故我上述之第一阶段可谓是“从学”阶段，第二阶段可谓是“知学”阶段，到此第三阶段，则可谓是“成学”阶段了。

此阶段亦将分两项来讲：

如读韩文，上述第二阶段是以我之智慧来窥看韩昌黎之功力，又以我之功力来窥看韩昌黎之智慧。现在是将我自己全心投入，与彼之精神相契合，使交融无间，而终达于“忘我”之境。到此境界，当我读韩文时，自己宛如韩昌黎，却像没有我之存在。我须能亲切投进，沉浸其中，与古为一，此才是真学问，才是真欣赏。学问到此，始是学问之最高境界。然而当知此种境界，实不可多得。因各人才性天赋不同，古之学人，亦是人各不同。而我之为我，亦断不会与古人中任何一人相同。今要在古人中，觅得一两位和我自己精神意趣最相近者，然后才能下此工夫，达此境界，此事不易轻言，亦不可强求。在浩浩学海中，能获得有一两人同声相应，同气相投，精神意气，欢若平生，这自是一大快事，亦是一不易得事。孔子说：“德不孤，必有邻。”若我们真在学问上下工夫，此境界亦非决不可得。惟如孟子云：“乃我所愿，则学孔子。”当知孔子道大，即颜回亲炙，亦有“虽欲从之，末由也已”之叹。我们若想把我此刻所述来读《论语》，学孔子，此事恐终难能。然浩浩学海中，也断不会没有真能得我欣赏之人物。但亦断不能多得。当知，惟其“似我”，故能“忘我”。天赋性情中，自有此难能可贵之境界。

九

在第三阶段中之最后一步工夫，则是“用自己之功力来完成自己之智慧”。到此乃真是卓然成家，自见与众不同了。

譬如欧阳永叔学韩昌黎，想象方其学时，在欧阳心中，则只有一韩昌黎，不仅没有别人，连他自己也忘了。但到他学成，自己写文章时，却又全不是昌黎，而确然是一欧阳修。任何学问都如此。到此时，在学术中方有了他自己之成就与地位。当然不论是文学、史学、哲学，或其他学问，只要真到成就，则必然是“自成一家”。前不见古人，后不见来者，念天地之悠悠，独怆然而涕下。学到成时，乃始知此“怆然独立”之感。然此种怆然独立之感，却正是其“安身立命”所在。学到如此，方是他的“创造”，创造了他一家独立之学问，同时亦创造了他此一独立之人格。在天地间，在学问中，乃是只此一家，只此一人而已。

当然论学问，也并不能责之每人全都能创造，能成家。但我们不能不悬此一格，教人努力。亦因只此一格，始是真学问。我们纵说不能到达此一格，只要不在门外，能升堂，能跑进此学术圈中，在我也可满足。如此为学，自可有乐此不疲，心中暗自喜欢之境界，我们亦何苦而不为。而且我们只要到得“入门升堂”，亦可“守先待后”，把古人学术大传统传下，将来自有能创造者出世，凡事亦何由我成之？此始是学术精神。一个真能从事学问的人，则必须具有此心胸，却不要尽在成功上作计较。

一〇

现在再把古人讲到学问的话，和我上述来作一引证。

《论语》上孔子说："吾十有五而志于学，三十而立，四十而不惑，五十而知天命，六十而耳顺，七十而从心所欲不逾矩。"这一段经过：十有五而志于学，即是开始努力向学，礼、乐、射、御、书、数六艺，一样样地学，正合我所说入门之学之第一阶段。三十而立，即是升堂了，正当我所说之知学能学之第二阶段。四十而不惑，想孔子到此时，一切皆确然自信，这已是我所说成学之第三阶段了。至于此下五十、六十、七十，孔子圣学日跻，愈前愈远，此则为吾人所不可企及者，姑可置之不论。

又如韩昌黎《答李翊书》，自云："愈之所为，学之二十余年矣。始者，非三代、两汉之书不敢观，非圣人之志不敢存。处若忘，行若遗，俨乎其若思，茫乎其若迷；当其取于心而注于手也，惟陈言之务去。戛戛乎其难哉！"在此时期，正是有志向学之第一阶段，犹如孔子之十有五而志于学。

到第二步，昌黎说："如是者亦有年，然后识古书之正伪，与虽正而不至焉者，昭昭然白黑分矣。当其取于心而注于手也，汩汩然来矣。"到此阶段，心中自有一底，自有一别择，自有一评判，即犹如孔子之三十而立，那已是升堂阶段了。

待到第三步，乃始“浩乎其沛然矣”，至此则是成学第三阶段了。惟昌黎亦并不自满足，此下仍有他继续用功处。孔子曰：“十室之邑，必有忠信如丘者焉，不如丘之好学也。”可见虽圣人也得有一段学的经过。圣人之过于人者，也只在其“好学”。昌黎自述其致力为文，由志学到学成，几二十余年，也恰和孔子自志学到不惑，中间隔越二十五年相似。固然昌黎仅是一文学家，不能和孔子圣人相比。但我们若真有志从事于学，恐怕二十五年工夫是都该要的。如诸位今年二十五岁，则至五十岁时，纵说不能成专门名家之业，但至少总可进至第二步，升进了学问之堂奥，那是谁也可以努力以希的。如此做学问，一面即是学做人，另一面又是最好一种自怡悦之道，又能守先待后，成己成物，我们又何惮而不为？

《中庸》上亦说：“尊德性而道问学，致广大而尽精微，极高明而道中庸。”我此讲看重各自智慧，即是“尊德性”。当知做学问并不能只有一条路，正因天赋各别，人心之不同如其面，我们欲自有成就，便不能只守一先生之言，暖暖姝姝地自足自限。应懂得“从师求学”，“从学得师”。“道问学”即是你之功力，“致广大”是要泛求博取，“尽精微”则只是完成了一己之德性。换言之，致广大即是道问学，而尽精微则是尊德性。至于到达成学阶段，自为一家时，乃是“极高明”。而其所取途径，则实系遵从大家一向共走之道路，既无别出快捷方式，亦无旁门斜道，仍只是一个“道中庸”。这是人人所能，亦是尽人当然。

我希望我今天所讲，也能由此启发诸位一番聪明，使诸位知得做学问有此一些步骤与规矩。我今天所讲，务盼诸位亦能虚心接受。当知做学问并不难，并在此中有大快乐。只求有正道，有决心。先知从师，再知尊师。并望诸位能上尊古人为师。先从多师到择师，自尊师达亲师。逐步完成自己，不患到头不成一家。若一开始便无尊师、亲师之意，只把别人家学问当作材料看，急要自己独成一家，天下如何会有此等事？

今再复述一遍。今天所讲，要诸位从学术众流大海中，各自寻得自己才性而发展至尽。其前三项决然是诸位人人可以做到者。第四项已较难。五、六两项，则不必人人能到，但大家应心向往之。心中悬有此一境，急切纵不能至，不妨渐希乎其能至，也盼别人能至。此是我们做学问人，都该抱持的一种既谦谨又笃厚的好态度。我最后即以此为赠，来作我此番讲演之结束。

（一九六一年十一月新亚研究所第六次学术演讲，载《新亚生活》双周刊四卷十三期。）

十二　学问与德性

一

今天的讲题，是“学问与德性”。与上次所讲“关于学问方面之智慧与功力”一题互有关涉，不过换一方面讲来，或可补充上次所讲之未及。

本讲题中“学问”一语，可作一种工夫看，如云如何学、如何问。亦可作一种成绩看，即已成功之学问，如史学、文学等。“德性”一语，亦可分两种看。一指禀赋，属于先天。一指修养，属于后天。凡此两义，本相通贯。此下引到学问与德性语，不再逐处加以分别。

要讲学问与德性之关系，试先从远处讲起。今且问人类现有各种学问，究系自何而来？人类历史在开始时尚无文字，亦无学问。后来渐有文字，有学问了。然此种种学问究何由起？

依常识推想，学问并不是外在的，不能在人类外面先有此一门门、一套套的学问存在，而待人去探求、去追寻。学问乃由人类本身所创造。亦可说，学问是人之德性所需，亦为人之德性所能。倘使人类心性不需要此种种学问，则不可能有此种种学问。如宗教、如文学、如史学，皆可证其属人类心性所需。但亦必是人类天赋心智自能创造此种种学问始可。否则纵属需要，亦将无法产生。因此，就人之立场言，可谓“德性在内”，“学问在外”。自内向外，由德性发展出学问。如是则是先有了人之德性，而后始有学问之创造。人在学问前，学问跟人后。苟无人之存在，亦将无一切学问之存在。此与上讲“关于学问方面之智慧与功力”说法相似。

上讲谓学问之背后必有人，必先有学者，后有学问。人之材性有不同，其所发展出之学问亦不同。故可谓“人”乃是一切学问之中心。一切学问皆自此中心展出，环拱此中心，而向四外发展。在开始时，一切学问都不远离此中心。倘我们又说“德性属天”，“学问属人”，则人由天生，一切学问亦皆由天性中自然演出。如人性好生恶死，因有种种学问自此出。人又好逸恶劳，因又有种种学问自此出。总言之，学问乃是一种自然发展，由天到人，由德性到功力。学问创造仅是人类天赋德性之表现。一切学问，自其源头处讲，其简要概念应如此。

但人类文化日益进步，历史走过一段长远的途程以后，此情形渐不同。此所谓“源远而末益分”。各种学问，分道扬镳，相互间似乎愈离愈远，各自隔绝，甚至不见有相通处。到那时，学问遂变成为专门，每一学问各自有其门径，各自有其范围与境界。好像每一种学问则各有一个天地，欲进入其中，则各有门户，非随便乱闯可进。我们固曾反对做学问牢守一种“门户之见”，如治史学者轻视哲学，学哲学者轻视文学等。然各项学问，实际上似乎确有各别之门户，由此门户入，仍有各别之范围与天地。此亦不可抹杀，谓一切学问总是一般，更无分别。此种分别，我们可称之为是“学问之分野”，或“学术之流派”。此等分野与流派，一分却不易再合。固然，人的中心，还是存在。而学问变化，却越后而离此中心越远。

由今天来看各项学问，俨然像有它们一种客观的存在，好像在人的天地之外，又另有一学问的天地。而且此学问之天地，似乎比起人的天地来，还远为浩渺广大。人的天地，反像包围在学问之天地中，而且藐乎小哉，有无可比拟之感。若一人从事学问，他只可从一门走进，以一项学问为中心。依此项学问之道路向前，愈远而愈见其渺茫，愈深而愈感其不可测与无终极。人之聪明才力，不仅无法兼通几种学问，连某一项专门学问，也使其皓首终老，无法得有止境。结果是学问转成了中心，人只是围绕在每一项学问之特殊境地内，而向之作研究。学问为主，而人为附，人像是跟随在学问之后面。

每一人只要能真对某一项学问作研究，便知每项学问，都有其一套甚严之规律，并各有一套特定之训练。此套训练，亦可谓即是此项学问之本身。由此训练而入门，而上路，而前进。从前是人创造出学问，现在是学问在指导训练人，限定人必得如此般向前。依现在情形言，似乎学问转是主，人只能跟着走，更不见人之特殊重要性。古代大学者如中国孔子之类，我们今天已无法向他学，只觉他可望而不可及。即如陆象山所谓：“我不识一字，亦可堂堂地做一人。”当知做一人则可，若要做一项学问则断不可。在学问中，已没有如此简易之道可循，似乎学问距离人性的自然创造更远了。

苟若我们从事任何一种学问，而不肯承认其有种种规律、种种限制，或可说是种种法令，此乃务使吾人必得遵循者。若我们轻忽这一套，不加理会，认为有了聪明即可做学问，此将大谬不然。当知每一项学问，均在我们生世之前远有其传统，久已存在，各成规模。我们要从事此项学问，非先接受从前传统，依照从前规模不可。于是学问乃似成为不自然。在我们今天来做学问，已与上面所述历史上各项学问之开始时的情形大大不同。今天若真要做学问，先莫轻言创造，宜先知有传统，有师法。如我前一次所讲自己只能譬如一盲者，或一婴孩，务先懂得如何跟随着前人脚步而行进。

二

现在再讲到学问分野，大要言之，一切学问，该可有二大分野：一“自然学”，一“人文学”。此二者对象显然不同。自然学之对象，乃在人类自身之外面。而人文学所讲，则即是人类本身，或可说乃在人类自身之内部。

上面说过，人类开始有学问时，人在前，学问在后。后来文化演进，变成学问先在，而人则仅作为一跟从学习者。依现在情形言，自然科学方面似乎更见是如此。自然科学之理想境界，应是只见学问不见人。似乎在自然科学中，人的地位乃不存在。自然科学中任何一项知识，最多只可说，此为某人所发现，却不可说此为某人之学。因科学已不归属在人，而且像是应排除人在外。

自然科学中也可有派别。例如生物学讲遗传，固亦可有异说。但此乃是暂时现象，其终极境界则必该有一“定论”、有一“公是”，始算是得了一归宿。而人的个性，则不能在自然科学中存在。如喜、怒、哀、乐在人文学中必不可去，但在自然科学中则绝不可有。我有一时尝喜读明末几位高僧之诗集，初读若颇可喜，久而感其不然。因彼等既为世外之人，其诗中乃少人间之热烈情感。故知不食人间烟火食，即不得有好诗。如读杜工部诗，尤贵能编年排读，其一生之喜、怒、哀、乐，随时随地，随所遇而跃然呈现。故杜诗乃能使人百读不厌。史学亦不能脱离人之性情。纵说史学须能客观，然真成为一史学家，则无不有其私人之个性与其真情之流露。哲学似贵探求真理，但亦仍不免各见个性。如宋代二程、三陆，及明代东林二顾皆亲兄弟，并在同一学派门路中，研求同一真理，却仍见个性不同。正惟如此，故愈觉其学问之真而可贵。又如忠、孝、仁、义，此亦人类德性。喜怒哀乐乃自然而发。忠孝仁义由修养所成。若写一部文学，或史学，或哲学书，苟是不忠、不孝、不仁、不义，不可能成为一部理想可传诵留存之著作。然在自然科学中，则既不许有喜怒哀乐，亦不须有忠孝仁义。因自然科学所研究之对象，超然在人自身之外，故不宜有人自身之插入。

科学所要求于人者，乃须有一冷静之头脑，要能思虑缜密。似乎只要求有“智慧”与“功力”，却不需所谓“德性”，不需要学者之个人人格与各别性情。自然科学一成为定论，则只有一“公是”。此一公是，决不能随时随地而异。在研究未成熟时，在未臻“定论”时，前人说法可随时由后人修改。但亦决不是所谓异说并存。“异说”在人文学中，必不能避免，而且亦必然应有其存在。但在自然科学中，则必不许有此存在。抑且修正了前人之说，对此被修正之前人之地位，亦并无损害。因科学所重在学，不在人。人应全没入学之中，人的地位似在学中消失了。此一层可用来补充上次之所讲。

若论诗、文，则该自出机杼，各见性灵。但科学则数十人同做一实验，应须获同一结果始对。但我们若从此再进一步讲，自然科学之背后依然仍有人在；无人则试问此各项科学又自何处而来？上面所讲“德性所能”、“德性所需”两语，自然科学亦仍不例外。抑且苟其成为一自然科学家，亦必有数项可敬佩之德性，而为其所必须具备者。下面试分举数项，略说为例。

三

一，“无我”、“忘我”之精神。研究自然科学，则必须有此境界。任何人不能带了喜怒哀乐与忠孝仁义走进科学实验室，科学实验室中必先排除此一切。在中国古代《庄子》书中，却有许多话，可借来描写或发抒自然科学家之无我心情。如所谓“忘我观化，游乎物外”，或谓“游乎万物之所终始，以通乎物之所造”云云等语皆是。宋儒言：“打叠心地干净。”此亦一科学家走进实验室获得成功之一种心理条件。我昔有一友人之女，进大学习医科，每于实习解剖之后，率不能进食，不能安睡，拟求退学。余告以入解剖室，应能修养一种无人、无我之观。彼言下有悟，久而安之，终获卒业。总之是须只见物，不见人。要不见人，自须忘有我。因自然科学本不属人文界。然为要养成此等心习，有时反而大智若愚。如牛顿为其所蓄之二猫，同时开大小二洞，以便此二猫之出入。此种心智，盖因游心物外，久久成习，遂尔如此。又如爱因斯坦日常生活，有时天真如小儿童。此诚如《庄子》书中所云之“真人”。相传美国科学家爱迪生排班领月薪时，忽而忘却自己姓名，卒由旁人来提醒他。此等皆是一大科学家心习修养到一极高境界时，而有此状态。人之心习到达于此状态，乃有所谓真“客观”。因他已没入在自然物界中，一切不再以我见人见来处理。此亦如清代考据学家所谓之“实事求是”，却不许有“我认为”等等主观意见与空论浮说。科学家之研究，实际有如庄子所谓之“心虚”，其心能虚，故能忘我无我。虚而待物，以顺物之变，而游心达观，乃能有得。此为科学家德性修养之一种。

其次言之：科学实验既须步步踏实，又须耐心等待。须如荀子之说“积累”，又须如老子之说“慎微”。谨小慎微，日积月累，即须有一种“不欺”工夫。不欺天、不欺人、认真、不苟且。欲速不得，虚伪不得。萧然物外，安以待之。试想如有一位天文学家，彼必每夜驱车到一所距家甚远之天文台，终夜一人，在望远镜下观测星球天象。如是积累，数十年如一日，苟有所见则记下。积年累月如此记录，以求有所发现。但纵积长时期之观察记录，也未必准可有发现，抑或所发现者乃极细微。抑且有了发现，不能定有解释，解释亦未必遽成定论。但此日积月累之观察记录工作，则终是不可缺。诸位当知一切科学工夫全如此。然则岂非科学背后乃必然有人存在，并有人之德性存在乎？

科学家又须有“服善”精神。因科学只有公是，无异说，经科学训练之人则无不知服善。一人发明，众人景从。即如中国人在外国研究科学，只要真有成绩，一样为彼邦人士所钦服。故科学无国界，惟有一公是。而且科学又是日新月异，不断有新发现，后来居上，纵使是一大科学家亦得服善。

在科学界中，又须有“牺牲”精神。今日科学界分工已日臻精细，每一人之一生精力，只放在某一细微之点上，各方配合，逐渐成套。从事科学研究，正如在一大机器中当一螺旋钉。《庄子·达生篇》中有佝偻丈人用竿黏蜩，其方法即由逐渐训练积累而成。故曰：“五六月累丸二而不坠，则失者锱铢。累三而不坠，则失者十一。累五而不坠，则犹掇之矣。”又说：“虽天地之大，万物之多，而唯蜩翼之知。吾不反不侧，不以万物易蜩之翼。”孔子闻之，顾其弟子曰：“用志不分，乃凝于神，其佝偻丈人之谓乎。”研究科学正如此，必应除去喜、怒、哀、乐，除去其他一切思念。天地之大，万物之多，而我只用心在一极微小之项目上，正如此丈人之用心于蝉翼般，才可有结果。

今人又或疑科学只是从功利观点出发，其实亦不然。即如日随地转，抑或地随日转？此对几千万年来“日出而作，日入而息”之人生习惯，可谓并无大关系。此项新发现之功利意义，在当时乃不为人知。但今日之天文学中，实不知有多少大发现，皆随此而来。其他一切科学皆如此。可见科学本原，只为求真理，不为求实用。凡属科学上之大发现，其最先都似与人生实用无关。因此科学研究，其先实也是一种迂阔的。至其在人生实务上发生作用，乃是以后之事。

《庄子·山木篇》有云：“少君之费，寡君之欲，虽无粮而乃足。君其涉于江而浮于海，望之而不见其崖，愈往而不知其所穷。送君者皆自崖而反，君自此远矣。”此乃是一“孤往”精神。从事科学研究，却非有此种孤往精神不可。到今天科学范围日大，分科日细，此非祛除个人一切利害得失观念，具备此孤往精神，即不得在科学研究中有大成就。

即就上述，可见科学背后仍是有此“人”。而且此人又必须具有上述诸“德性”，必须能舍弃了我，才能深入作科学之研究。结果科学研究是有发现了，而发现此新知识之人，却反被舍弃，不在其内。如今讲天文学，只须讲地球绕太阳，不须讲哥白尼与加利略。讲力学三定律，不须讲牛顿。讲相对论不须讲爱因斯坦。主要是要知道地球绕日而转，不须定要知道此真理发明者其为人如何，其个性如何。一项学问之研究完成，而研究此项学问之人物，却远离此项学问而退出。在自然科学界最可见此现象。我常想，庄子书中有许多话，可以借来阐说近代科学精神，惜乎此处不能详举。

四

上面所说每一门科学背后仍必有一“人”，仍必有其人所必具之“德性”。惟科学愈见发展，遂若只见有学，不见有人。而细究之，则仍必有人之德性为科学作基址。

现在讲到人文学，则显然与自然科学不同。因人文学之完成，在每一完成之中，不仅定要有此人之存在，并要有其喜、怒、哀、乐，仍要有其忠、孝、仁、义。在自然科学中，此等皆不应加进，学者其人与其所从事之学问，若可分开无多关涉。但人文学则不然，必须学者与学问融铸合一。此义我在前一讲，“关于学问方面之智慧与功力”一题中，已屡屡提起。但此番所讲，如上述科学家应备之各条件，一个人文学者亦必具备，人文学之能完成之困难即在此。即如“忘我”、“无我”一节，既须把自身抽离，又须把自身融进，其难正在此。如宋儒张横渠有云：“为天地立心，为生民立命，为往圣继绝学，为万世开太平。”此四个“为”字，却全不为了他自己，岂非全把自己忘去了，此非一种“无我”精神而何？但要为天地立心，为生民立命者，无疑正是此一“我”。浅言之，如孔子曰：“三年学，不至于谷，不易得也。”志不在谷，亦可说是一种忘我、无我精神。其人一意在学问上，不把自己打算放进，但同时又需要此一人自己能有感情，有抱负，不忘忠孝仁义，能有喜怒哀乐。此一种德性修养，此一种精神表现，殊甚不易。又如韩昌黎所云：“处若忘，行若遗，俨乎其若思，茫乎其若迷。”此等形容，亦是一意在学，而忘了自己，到达了无我境界，可谓和科学家研究有所近似。

依次讲到第二层：人文学者亦应能“实事求是”，但较科学研究亦更难。若只在考据上求是，所考据的远在身外，此与科学精神尚易近似，稍属省力。但若要在人类当前群体生活之内求一是，此却甚难。因人事日变，今日之所谓“是”，明日亦可成为“不是”。此地之所谓是，他处亦可成为不是。各人立场又不同。《庄子·齐物论》有云：“是亦一彼，彼亦一是。”又云：“此亦一是非，彼亦一是非。”此种情形，在人文学中绝难摆脱。因此在人文学中之实事求是精神，实更有其难处。

其次再讲到“积累”工夫。人文学之完成，亦同样须长期积累。然从事人文学者，因无一显然外在客观之限制与标准，因此似乎易于自欺、欺人，不是而自以为是，未达而自以为达，自满自足，他人亦一时无可加以指摘。因此又易迈大步、空论、浮言、我见，种种毛病，在自然科学中排除较易，而在人文学中则极难剔去。

因此讲到“服善”精神，更极不易。文人相轻，自古已然。

所谓“人人自谓握灵蛇之珠，家家自谓抱荆山之玉”，谁也不佩服谁，谁也无奈何得谁。又如云：“吾爱吾师，尤爱真理。”说来极堂皇，但所难者，是人文真理不能如自然真理之易于证验。因此治人文学者，每易过自期许。甚至高自位置，总觉得自己了不起，把别人不放在眼里。门户派别，出奴入主，甚至把学问来结党成阀，排除异己。如荀子所举少正卯之类，“心达而险，行僻而坚，言伪而辨，记丑而博，顺非而泽。”世上真有此等人，但一时甚难确然指出其不是。并不如自然科学可以实验、求证，有公是，不能有异说。人文学不能轻易付诸实验，不能把人类社会当作一实验室，以万物为刍狗，专把来当作实验材料用。

人文学既是急切难得一公认之是，又是各人爱好不同，因此人文学者之最高境界遂落到“自心自信”上。心有自信，便是不求人知。孔子曰：“人不知而不愠。”“不怨天，不尤人，知我者其天乎！”老子云：“知我者希，则在我者贵。”太史公亦云：“藏之名山，传之其人。”扬子云云：“后世复有扬子云，必好之矣。”陈子昂诗：“前不见古人，后不见来者；念天地之悠悠，独怆然而涕下。”杜工部诗：“但觉高歌有鬼神，不知饿死填沟壑。”韩昌黎云：“以俟知者知。”又曰：“百世以俟圣人而不惑，质诸鬼神而无疑。”此皆是人文学修养一种自心自信不求人知之至高境界。而人文学之难讲，则正在此。因科学可征诸实验，人文学中之最高境界，一时实非他人所能共喻。哗众取宠固不是，特立独行又不易。惟须博学知服，又须下学上达，从虚心到自信，从好学到自负。这一段经过，却有无限层次，无限工夫。

要人在不求人知之默默过程中，独自深造自得。此则非真有志者，鲜克能之。

作为一人文学者，如上所述固须自信自负，自有远志。但诸位又当知，今天的学问已是千门万户，一个人的聪明力量，管不了这么多。因此我们再不能抱野心要当教主，要在人文界作导师。所谓领导群伦，固是有此一境界。但一学者，普通也只能在某一方面作贡献。学问不可能只有一条路，一方面，也不可能由一人一手来包办。今天岂不说是民主时代了吗？其实学问也是如此，也得民主，不可能再希望产生一位大教主，高出侪辈，来领导一切。任何一所大学中，亦不可能只有一院、一系。某一院、某一系亦不可能只有一教授。一切学问都得要分工合作。即就人文学论，“人”的地位亦已较“学”的地位似乎是低了。此乃人类文化演进大势如此，纵使孔子、释迦、耶稣复生，他们也只能做一现代学者。当然现代学者也有他的至高无上之地位，但情势似乎已与古不同了。

五

现在再讲到“学以致用”一问题，上面说过，科学本重在求“真理”，但人文学则主要求在社会上有“用”，否则又何需有此学！但用有大小远近。有的有大用，有的只可小用。有的只用在近，有的能用到远。而且纵在人文学方面，进到某一阶段后，亦不能专注意讲用。因学问本身已逐渐发展到一近似客观独立之境界。

试举史学为例，司马温公撰《资治通鉴》，即就其书名论，可见其著书本意主于用。但在温公着手编撰之前，却预先作一《长编》，此乃史学之必然工作，则似与用无关了。温公在《长编》中，发现了许多问题，即如梁惠王迁都大梁，此一事之年代有问题，太史公《史记》所载并不确，温公乃将此时代移前十年，而又载其说于《考异》中。今试问此一年代问题，对于“资治”究有何等关系？但温公不能只录“孟子对梁惠王，王何必曰利，亦有仁义而已矣”几句话，便算了事。若只随手随意摘录古人几百千条有关治道之格言，用来资治，亦何不可。但说不到是史学。到温公时，史学已发展到有其独立的地位，不能不使温公要先作《长编》，而注意到此等小节。但此问题在温公时实未有解决，下至顾亭林《日知录》，始再旧案重提。顾氏以温公为是，以太史公《史记》为非。其后清代考据学大兴，对此问题争辩蜂起，仍然是议论纷纭，莫衷一是。我自信关于此问题，在我写的《先秦诸子系年》一书中，始得了完全的解答。并由此而将整部战国史亦大大改观了。这亦是一种实事求是。但试问辨定此一年代，在实际人文界究有何用？但我们若放宽眼光，在人文学中不能无史学，在史学中不能不先把事情先后年代弄清楚，则许多麻烦考据，纵说无用，到底也不能免。

六

现在再综述我两次所讲。上讲似乎重在人，尤过乎其学。此讲似乎重在学，尤过乎其人。此两讲似有歧义，其间仍须有一更高之综合始是。而且学问之将来，势必愈分愈细，而庄子所谓“道术将为天下裂”，终不是一件好事。因此我想此下势必要出几位大学者，其工作应该来写一部“世界学术发展史”，对此作一综合研究。此刻由我姑妄言之。

似乎西方人做学问，开始时便偏重在向外。中国人做学问，似乎一向乃是偏重在向内。近人也有说：西方尚智，中国崇仁。我想正是此意。此乃在学术进展之大体上，指其所偏重言。但我们不能不求在此两者间，有一更高之综合。此一要求，似乎宜从先写一部“世界学术发展史”入手，让人先得一综合之了解。但此工作，却也不易胜任愉快。

现在再综合言之。一切学问皆自人来，而且亦为人用，我们不妨称一切学问为“人学”。既是人学，实皆渊源于人之“德性”。但德性之一部分虽为自然禀赋，其另一部分则属人文修养。如中国古人所讲“心性之学”，乃是偏于人文修养者，而近代西方人所讲“心理学”则可谓是偏于自然禀赋者。即举此一例，便见中西双方学问趋向大势，有此一分歧，或偏轻偏重之处。

总之“德性”仍是一首要，而“智慧”与“功力”尚属其次。亦可谓智慧与功力亦包含在德性中。我们此刻则应能注重在如何寻求出此两种学问背后之共通点。此后学术所趋，一面当注重在其共通精神点，一面则在注重其各别处，分途并进。有了此一套共通之学，却亦不能取消另一套各别之学。既有了此一套各别之学，却又不能不再求此一套共通之学。

诸位又应知为学、做人，乃是一事之两面。若做人条件不够，则彼所做之学问，仍不能到达一种最高境界。但另一面言，训练他做学问，也即是训练他做人。如虚心、肯负责、有恒、能淡于功利、能服善、能忘我、能有孤往精神、能有极深之自信等，此等皆属人之德性。具备此种德性，方能做一理想人，方能做出理想的学问。真做学问，则必知同时须训练此种种德性。若忽略了此一面，便不能真到达那一面。

学问纵是高深博大，但人总还是人，人则总和人一般。不能说有了学问，那人便该超出了一般的人的地位。只是在学问中必各有一天地。如研究天文学，天文即成其人之生命世界。如研究生物学，生物即是其人之生命世界。研究人文学，亦应如此。至少在其心中，必另有他人，乃至常有古人。人文历史，即成为其人之生命世界。诸位若果了解到此，便知扬子云所谓“后世复有一扬子云，必好之矣”之精神。因如扬子云，亦已走进了能把此人文世界作为其生命世界了。故能“下帘寂寂”，有所安身立命。但诸位当知此事非易。我总望诸位先不要迈大步，更不可空论浮言，流入庸妄。当知最可训练我们做人者，即在刻实做学问。真要做学问，则非“立大志”不可。用现在话来说，非有“大野心”不可。诸位若能具此野心，逐步向前，各拼着三十年、五十年精力生命，必有所成。

诸位若领悟到此，便知做学问，不该把自己心胸越来越窄，自己脾气越来越暴躁。又不可有一种茫茫然、前途遥远之心情。如《论语》所谓："笃信好学，守死善道。"此是何等精神！让我再总结一句话，"德性"之学，实乃不是在"人文学"与"自然学"之夹缝中，而是此两大分野的学问上之一种综合学问。望诸位郑重领取此意。

（一九六二年一月新亚研究所学术演讲，载《新亚生活》双周刊四卷十七期。）

十三　择术与辨志

一

今天我所讲的题目，为“择术与辨志”，这是我们走向学问道路的两大先决问题。

学问如大海，一条船驶入大海中，先要有方向和目标。所谓“择术”，便是选择走哪条路。所谓“辨志”，便是决定向哪里去。“术”是各项学问之途径，“志”是学者自己的志向。

诸位进入大学，首先便是院系课程之选择。或进文学院，或进理学院，选定学院之后再选系，在每一系中再选课。

当知每一项学问，都有前人所已到达之园地，乃及前人所未到达之境界。凡属前人所已到达之园地，其所从到达之路程及其到达之方法，皆已客观存在，此乃以前学者之经验与成绩，后来从事这门学问的人，都该接受遵循，俾能到达前人之所到达。

继此则当继续向前，开创新园地，求能到达前人所未到达者。学问境界，以此愈辟而愈广。学问路程，以此愈走而愈远。当知目前大学科程，在先本无此种种科，尽由后人络续创辟。待学问走进了新境界，于是又增添出新方法与新路程，而形成为一门新学科。

直到现在，学问分类日细，路向歧中有歧，各人之所到达，已成为互不相知。但回溯其最先原始，实由同一路径而出发。比如各海轮，由同一港口驶进了渺茫的大洋中。又如各飞机，由同一跑道而翱翔于寥廓的太空中，转瞬间，便各奔前程，互相散开了。

又如一大树，乃由同一根干而分条分枝。现在成立的各学科，正如在此大树上各处花开缤纷，果实累累，但此大树根干，却是那些花实之共同生命，共同源泉。

近人论学，有所谓“通才”与“专家”之争。其实不通则不能专，通了则仍须专。诸位进入大学，有全校的，乃及各院的共同必修科，进而有各系的共同必修科，更进而有各自专门的分科选修学程，便是这道理。

故从事学问，必当先历通途，再进专门，由本达末，乃为正趋。学问之道，歧之中复有歧，专之上犹有专，至于如何来各自选择一条路，则贵各就自己才性所近，庶可望将来之深造。

现在一般青年，其选择科目，都注重在某一科目之出路上，及其将来所能获得之报酬上。当知此乃一种目光短浅的功利观点，最是要不得。各门科目，有各门科目之意义与价值，在科目本身上，无法衡评其高下。至要分别，则在学者各人所经行道路之远近，与其所到达境界之深浅。

譬如你若具有音乐天才，你能成为一个第一流的音乐家，其意义价值，便远胜于你勉强所难，而成为一个第二流或第三流甚至更以下的医生或律师。医生与律师，同样对社会有贡献，但你不能把你自己内在的最高可能表现发挥出来，在你是埋没了你的音乐天才，而在社会上又无端损失了一位大音乐家，那才是大可惋惜的一件事。

二

以上这些话，已有很多人讲过，现在我再想进一层来阐述我此番讲演所要提供给诸位的另一些意见。

任何一门学问，都有许多被称为定论的，那是前人从事此项学问者，在其所已到达的园地中，所开出的已成熟的花果。但除此以外，每一门学问，仍必有许多待解决之问题存在着。我们求了解此许多定论之由来，是“知识”。我们进而试求对此许多未解决之问题谋解决，此始称为“研究”。

任何一门学问，其最先则莫不由于某些问题而来。人类开始，殆可谓毫无知识。横梗在人类面前的，则莫非是一堆问题而已。待某项问题解决了，便成为人类之某项知识。但问题无限，整个宇宙和人生，便是一大问题。大问题中有小问题，小问题中则又有小问题，其经人类所已解决者，实是有限之中又有限。知识有限，而问题无穷，人类中有肯献身于学问研究方面者，其意义之可贵便在此。

今试就此无限待解决之问题而略为分析，则应可归纳为两大类。

一类当称为“内在”的问题，即种种问题均出生在此项学科本身之内部者。另一类当称为“外在”的问题，即种种问题，并不出生在此项学科之内部，而实发动在此项学科之外部者。

此两大类问题之分别，则正与两大类之学术分别相当。一切学问，就其对象言，亦可分为两大类。一是对物之学，另一类则是对人之学。此即所谓“自然学科”与“人文学科”之分别。

自然学科对物之学之一切问题起于“物”，人文学科对人之学之一切问题则起于“人”。

物质界则永远是此物质界，比较少变动。如地球环绕太阳而运行，此一现象，永远如是。自有人类几十万年来，几乎全认为乃太阳环绕地球而运行。直至近代天文学开始，乃知其真相。但自此一问题解决，人类获得了对于此一问题之新知识，而连带关于天文学上之种种其他问题，也逐渐一步步地发现，又一步步地求解决。当前的天文学，便是由此发展而来。

其他如物理学、化学、地质学、生物学等，亦莫不如此。凡属自然科学方面，则全是如此愈钻愈深，愈跑愈远的。问题是一个挨一个，早都存在着。只是人类知识，逐步向前，那些问题才逐步显现。你能向那一学科之内部钻进去，便自知新问题所在，所以说此一方面之问题，则全都内在者。凡粗具科学常识的人，当无不首肯吾此说。

但一涉到人文科学便不同了。不仅五十万年前的人类，与当前有不同。即五百年前，乃至五十年前的人类，亦已和当前不同了。即就每一个人言，五十年前之我，所见所闻，和五十年后此刻之我，所见所闻，全不同了。大而至于一个国家，一个民族，即就中国言，五十年来，在国际上，经过了第一次、第二次世界大战，而全世界的形势大变了。就国内言，自中华民国创建，而国民革命军北伐，而共产政权出现，又都大变了。在此许多大变中，意想不到的新问题，层见叠出。这全为研究人文学者所当注意。今试问此等新变化，新问题，何一是能在某一项学科之内预先存在的呢？因此说，人文学科方面之问题，则全是外在的。

三

正因为自然科学方面的问题，都是预先存在着，所以研究自然科学方面的学者，尽可隔绝人世，埋头在他的实验室中，来大胆假设，小心求证，别有他自己的天地。但研究人文科学者则不然，他们正须时时向外通气，正须在万变日新的人生大社会中求新呼吸，正须面对人群当前现实需要，把握人生当前现实问题，而使彼所研究的这一项学科，不断有新生命，有新创辟。

因此，研究人文学和研究自然学，其间存有甚大差异，为选择从学途径者所当知。要言之，研究自然学，应能有志献身于“学问”，而研究人文学，则应能有志献身于“社会”。换言之，研究自然学，其可贵即在其所学。而研究人文学，则可贵更在从事此学之人。牛顿之所以不朽，因其发明了动学三定律，爱恩斯坦之所以不朽，因其发明了相对论。而孔子、耶稣之所以不朽，主要更在其本身人格之伟大。

用中国人观念来分别述说之，研究自然学的条件，应是一“智者”，而研究人文学之条件，则必然应是一“仁者”。惟其是一智者，才能于别人想不到处提出新假说，于别人见不到处寻觅新证据。惟其是一仁者，他才会对社会人群有敏锐的直觉，有深厚的同情，能在大处深处，发掘出人类普遍的、潜伏的真问题之痛痒处，及其症结处。

研究自然科学，可以逐步向前，逐步上进。前人所不知，而后人知得了。前人所未解决的问题，而后人解决了。后人胜过了前人，所以见其为智者。研究人文学，不能如此用心。爱恩斯坦可以比牛顿前进了，但谁又比孔子、耶稣更前进了呢？当知研究人文学，只求对当前人群社会有贡献，说不上前进与否的话，所以见其为仁者。

研究自然科学的，最先可以发源于一时的某种好奇心，他之所研究，可以与人类痛痒漠不相关，其存心本不在求实际之应用。即如首先研究电学的人，何尝先着意到以后种种的实用，如电灯、电线、电话、电影等种种发明上面去？因此，可以说他是为学术而学术者。他的一种冷静的、纯理智的、专在知识上求真理的，所谓纯理论的纯粹科学，虽为种种应用科学之本源，而其探讨精神，则并不在人类之实际应用上。

然而此种态度，若移用到人文学方面来，也把图书馆作为其藏身之所，一如自然学者之埋头实验室中般，专在学科自身之内部作研究，则其自身最多仅成一学究，其所得之知识，将仅是一种书本上的死知识。经学之流为训诂与章句，文学之流为词章，史学之流为考据与纂辑，全用心在前人所已有的学业上，却与自己身世不相干。如此用心，则决不能成为一济世导群的大学者。

四

昔朱子曾提出“格物”、“穷理”两大纲，窃谓此可奉为从事自然科学者之最高最大的目标与宗旨。顾亭林又提出“明道”、“救世”两大纲，窃谓此可奉为从事人文科学者之最高最大的目标与宗旨。此两途，其共同精神，则厥为能献身。献身必具有大勇。有大勇于献身者，尤贵能不失其身。故学问择术，贵能自审其一己才性之所近。仁与智，则为人类才性之两大区分。必具大仁大智，乃能有大学问。然亦为其有了大学问，才见其为大仁与大智。人之德性与学问，乃于此而结合。

说到此，可见“择术”之上，尤要者，贵能“辨志”。所谓献身，便是把你的全部生命都交出来，全部精力都用上了，此非先有决心不可，非先能立志不可。然而所谓立志献身，也不过把你那一分天赋才性之最高可能尽量地让它发展而成熟，那又于你何损呢？

今不此之图，而反把你的那一分天赋才性隐藏了，埋没了。把你的整个生命，全部精力，来随便使用，随便浪费了，仅仅换得一些私人的金钱报酬与职业出路。试问有了真学问，哪会无出路？如此打算，实是既不仁，又不智，且无勇。以如此之人来投身学问，试问其价值意义何在呢？

（一九五九年四月香港大专学生学术研究会成立讲演，载《新亚生活》双周刊一卷二十一期。）

十四　我对于中国文化的展望

一

今年学生书局二十周年纪念，要我亦写一篇文章在他们的《书目季刊》上发表。他们先定了“对中国文化的展望”为题。但我觉此题范围太广。我生平只在读书做学问上用了些力，我想亦只就此范围来稍抒我的感想。

做学问本不限在读书一条路上，但读书总是做学问的一条路。当前读书做学问，似乎免不了一个“新旧”之争。如：该现代化做世界学问，或欧、美西学呢？抑保守传统来发扬中国的一套旧学呢？古今中西是有些分别的。如中国古籍最早是经学，而《诗》、《书》为其两大宗，《诗》属文学，《书》属史学，亦可说中国古人早看重了文史之学。但在西方古代之希腊，有文学，有哲学，却不见有史学。而哲学在中国亦似少见。如孔子、墨子，说他们的言论中有些近似西方的哲学思想是可以的，但总不能说孔子、墨子是一哲学家。后起的如惠施、庄周、邹衍、韩非、名、道、阴阳、法诸家，他们亦都有许多近似于西方的所谓哲学思想，但也不能说他们都是一哲学家。

古人不说，说到后代。如宋、明理学，或许更近似西方的哲学。但严格言之，这中间仍有分别。如周濂溪，他说："志伊尹之所志，学颜渊之所学。"伊尹决不能说是一哲学家。孔子称赏颜渊说："用之则行，舍之则藏，惟我与尔有是夫。"可见颜渊的那一套，也不能说他是哲学。理学中先如周濂溪，后如王阳明，固多有些近似西方哲学的说法，但阳明也不能说他只是一哲学家。大体说来，也尽可说在中国学问中，并没有西方般的哲学。直到近代，西学东来，乃始有哲学一名词。但近代学者如梁任公、王静安、胡适之、梁漱溟等，似乎也不好即说他们是一哲学家。专学西方哲学家们来做学问的，应尚在此诸人之后。我并不是说中国学人不该学西方般来做一哲学家，只说此事只属新起，尚待此下之发展。

更进一层言之，如《尚书》，固是一部史学书，但《古文尚书》不可信，《今文尚书》如《尧典》、《禹贡》诸篇，亦属战国时代人所作。最可信者，为《西周书》。但其中所收，如周公、召公言，却不能说周公、召公是一史学家。但也不能说，《西周书》所收只是些史料，无史学。又如孔子作《春秋》，显然是一部史书，但孔子又决不是一史学家。

说到《诗三百首》，主要先该懂得风、雅、颂的分别。而诗的分别，却分别在政治上。不懂得当时的实际政治，如何来言《诗》。如此说来，《诗》亦不是一种纯文学的。至少可说中国文学是与西方文学有分别的。

朱子注《诗》极大胆，径说《风诗》中某些篇只是男女淫奔之诗。近人承其说，说这些只是男女恋爱诗。但朱子阐发风、雅、颂之意最扼要，最分明。此诗收入了《诗经》，却不宜再专以男女淫奔或恋爱来看。所以朱子以后的学者们，仍不断对此有大争论。

《诗三百》之后有《楚辞》，又是中国古代文学一大结集。但在屈原与其弟子宋玉之间，就有大分别。后代文人，总是推尊屈原，不甚赞许宋玉。用浅显的看法来说，屈原不是一纯文学家，宋玉才是一纯文学家，而中国后人看不起宋玉便是在此处。如司马相如，可算是西汉一大文学家了，扬雄初甚慕之，但后来反悔了，说“雕虫小技，壮夫不为”。可见若要说纯文学，又似乎不为中国人所重。以下的全部中国文学史，此一种看法仍不能忽置。

二

以上所说只在指出中国人做学问，自有一套，不能用西方学问一一相绳。我认为今之学者，对中西学问，先当辨其异同，然后始能作是非得失之批评。我并不主一意守旧，排拒新兴，在中国学术史上无此先例。如东汉以下，印度佛教东来，中国僧徒努力翻译，传进新的，并不先要推翻打倒旧的。而在当时僧徒们心里，早已对新来佛学与中国旧有明白分辨过。故佛菩萨则称“佛菩萨”，决不称之为“圣贤”。佛菩萨所传之“法”，与中国古圣贤所讲之“道”，自有不同。“涅槃”境界，中国人绝未想到，故竟用“涅槃”二字。如问何为涅槃？自非细研佛典不可。可见当时僧徒乃是先明了佛法，才来译佛书。而且亦已先通了中国一套，乃知佛法与中国一套有不同。我行我是，我只来修行阐扬那一套，不先来推翻打倒这一套。学术思想，别有一精神天地，不能与具体物质相比。如在旧地上要另建一所新房屋，便须将旧房屋推翻打倒。学术思想便不同，天地尽大，新的一套佛法进来，何必先将中国圣贤孔、孟、庄、老一套旧的先作推翻打倒工夫。而且精神天地中有了，便有了，不易排除。所以当时中国的僧徒，尽信他们一套新的，却不先来排除已有旧的。只把旧的之中有可与新的相通处，借来作新的阐扬，如是而止。当时如支道林、僧肇、道安、慧远等，我们总不能说他们不知道中国之旧，但他们所信，则只是一套新。

尤其如竺道生，《大涅槃经》全部尚未传来，但他已能谈到经中深义。一时浅见僧徒，群加排斥，但他深信不摇。最后《大涅槃经》传来，终于证明了竺道生之先见。当时的僧侣们，能在佛法中如此深入，自无怪佛法传入之有其前途了。

又如玄奘，当时佛法已盛行，只法相一宗，中国所翻经典不多。玄奘乃历尽艰辛，西行求法。其实玄奘对佛法中其他宗派，都已通晓。并不是单信法相一宗。所以到了印度后，印度僧侣都对他表佩服。他归后，遂尽力翻译法相经典。他只为求在中国能得佛法之全。他专讲法相，却不专为法相，其胸怀广大有如此。

最后如禅宗六祖慧能，以一不识字人，听街道上人讲佛，动了心。由广州远去湖北黄梅五祖弘忍门下，求法后，归广州曹溪大梵寺来宣扬。他要也如他般，以一不识字人也能明心见性，即身成佛，立地成佛。此后这一套禅学，却掩胁全中国，再传至宋、明各代，久而不衰，演而弥盛。直到今天，此一禅法乃盛传到西方欧、美去。

今天我们谁能说佛学不是中国文化系统中一大支。但我们当注意，一是中国僧侣们之全心全力艰苦修行。二是他们尽力译事，把全部佛教经典尽量翻译。三是他们能把外面新来的，与中国旧有的，求通不求别。至少他们是一意传进新的，不在排除旧的。这都是我们今天所该借来作参考的。

三

佛教东来，那时的中国人，并不全信佛教。而且不信的，总还是多数。但他们对佛教也总守一容忍态度，不仅不加以排拒，总还对之抱一番敬意。那亦是我们值得注意的。直到中唐，佛法极盛，乃有韩愈起来辟佛。他自比于孟子之拒杨、墨。他对中国旧有的一套，不能不说他实有深入。但对佛教态度，则未免过于偏激。他说，要“人其人，火其书”。即如他的好友柳宗元，也依然信佛。他的及门李翱，则于佛法更有深入，要会通儒、佛，另来讲一套新义。但他们于文学上均有极高成就，不失为中国旧传统中一代表人。直到宋代，欧阳修最信韩愈。其对佛教的态度亦已与韩愈有异。他认为只要发扬自己旧有的一套，外来信仰自不会畅行。王安石在学问上更欲超越欧、韩，直追孟子，但他对佛学，亦自有一套爱好。同时周濂溪下开理学门户，但他对方外常有接触。而程明道以至朱晦庵，皆于佛学有研寻，进而加以中肯的批评。陆象山更近禅。明代王阳明祖陆抑朱，并有提倡“三教合一”之趋向。乃使后人有疑理学为禅学之化身者。

下至清代，佛学依然不绝。今文学者如龚定庵、魏默深，皆通佛学。下至康长素、章太炎，皆然。民初欧阳竟无设立支那内学院，梁任公亦亲往听讲。这些都说明了中国旧传统学人对外来佛学之开放持平的态度。均不曾足已自守，一仍故旧。这一态度是又堪今天的我们来加以认识和作为参考的。

即如耶教初来中国，明末有利玛窦、徐光启等向之问学。晚清孙诒让认墨子近耶稣，遂作《墨子间诂》，成一代之绝学。此下如严复，派赴英伦学海军。乃归而广译英、法学术名著，有赫胥黎《天演论》、斯宾塞《群学肆言》、穆勒《名学》、亚当·斯密《原富》、孟德斯鸠《法意》诸巨著。其一生用力几乎尽在翻译上。但他为翻译，又尽先在中国文字上努力，刻意上追先秦，以求副其理想上译事当能抵于信、雅、达之三标准。其信与达否姑不论，至少其译笔之雅，则此后鲜能与之相伯仲。

又其所译，必恳吴挚甫作序。吴挚甫则曾涤生幕下一古文名家，其经子之学亦一时巨擘。则其时学风固不严分新旧可知。而严氏晚年又欲以其新学一一返之旧传，融会所得，惜已无暇畅申之矣。

同是有林纾，擅古文学，精治韩、柳，上溯司马迁《史记》，下遵桐城派义法，而亦有意翻译西洋文学。林译小说一时传遍全国，其文笔之优美，与其所译数量之多，亦足惊人。林纾本人不通西方文字，而兴会浓郁有如此，亦足为中国人胸怀宽放一明征矣。

就于严、林之译事，一为哲学思想方面，一在文学方面。上视魏晋南北朝以下佛教僧侣们之专在宗教信仰一面者，又不同。窥之历史往例，中国人决不为固己守旧一氏族。宜亦不详论而可知。

四

民初以来之新文化运动，其意广大。因“文化”一辞，其意义决不专限在少许学人做学问之一方面。较之佛教东来之专限在宗教信仰一面者，又不同。立意既广，所欲从事者，似易而实难。换言之，不啻欲以一番新人生来改变一番旧人生，无孔不入，无隙不窥。此岂短期内少数人之力所能胜任而愉快。因此乃欲擒贼擒王，入虎穴而得虎子，主要在从咽喉处下刀。于是遂有人高唱“非孔”、“非孝”。其实西方人亦非全不孝，耶稣亦尚有圣母。若必以“非孝”来为传进西学开先路，则目标已转移，而且将徒劳而无功。非孝实是一极具体而难实行之空论。若言“非孔”，则泛滥无归宿。其势仍将涉及中国四五千年来之全部历史，全部人生，仍将遇到不易解决事。故非孔一题，至今无解决，至今无定论。从前中国僧人自己先出家，但不昌言非孝。自己先尊释迦，但不昌言非孔。先重在自己之实践上，且不轻率的用力于对人作批评上。佛教亦就终于畅行于中国。

而且由于非孔，几乎要牵连到中国学术之各方面。西方学问贵于分门别类，各成专家。中国学问则贵能和会融贯，成一通人。若果要传入西学，自当以一专家学者的面貌出现。但今则先要反对通人，自该在各方面去反对，而反把自己亦转像一通人了。如此则以一通人姿态而来提倡专门，至少是指东话西，话不对题了。

在当时的新文化运动中，提倡白话文是其一项目。但白话文与新文学显是两事。如胡适之，并不能说是一新文学家。他的白话散文，并不即算得是一文学。他的白话诗，更多是率笔，离文学境界更远。只有鲁迅，先从事旧文学，翻译域外小说集，便是林纾的路子。后来转用白话，又翻译爱罗先珂一集，逐字逐句，郑重斟酌。一是他兼通新旧，再则是专一用心。他应该称得上是一个新文学家。此下继起的，不够此两条件，便难与相比。

胡适之又提倡史学，但他并不曾上窥马、班用心，此下亦未触及杜佑、郑樵辈之樊篱。即连清儒，如钱竹汀、章实斋诸人之意向门径，亦不体会。却更提倡崔东壁，那只是古史部分之一考证学者。胡适之专文表彰，却又只成了半篇。胡适之又主张“哲学关门”。那有立志传进西学，却先来一套哲学关门的呢？

当时他们提倡新文化运动，只主张德、赛两先生，“民主”与“科学”。但他们都不是科学家。只有丁文江是一地质学家，专在科学上来提倡专门之学，他是可以称职的。若进一步来提倡文化，则兹事体大，恐非一专门学者可以担任得起。

若论民主，以政治论，在西方亦成一专门。中国人观念，则政治乃一通人之事。高瞻全局，总揽其成，经济、法律各项专门，都是一枝一节。若只有专家，则只惟有集体会商了。但在集体会商中，究是服从多数，还是服从专家，依然是一问题。在中国，虽尚通人，不尚专家，但在政事上亦多主集团会商。如唐代，便有六部尚书之会商。但尚书只属行政方面，故此上还有中书、门下、尚书三省之会商。中书居最高地位，主发布命令，先有会商。门下主审核命令，又有会商。皇帝居最高位，既不像英国般仅一虚位，又不如美国大总统般可以总揽一切。严格说，中国皇帝亦仅是政府中之一位，政府亦不全由皇帝一人作主，那又称得是一“君主专制”的政治呢？这是政治学上一大问题，亦是一历史问题，又是一哲学问题。用中国话来讲，是一“道义”问题。若要传进西方政治，事实上先该推翻中国一套旧传统。但要把中国那一套旧传统肯定谓是君主专制，那就是一史学问题了。至少对杜佑《通典》所载职官一部分唐代三省的制度，该有一解说。离开了学问来谈文化，总亦是一缺憾。

即论科学，中国亦有。可惜第一部《中国科学史》也由外国人来撰述。但至少从文化问题上来讲，中国科学亦与西方科学着眼点有不同。即如医学，显然有别。撰述《中国科学史》的英国人李约瑟，他的一位主要助手，乃是中国一老医生的女儿，故此书对中国医学这方面是有相当认识的。近代提倡西化，却有人对中国医学一笔抹杀，说是不科学，那是太偏激了。单举这一件，可证文化问题有些该建在学术问题上。而学术有些方面又必该分门别类，各成专门的。则我们要来讨论文化问题，亦该有民主精神。继各方面长时期的商榷，庶可获得一共通意见。但此还是只限在学问知识上，还该推广到人生实际各方面去，逐步推展，那里是一小派人在一短时间内所能决定一切。至少这就不民主了。

胡适之好引龚定庵一句诗“但开风气不为师”。若专论学术，一代风气之形成必先有一代大师之唱导。亦有大师先起，风气后成。如韩愈，唱为古文，诚不愧为一代大师。但下到宋代，欧、曾、苏、王继起，风气始成。此一风气，亦下到清末而始衰。孔子之为大师，先开战国诸子讲学百家竞起之风。下到汉代，始开一尊儒术之风。而孔子之称为至圣先师，则事尚在后。其风则直至今而未尽衰。至龚定庵，欲从经学转谈政治，其意或是，而定庵实不够为此事一大师，其风不盛。下至康有为，而即衰。胡适之提倡新文化，其所意想之事，或更大过于孔子。

适之亦或如孔子之自谦。孔子不自居为圣人，或适之亦不欲以师自居。然孔子有待其及门七十弟子，乃及此下孟、荀诸儒之继起，而风气始成。则提倡新文化，自待大师继起，始逐步有成。孔子曰：“后生可畏。”有志于中国文化之开新者，自不必抱悲观。

抑且如欲但开风气不自为师，窃意欲传进西学，不如先重翻译，则径以西方学者为师，岂不更直捷，更亲切。但当时新文化运动，先就非薄翻译。严复、林纾皆遭非议。但人译书，可供千人万人诵习。较之教人向外国留学，自更方便。日本人学西方，并无大师，但重视翻译，其风亦至今不衰，值得我们之注意。

今再进而言之。以前新文化运动，仅开批评自己旧有一套之风。此后宜更进一步，专一从事先开传入西方新的一套，如以前我们的僧侣们。此事决不可轻。果有主张守旧者，亦盼自向古籍中深求之。总之，守旧开新，双方皆盼有大师。若一尊批评，不尊师传，则此风实不该提倡。并亦宜加阻止。人自为政，不成为政，非可认为是民主。人自为学，亦不成为学，非可认为是自由。

五

以上专就学术一项言，多为读书做学问人言，距离言文化之范围尚远。但在文化中，不能没有读书做学问人。陆象山欲问朱子，“尧、舜以前曾读何书来”。王阳明提倡良知，教人“各自向事上去磨练”。若谈文化问题，连不读书人的一般生活趋向都须顾及。中国古人在此方面，亦已有过极多争论。至少中国古人，亦曾注意到文化问题，更注意到不读书不做学问人的如何做人和生活问题。孟子曰：“子归而求之，有余师。”又曰：“不屑之教诲也者，是亦教诲之而已矣。”今日谈文化问题，自亦该注意到此，不该以专家学者自限。无论开新守旧，中国古人一些话，亦仍该注意到。总之，盼我们各自下苦心，努力为人，自己寻向上去，乃是一条人人该走的路。具体言之，言不胜言。我之此文，亦将姑止于此。以待时贤之批评与指教。

一九八〇年元月写于外双溪之素书楼

（一九八〇年三月《书目季刊》十三卷四期）

图书在版编目（CIP）数据

中国学术通义 / 钱穆著. --北京: 九州出版社, 2012.2（2020.5重印）
ISBN 978-7-5108-1266-8

Ⅰ. ①中… Ⅱ. ①钱… Ⅲ. ①学术思想-思想史-中国-文集 Ⅳ. ①B2-53

中国版本图书馆CIP数据核字(2011)第243127号

中国学术通义

作　　者	钱穆　著
出版发行	九州出版社
地　　址	北京市西城区阜外大街甲 35 号 (100037)
发行电话	(010)68992190/3/5/6
网　　址	www.jiuzhoupress.com
电子信箱	jiuzhou@jiuzhoupress.com
印　　刷	三河市九洲财鑫印刷有限公司
开　　本	880 毫米 ×1230 毫米　32 开
印　　张	11.125
字　　数	213 千字
版　　次	2012 年 2 月第 1 版
印　　次	2020 年 5 月第 2 次印刷
书　　号	ISBN 978-7-5108-1266-8
定　　价	30.00 元